CW01302734

Cocina Balear

Caty Juan de Corral

Cocina Balear

EDITORIAL EVEREST, S. A.

Madrid • León • Barcelona • Sevilla • Granada • Valencia
Zaragoza • Las Palmas de Gran Canaria • La Coruña
Palma de Mallorca • Alicante • México • Lisboa

A mi amado Almirante

Las fotografías de este libro han sido realizadas en el Restaurante **Es Recó de Randa** de **Algaida**. Agradecemos a **D. Manuel Salamanca** la colaboración prestada.

Diseño cubierta: *Alfredo Anievas*
Fotografías: *Imagen MAS*

No está permitida la reproducción total o parcial de este libro, ni su tratamiento informático, ni la transmisión de ninguna forma o por cualquier medio, ya sea electrónico, mecánico, por fotocopia, por registro u otros métodos, sin el permiso previo y por escrito de los titulares del Copyright.
Reservados todos los derechos, incluido el derecho de venta, alquiler, préstamo o cualquier otra forma de cesión del uso del ejemplar.

TERCERA EDICIÓN, primera reimpresión, 2003

© Caty Juan de Corral
y EDITORIAL EVEREST, S. A.
Carretera León-La Coruña km 5 - LEÓN
www.everest.es
ISBN: 84-241-2341-7
Depósito Legal: LE: 412-2001
Printed in Spain - Impreso en España

EDITORIAL EVERGRÁFICAS, S. L.
Carretera León-La Coruña km 5
LEÓN (ESPAÑA)

Índice

Introducción	9
Salsas	27
Ensaladas	39
Hortalizas	47
Fiambres y rellenos	61
Huevos	77
Pescado, crustáceos y moluscos	87
Arroces	107
Sopa y pasta	119
Caldereta y sopas con pan	129
Potajes	145
Carnes y aves	153
Caracoles, caza y setas	173
Cocarrois, empanadas, pastelones y cocas	191
Despojos	211
Para la despensa	223
Cremas y salsas	231
Dulces de huevo	239
Ensaimadas y bizcochos	247
Buñuelos y masas fritas	255
Greixoneras dulces	263
Masas rellenas	269
Cocas	275
Pastas secas y turrones	283
Helados	295
Confituras	303
La bodega	311
Índice de recetas	319

Introducción

Para no «embarcarse» en ayunas

La cocina balear mezcla herencias e influencias muy lejanas, por una razón clara como el agua de sus calas. Las islas están muy bien situadas, no pudiendo pasar desapercibidas a las apetencias de culturas y razas que desarrollaban su fuerza y poderío alrededor del mundo conocido. Islas bellas. Islas muy codiciadas.

Se baraja que el nombre de Baleares fue dado a Mallorca y Menorca por los fenicios. Otras fuentes manan afirmación sobre el que Baleares es nombre griego, que traduce la palabra disparar, inspirada en la defensa de los honderos que con sus hondas disparaban piedras con tal fuerza y destreza que ni casco ni coraza resistía la violencia. Cuentan que la gran habilidad de los honderos era fruto del aprendizaje recibido de sus madres a temprana edad. Los niños tenían la obligación, si querían comer, de derribar, a tiro de honda, el alimentos que ellas colocaban en las ramas altas de los árboles. No cabe duda de que el estómago vacío afina la puntería. La gastronomía de los honderos no es difícil de imaginar: caza asada sobre brasas de leña, posiblemente de encina. Abundaba la liebre y el conejo y eran muchas las plantas silvestres comestibles para poder tomarlas como ensalada. Aún hoy los isleños somos entusiastas consumidores de la hierba cana, los berros, verdolaga, achicorias y puerros.

Hábiles en el arte de la pesca, de salar y secar raya, cazón y otras especies sin escamas, con piel, los cartagineses pudieron ser en Ibiza y Formentera los precursores del pescado que hoy suele comerse con ensalada. Pescado que continua el ritual de secarse al viento, colgado en las barcas de pesca, o pendiendo de las ramas en los árboles de Formentera, proyectando efectos fantasmagóricos e inquietantes, cuando desaparece el sol tras las nubes negras presagiando tormenta.

Entre deseos de dominio, conquistas, tristes derrotas y piratería va tejiéndose, con trama y urdimbre de siglos, su historia rodeada de mar por todas partes, circunstancia que le confiere atrayente y agridulce misterio.

A partir de la época romana todas las islas emprenden hacer común. Y los romanos comienzan a nombrar conjuntamente: Mallorca, Menorca, Ibiza y Formentera, las islas Baleares. La sabiduría romana se esparció en las islas como semilla de selección que da ricos frutos. Su personalidad culinaria llega a nuestra cocina con algunos adobos para carne asada, bravos, sin que por suerte nada tengan que ver con su preciado «garum». Tampoco el comino y la ruda aromatizan nuestros platos, mientras su afición por el vinagre, está viva, alegrando potajes y conservando hinojo marino, alcaparras y, zanahorias para acompañar primeros platos. Todas las islas muestran la estancia larga de los romanos.

Y en las islas queda patente el ingenio de los árabes llevando el agua donde precisaban, construyendo, dando nombres a pueblos y aldeas, nombres hermosos, de pronunciación dulce, aunque no tanto como su pasión laminera. El archipiélago tiene fama de goloso, herencia árabe, no solo en cantidades de azúcar y miel, sino en la forma de algunos dulces, entre ellos la ensaimada, con la «m´ hencha».

El contenido de ambas es distinto, no así su manera de enrollarla. La ensaimada es de masa hojaldrada. La «m´ hencha» se prepara con «ouarka de bastela», hojas de

INTRODUCCIÓN

INTRODUCCIÓN

masa finísimas y de laboriosa preparación.

Los «cocarrois», «robiols», «estrellas» y corazones nos llegan de la cocina hebraica.

La señorial y culta isla menorquina conserva mucho ayer histórico y gastronómicamente, las últimas dominaciones no se han desvanecido. Los británicos dominaron la isla tres cuartos de siglo, tiempo suficiente para que hallemos su paladar en algunas recetas de cocina y de bebidas. A tener en cuenta el queso como ingrediente culinario, así como la mantequilla, sumando, untuosas influencias francesas y británicas. La mantequilla para consumir cruda, aún hay menorquines que la llaman: «manteca inglesa». Dicha manteca, a los pocos días de haberla batido, se veían obligados a salarla para evitar la rancidad.

Las ventanas de guillotina siguen dejando el viento fuera de las casas, y dentro, continua el estilo de la dominación británica en los muebles. Aún siendo dos herencias de peso, no precisan balanza, ni ocupan espacio en olla ni cazuela.

La cocina balear ha sabido aprovechar sabrosas herencias, pudiendo desojar la «margarita gastronómica», eligiendo las especias y hierbas aromáticas, con un: ésta si, ésta no... para conseguir sazones a veces difíciles de adivinar aunque al paladar resultan deliciosas.

Afirmar que guisamos cocina popular y cocina señorial, no es cambiarle el color a nuestra mar mediterránea, es facilitar gustosa información, puesto que ambas cocinas, preparadas con amor, resultan exquisitas.

Tenemos cocina humilde por ley de vida. El privilegio de poder elegir vientre materno para nacer en el seno de una familia de abolengo, continua colgado de la luna. Y aquí radica el viejo motivo por el cual hay personas que sólo conocen la cocina de: «las sopas», «cuinat», «el arros brut», «el frito», «los escaldums», «la lechona asada», «el pa amb oli», «el trempó» y «la coca de verdura».

La cocina señorial está en la mente y el paladar de quienes la disfrutan en su mesa desde la infancia.

Cabe descubrir que las cocineras, o cocineros de «postín» de las grandes casas, no cantaban recetas, todo lo contrario. Y si un comensal osaba rogar explicaciones de cómo preparar el plato recién disfrutado, la pregunta sin respuesta, marcaba en el rico artesonado el paso de un angelito.

Ha costado mucho conseguir que la cocina señorial de las islas ocupe espacio en la carta de los hoteles de lujo. Algunos restaurantes han seguido el sabroso ejemplo.

Este libro reúne recetas de cocina popular y señorial. Lo que no significa que estén todas porque ocupan mucho espacio. Y un libro de cocina tiene el deber de ser manejable, de poderlo tener muy a mano, con el fin de que ayude a cocinar con exquisitez, convirtiendo la comida familiar en espléndida reunión gastronómica.

Nuestra ensalada cumplirá tres siglos

La ensalada típica de todo el archipiélago es el «trempó», aunque en Ibiza lo alegran con un diente de ajo y le llaman: «ensiam».

El siglo XVIII enriqueció la cocina balear con los productos de origen americano que se adaptaron estupendamente a nuestro clima. Y podemos deducir que el «trempó» nace con el XVIII puesto que pimiento y tomates, se unen a la cebolla, dándonos esta fresca ensalada de verano.

El «trempó» en las islas puede estar presente en la mesa desde la mañana a la noche, sin dar a pie que los lectores imaginen que los isleños, en verano no comemos otra cosa. Quiero decir: que se disfruta como desayuno de media mañana, así como toma el protagonismo de primer plato en la comida, o sencillamente, acompaña con mucha gracia el escabeche de pescado.

El «trempó» cubre una de nuestras cocas más populares.

Las galletas d'Inca (galletas que llevan el nombre del pueblo donde se fabrican), incorporadas, a trozos, al «trempó», justo antes de servir, lo enriquecen, siempre que el aliño no disfrute el delicioso punto crujiente.

Alcaparras, hinojo marino y pimientos picantes en vinagre, así como aceitunas mallorquinas, suelen estar cerca de ésta ensalada, que aparece en las mesas isleñas con el primer calor y desaparece con el primer frío.

Acostumbramos comer el «trempó» con pan moreno payés, y suplir el pan con albaricoques, brevas o higos frescos, le suma el agridulce que en las islas llegó con la cocina árabe y continua dando gusto a nuestros paladares.

La ensalada de pepino la comen en Menorca desde la dominación británica.

Los pepinos han tenido que aguardar años para ocupar espacio en la mesa de las otras islas. Y aún, ahora, son muchos los mallorquines que pasan olímpicamente de éstas curcubitáceas, sin embargo ya se cultivan en los huertos para satisfacer la demanda creada por los habitantes llegados de fuera del archipiélago, tanto españoles, como extranjeros.

La ensalada de escarola y lechuga acompaña las empanadas de cordero, plato que celebra la Pascua de Resurrección.

Mientras que la ensalada de apio no puede faltar en la mesa navideña. Asados de pavo negro, lechones, patos y pintadas, requieren el aroma especial del apio y los comensales disfrutan su deliciosa peculiaridad desempalagadora.

La humilde verdolaga, (que nace en verano, aprovechando la humedad de los surcos en los huertos, y en macetas donde crece la redonda, perfumada y siempre sedienta albahaca) también la comemos en ensalada, junto a caza de pelo, hecha a la brasa.

El protagonismo de las hortalizas

La importancia de las hortalizas en las islas queda demostrada por la variedad de platos.

Las hortalizas en la cocina balear ocupan cazuela de barro, olla, sartén, fuente refractaria y simplemente la rejuela del horno.

Las hortalizas también se recogen sumisas, envueltas en masas dulces o «llisas», (sin azúcar). Toman nombre de fruta, o de arma bélica, en las sorprendentes granadas de berenjenas, espinacas o tiernas judías verdes. Y presumen dando nombre a finísimos pastelones.

Las berenjenas se han hecho famosas por el «tumbet» y quizá es la hortaliza veraniega con más protagonismo en la cocina. Ruega berenjenas muy tiernas la alboronia, plato muy considerado ya en «Las mil y una noches» y que llevó el nombre de Buran, la esposa de un califa cordobés cuyas bodas fueron muy sonadas. Es plato sencillo sin embargo ennoblece la mesa donde se sirve.

Las sopas mallorquinas, que se preparan

INTRODUCCIÓN

en todas las islas con personales variantes, pueden suplir el calendario. Las verduras y hortalizas, caminan con las cuatro estaciones, y el comensal, aunque esté desmemoriado, recupera el día que vive por lo que le ofrece la «greixonera de sopas». Los estofados de hortalizas: zanahorias, coliflor, espinacas, acelgas, suman platos agridulces a nuestras cocinas y descubren bolsillos fenicios limitando la cantidad de piñones y pasas, que son dos ingredientes indispensables.

Los «cocarrois» de coliflor, espinacas, y de achicorias en Menorca, han sido plato Cuaresmal y actualmente se come todo el año.

La chirivía sólo la consumen en Menorca, recordándonos que la cocina británica la venera, implantándola en su ocupación. En Menorca nunca falta en la olla de caldo el manojito de «sopa», que reúne: chirivía, nabo, zanahoria, apio, tomillo y perejil. El mercado de Mahón recibe al visitante con el aroma agradabilísimo que desprenden los ordenados manojos de «sopa».

Los tomates de ramillete han tenido y mantienen su gran protagonismo en Baleares. Suponen poder comer tomate fresco, de calidad superior, en pleno invierno. Disfrutar el pan con tomate frotado (es jugosísimo), aliñado con aceite de oliva y sal. Las frituras de base, con tomate de ramillete resultan excelentes y la salsa que dan, entusiasma.

Tomates de ensalada, famosos en toda Mallorca, son los de Banyalbufar. Es el tomate inigualable para el «trempó», para las confitadas salsa que cubre «granadas», «tumbet» y berenjenas rellenas. Tomates para que el calor del horno les llegue al corazón y de resultas, enamoren a los comensales. Tomates que se convierten en dulce tentación. Confitura antigua, que continuamos preparando en las casas con dedicación a la despensa. Tomates, que, cortados a gruesas rodajas, dispuestos sobre cañizo, sin olvidar un pellizco de conservadora sal, se exponen al sol de agosto que los tuesta y abarquilla, añadiendo ingrediente rico, para el invierno: lo admite la fritura de sopas de pan, de arroces, proporcionando pícaros sabores, a quienes preguntan si hay setas, donde no las hay, y si están, los tomates secos, dando pie a sabrosas cábalas.

El «tumbet» años atrás era plato obligado el día de la «Mare de Déu d'agost» (La Dormición de la Virgen). Celebración muy respetada en las islas.

Los potajes de ayer y de hoy

Lo que fue en tiempo de nuestros antepasados, plato hondo o escudilla de entrada, ha ido perdiendo el sabor bravo de los huesos de espinazo de cerdo salados, trozo de morro, oreja, costillar o tocino. Los isleños hemos restado al paladar, lo que afirman se gana en salud. Eso dicen voces que merecen crédito, y lo combaten voces centenarias, que cuentan y no acaban sobre la bondad de los potajes de su juventud, de los que en la payesía, habiendo sobrado potaje del mediodía, escaldaban sopas de pan moreno, o hervían fideos, solucionando parte de la cena.

Los potajes han permanecido bastantes años, apartados de muchas mesas isleñas, y ahora retornan, en hermosas soperas, con menos enjundias de matanza. Las lentejas, portadoras de hierro, piden dedicación al sofrito, mesura en las patatas y total ausencia porcina.

En Ibiza aprendí, en las fincas rústicas, a

poner zanahoria, o judías tiernas, o acelgas, o pimientos rubios de verano, en las lentejas. Agradecí algunas informaciones con el consejo de no tirar el agua de hervir las lentejas y continuar el potaje sin desperdiciar el hierro que marchaba con el agua.

La «escudella fresca», ha continuado, verano, tras verano, alegrando muchas mesas. Es nuestro potaje refrescante, el que menos galbana inyecta al cuerpo y a la mente. Los ingredientes básicos maduran mientras el sol quema y las cigarras enloquecen. Judías pintas frescas, judías verdes tiernas, calabacines, poca patata, mucha fritura, temple en la mejorana y gracia para perfumar el último hervor con la albahaca recién cortada.

En nuestra casa celebramos, verano tras verano, la llegada de monsieur Delpechs, con éste primer plato, popular y a la vez señorial. Las judías pintas le dan grandeza y el paladar lo califica: plato noble. El anuncio, desde la dulce Francia, de la arribada a Palma en barco de monsieur Delpechs, da tiempo a cumplir con la entrañable obligación de sentar sobre fuego discreto olla de barro, grande, con lo que exige este potaje y poder colmar la apetencia contenida por el frío invierno. Hemos llegado a pensar que monsieur Delpechs sólo viene en verano porque es la estación de la «escudella fresca».

La pasta en plato sopero y llano

La pasta no cabe duda es influencia italiana implantada en las islas Baleares muchisimos años atrás. Aunque viejos escritos afirman que la pasta no nace en Italia, sino en Oriente y que Marco Polo la trajo a Venecia. Mientras que otros viejos papeles, aseguran que veintiún años antes, un notario genovés, llamado: Scarpa, ya conocía los macarrones.

Mi vista no alcanza tamañas lejanías por lo que agradezco a quien fuere el que facilitó el nuevo manjar, que constituye sano y preciado alimento y ofrece un sin fin de recetas para su preparación, tanto al principio: al hacer la pasta, como al guisarla.

La cocina balear indica seria inclinación por la pasta, cocida en caldo de pescado fresco, en caldos de ave, de carnes de vacuno y hortalizas. Y hasta la mezcla con las habas secas en un potaje realmente original y sabroso, puesto que según mantel, de hilo, blanco, o a cuadros la sopera presenta plato delicado a la mesa, o plato bravo, curiosamente sin cambiar opinión al paladar, únicamente a la vista. No existe misterio. El pasapuré añade categoría en la cocina, aunque la pasta, naturalmente saldrá orgullosa en la sopera, nadando en espeso y riquísimo puré.

Plato festivo en Mallorca eran los canelones, rellenos de sesadas, higadillos de ave y de cerdo, carne magra superior, especias y una bechamel tan bien trabajada que ni con lupa aparecía un trozo de cebolla habiendo una cantidad sorprendentemente bien fundida con aceite de oliva. Luego leche entera y mantequilla. Hervor dulce y no perder la salsa de vista, espátula de madera en mano… El tiempo de dedicación. La falta de tiempo, precisamente ha ido dejando este plato para días muy señalados.

Los llamados macarrones secos, sí continúan preparándose, aunque de secos no tengan nada, puesto que la jugosidad de las diversas salsas los convierte en plato muy agradable.

En mi infancia recuerdo haber visto preparar la pasta en nuestra cocina. Podían ser tallarines, canelones o cintas. Éstas pedían 300 gramos de harina superior, un poco de sal y tres huevos, muy frescos. La cocinera salía a tender la pasta como si de ropa lavada se tratara, mientras el caldo hervía acompasadamente, cubriendo los cristales y llenando la cocina de vaho, obligando a cerrar puertas para evitar que el aroma, de las buenas enjundias, traspasara las dependencias de trabajo y ocuparan asiento en el saloncito de estar.

Aquella pasta casera resultaba estupenda. No se medía el tiempo empleado porque entonces las horas sumaban ciento veinte minutos, y aún siendo tan largas, se abonaban a precios cortos.

Actualmente en las Baleares continuamos preparando ambrosiacos primeros platos de pasta, con el punto italiano: «al dente», o sea: «verdi, verdi», y en nuestra lengua: «grenyal».

Devoción al arroz

No es preciso vivir unos años en las Baleares para descubrir que los isleños comemos arroz con devoción. Que al arroz le dedicamos amor especial, tanto es así que un personaje recién llegado a la isla, renegaba contra el arroz porque debía supeditarse a él para comerlo en su punto de cocción perfecto. Se rebelaba contra tal sibaritismo y dio título de majestad, al arroz. Sin embargo, su larga permanencia en las islas le inculcó entusiasmo y los inocentes y también exigentes granitos blancos, ganaron su paladar y el personaje en cuestión empezó a celebrar, sin protestas, las sentadas a la mesa, puntuales para saborear el arroz seco en el punto de suculencia gastronómica.

La cocina balear condimenta el arroz desde la forma más sencilla y humilde, hasta llegar a los ingredientes selectísimos, que lo denominan, por el color o densidad del caldo. El arroz «lletos» caldo lechoso, anublado por la variedad de carne de ave y aromáticas setas. Arroz de sentada otoñal en las grandes casas donde en sus «possessions» (fincas rústicas), canta la tórtola, entre amorosa y casi triste. Donde la paloma torcaz cruza rauda la pinada, canta la perdiz, y el conejo cría en oscuras madrigueras, emboscadas entre lentiscos y acebuches.

Casi los mismos ingredientes para otro arroz popular. Arroz «brut» donde la sangre fresca de la caza pinta nubes tormentosas en el caldo, más especiado, algo picante, dando entrada a una pizca de sobrasada, butifarrón y costilleta de cerdo.

El arroz de pajaritos, herencia judía, llegó a nuestra cocina y se guisaba durante la siega, cuando la glotonería de los gorriones atacaba los montones de trigo y el agostero más desenfadado les disparaba «un tró», sin compasión, con la boca hecha agua. Ya no se cocina este arroz, por causas que no precisan aclaración. Era un arroz caldoso, fino al paladar, delicioso, aunque arañaba el corazón creando culpabilidades.

El azafrán pinta suave amarillo en los arroces secos, no en todos. Sí, lo piden los caldos de pescado, y tampoco siempre. Y aquí debo borrar la dependencia del azafrán apuntada por quienes desconocen nuestra cocina y han mezclado historia y fantasía, barcos y piratas arrebatándose el tesoro del azafrán en rama.

Nuestra cocina gusta de las especias, y no le tiembla el pulso, ni pierde el norte sazonando un plato donde ha de predominar el ingrediente básico. Cierto, que el mortero mallorquín machaca más hebras de azafrán que el menorquín o ibicenco, islas donde el pimentón es muy apreciado.

Nuestros arroces caldosos, como los llamados secos, no mezclan los productos de la tierra con las especias marinas. Arroz de pescado fresco. Arroz de moluscos. Arroz de crustáceos. Arroces de aves, de caza de pelo y plumas. Arroces de hortalizas, en primavera. Arroces de tordos y setas en otoño. Arroz de pichones, de pollo con guisantes y alcachofas. Arroz de menudillos de gallina. Arroz de conejo y caracoles...

Los arroces secos no se adornan con pimientos rojos asados. Y cabe recordar que nuestros arroces secos se guisan con cazuela de barro plana.

El arroz se consumía ya en Mallorca en el siglo XIV. Se cultivaba y exportaba. Actualmente hay pequeños cultivos en Muro y Sa Pobla. Arroz de gran calidad que no abandona la isla y propicia entrañables sentadas ante fraternales mesas donde el arroz servido hace suspirar.

Pan y plato hondo

El pan es indispensable en las sopas y calderetas. El pan, según receta, pide ser blanco, cortado a rebanadas de medio centímetro de grosor, doradas al horno. El nombre de «sopa torrada» (sopa dorada) lo da el «llonguet», panecillo blanco, muy gustoso. Y la «sopa torrada» está presente en lujosas mesas de celebración navideña, con receta especial para festejar el nacimiento del Niño. Sopa de numerosos ingredientes, entre carne, ave y hortalizas. Sopa muy sustanciosa, que entra en el horno para que el calor confite el pan, restando caldo. Sopa que precisa buen temple a quién la guisa, dándole oportunidad a lucirse.

Sin embargo la «sopa torrada» puede ser sopa de enfermo, cuando sólo reúne caldo de pichón o gallina, aromatizado, en el momento de salir a la mesa, con unas hojas de hierba buena fresca.

Hay «sopa torrada» de aves o de pescado con tirabeques. A veces aumenta suculencia la blanca y tierna coliflor, así como las alcachofas moradas.

Ibiza y Formentera conquista también con sus apetitosas «sopas torradas».

Las calderetas menorquinas piden pan blanco mahonés, sin sal. Y quienes guisan con ánimo de conseguir el suculento plato, rechazarán el pan de barra. La caldereta menorquina más famosa es la de langosta, le sigue la de dátiles de mar y la de «escupinyes»

El pan llamado de sopas, en Mallorca, es pan especial, alargado y ancho, moreno y sin sal. Lo venden cortado a máquina: finas rebanadas empaquetadas que dan el peso de 250 gramos. Éste pan puede viajar fuera de las islas, siempre que el comprador, antes de preparar el equipaje, abra el paquete y extienda las rebanadas de sopas al sol con el fin de secarlas. Luego, al llegar a destino, colocar las rebanadas en bolsas de plástico y una vez cerradas, pinchar varias veces con una aguja de tejer. Reservar en el congelador hasta la víspera de guisarlas, que se bajan al refrigerador, para sacarlas por la mañana. La temperatura ambiente de la cocina, las pone a punto de entrar en el caldo de la cazuela, con orden y concierto. Ésta solución hace posible que hoy se coman sopas mallorquinas hasta en América.

El pan en las islas, aún sin plato sopero, tiene una gran importancia gastronómica.

Los molinos harineros, recuerdan los panes enormes, de payés, amasados y cocidos en los hornos de las «possessions», en Mallorca, «llocs», en Menorca y fincas en

INTRODUCCIÓN

Ibiza y Formentera. Pan que se mantenía sabroso durante ocho y hasta quince días, guardados celosamente tapados en grandes artesas de madera.

Tiempo atrás, las rebanadas finas para las sopas se cortaban, en la payesía con el «trinxet» (cuchillo de hoja muy curva).

En mi infancia todavía se comía el «pa amb fonteta», merienda para tiempo de vacaciones. Se cortaba un cantero bastante grande, de pan todavía caliente. Con la punta del cuchillo se hacía cuatro cortes en el centro y esta miga, con ilusión y habilidad era levantada para llenar el hueco con aceite de oliva, una gota de vinagre y sal. El trozo de miga era devuelto a su sitio. Presión con los dedos al cantero para que empapara aliño. Y al primer mordisco, mancha de aceite y advertencia familiar. La satisfacción del paladar quitaba importancia al reproche, aunque la imposición de coger un plato tenía que ser acatada inmediatamente.

Disfrutamos el pan con aceite de oliva y sal. Pan con tomate de ensalada, en verano, o frotado con tomates de ramillete en invierno. Pan con manteca de cerdo cubierta con azúcar. Pan tostado, frotado con ajo, cuando las obligaciones sociales ceden una jornada sin compromiso. Pan con la manteca roja de haber cocido los embutidos de la matanza. Pan, simplemente con aceitunas. Pan con queso y brevas. Pan con aceite de oliva, pimentón y brotes de verdolaga muy tierna. Pan con sobrasada, butifarrón, «blanquet», o pasta de hígado casera. La confitura también ocupa espacio sobre las rebanadas de pan moreno o blanco según la isla.

Y terminando como empecé, con «pan y planto hondo», advertir que la sopa de ajo en Mallorca la preparamos indistintamente con «llonguet», pan payés o galletas «d´Inca».

Así como el «oliaigua» menorquín escalda la misma clase de pan que ocupa plato en las calderetas. El «oliaigua», sopa popular, o de «senyor». La enriquece o empobrece la presencia o ausencia del huevo escalfado. Se acompaña con higos frescos cuando la estación lo permite.

Calendario y dulces

EL calendario impone dulces y bebidas.

Las ensaimadas de tajadas: rodajas de sobrasada y calabazate, no faltan para recibir el carnaval mallorquín

«Punys d´ou», mezcla de ron y coñac, leche caliente y huevo, amen del goloso azúcar, da calorías a las destempladas noches de carnaval menorquín. Es bebida de abolengo que precisa rico recipiente, rico cucharón para servir y ricas y hermosísimas copas para disfrutarla.

«Cocarrois» y empanadas de pescado, durante la Cuaresma. «L´Avia Corema» es el equivalente menorquín de la «Jaia Corema» de Mallorca. Ambas representadas por una vieja vestida a la antigua usanza. Feas, sostienen un bacalao en una mano y en la otra una parrilla. Bajo la falda asoman siete pies. Adentrarme en esta antigua costumbre ocuparía muchas líneas. Creo que puedo dar a las estrafalarias figuras de trapo o cartón el nombre de calendario humilde, puesto que semana transcurrida, pie cortado, hasta terminar sin pies al final de la cuaresma. El bacalao de las dos figuras recuerda el plato casi obligado de las abstinencias. Siete largas semanas de sermones, ayunos y pálpitos en el corazón, porque entonces el demonio acechaba constantemente. Actualmente confiamos más en la misericordia que en el castigo. Comemos menos bacalao y más pescado fresco.

Caramelos largos y los rellenos de huevo, en la Semana Santa menorquina. Enormes y blancos «confits de caparutxa», (confites de penitente), hechos con almendras tostadas, envueltas en gruesa y desigual capa de azúcar. Solo se fabrican en Mallorca para la Semana Santa. Los penitentes los reparten a familiares y amigos. Y en Ibiza y Formentera «es tiempo de flaó», aprovechando la cantidad de leche de las primeras crías de ovejas y cabras en primavera. La «frígola» bebida ibicenca hecha con el aromático tomillo de sus altozanos, suelen beberla más las mujeres, por lo dulce, acompañando el «flaó» y las «orelletas».

La alegría de la Pascua de Resurrección pone mesa suculenta, «tacons», empanadas de cordero y otras de guisantes, estrellas, medias lunas, «rubiols» de cabello de ángel, crema, o requesón y «graixonera de brossat».

Los dulces macarrones de San Juan, en Ibiza (son cintas), plato popular de sabor agradable y mucho peso.

Nuestra Sra de Gracia, San Juan y San Pedro, obligan preparar: «congrets tapats», «macarrons» y «coques bambas» en Menorca.

Las «mesuradas» menorquinas, donde miden el grano ante el señor y familia. Es cantada la cantidad y el colono, con el cuchillo, añade una muesca a la rama de acebuche. Cerca de las eras hay mesa para refrescar las secas gargantas con «dolces» para meter en agua fría donde los mayores añaden un poco de anís. Es una tarde calurosa y a la vez entrañable que termina con cena a la fresca. Mesa larga, presidida por el señor y junto a él se sienta el colono. Familia y amigos invitados. Viví esta bellísima costumbre en la imponente finca de Caballería. El tiempo parecía haberse detenido, el aroma a grano maduro, el de rastrojo agostado, unido al de los melosos higos, transportaba.

Y a finales de octubre Santa Ursula y sus Vírgenes mártires. Esta fecha se celebra por la noche con serenatas, canto a las amadas e invitación a entrar en las casas para obsequiar al grupo de cantores con buñuelos de varias clases y vino.

Las supersticiones afloraban la noche de Todos los Santos, durante la «trencada de pinyons» en Ibiza. Las abuelas contaban sucedidos, erizando el pelo a los oyentes. Cualquier ruido detenía el aliento, por muy alegres que estuvieran los más jóvenes: cascanueces en mano, abriendo los frutos y comiendo deliciosos buñuelos y amargos de almendra. El vino blanco humedecía las gargantas y templaba el ambiente, o todo lo contrario. La medianoche no podía sorprenderles levantados por la creencia de que estando en pie al comenzar el día de Difuntos, la cosecha se arruinaría. Por ello dejaban la mesa sin recoger y la estancia sin barrer.

En Menorca celebraban dulcemente el día de Todos los Santos y el de los Difuntos, tomando «mel i mantega». Miel y mantequilla calentada en cazuela y en la que envuelven trozos de pan. Además de comer buñuelos y panecillos de muerto, macabros por la forma de mortaja que les daban.

En Mallorca los escaparates de las pastelerías se llenan de rosarios de colorines, grandes y pequeños. Las cuentas son, según el precio, de «panellets» yemas, bizcochos, galletas y plateados bombones de chocolate separan las decenas. Terminando en redondas y barrocas patenas de calabazate, adornadas con caprichosas estampas, enmarcadas con un hilillo de azúcar lustre. Nietos y ahijados reciben el presente el día de Todos los Santos. Los niños

INTRODUCCIÓN

se colocan el rosario como si fuera un collar y disfrutan sus golosinas. Los mayores comen «panellets», «pinyonats» y buñuelos.

Cocas de turrón para la Navidad en todas las islas y en Ibiza continúan tomando la enjudiosa salsa de «nadal». Las cocas de patata con anís o miel, son las compañeras de la taza de chocolate para las familias mallorquinas que no han roto la tradición de reunirse en el comedor de los mayores para desayunar a la salida de misa de gallo.

Aromáticas despensas

Las frescas despensas isleñas, orientadas al Norte, mantenidas por la señora de la casa, significa el saberse abastecidos para todo el año, naturalmente las posibilidades de cada familia, marcan cantidad. No pueden faltar las panzudas tinajas con aceitunas partidas o enteras, aliñadas como lo hicieron muchos siglos atrás, griegos y romanos. Garrafas de aceite de oliva isleño, tinajas repletas de manteca de cerdo, o rebosantes de huesos de espinazo, salados, de tocino. Los quesos curados.

La «percha» sí, marca el poder familiar, en cantidad, calidad y variedad de embutidos, donde no faltan los selectos «blanquets», envueltos en velo de riaño, atados como las muñecas de azulete que pintaban tono celestial a la ropa blanca de mi juventud. Esta finísima especialidad hay que disfrutarla antes de que pierda jugosidad: asadas a la brasa es bocado de reyes, y nada tienen que ver con los populares «blanquets», embutidos y atados igual que los butifarrones, que siendo muy buenos, no pueden compararse con los primeros. Penden, negros y gruesos, los «camayots», menos negras las butifarras y rosada, la sobrasada blanca, carente de pimentón. Rojas y curvas longanizas, rojas sobrasadas, enormes e increíbles sobrasadas que se reservan para las meriendas multitudinarias del verano. La pasta de hígado metida en tarros, soldada con la blanca manteca cuando todavía está caliente.

La «carn i xua» enriquece y aromatiza las despensas menorquinas. Embutido delicioso, hecho con solomillo o carne magra, con dados de tocino, sazonado con pimienta molida y en grano. El butifarrón blanco, aromatizado con clavel. Penden los jamones de los cerdos criados en encinar y para consumo de la familia. Suelen ahumarlos en las fincas, en la campana de la chimenea del hogar. Los quesos no faltan. En Menorca son de mucha calidad y el queso payés, añejo, acompañado con uva es buenísimo.

Botes etiquetados con distintas confituras, de fruta, de cabello de ángel y de tomate. Setas, engarzadas una a una, secadas al aire para tener provisión mientras el bosque duerme y se las añora.

La semilla de hinojo silvestre sazona los higos secos, colocados con maestría en cestos de caña, cubriendo la fruta con hojas de higuera, sujetas con rafia.

Tinajas de vidrio forradas con cañas, guardan el escabeche de caza de pluma o pelo, multiplicando aromas, estando siempre a punto de solucionar comidas imprevistas. Escabeche de caramel o de bonito...

La garrafa de vino y la de vinagre. Los tarros de hinojo marino, alcaparras y pimientos envinagrados. Hileras interminables de conserva de tomate. Lomo embuchado. Panceta con muchas vetas, curada con sal y pimienta, enrollada y frotada con pimentón. Merienda de verano, sabrosa, sustituyendo el jamón. La matanza mallorquina transforma los jamones crudos en superior pasta de sobrasada. La isla carece del frío necesario para curar el jamón como en la serranía.

Melones de secano, colgados, aguardando la Navidad para consumirlos en su deliciosa y reposada madurez, esparcen y mezclan el dulce aroma creando el agridulce sin necesidad de manipular en la cocina.

En la payesía, por pequeña que sea la casa y el huerto, siempre hay espacio para engordar el cerdo que proporciona despensa para todo el año, y del que se aprovecha hasta el rabo, que tiene la misión, el día de la matanza, de adornar la espalda del más simple.

Calabazas y legumbres, cosechadas para llenar escudillas familiares. Porche donde conservar las ristras de ajos y los tomates de ramillete. Despensas llamadas humildes, cuando en realidad demuestran la mente despierta, el buen orden y el gran trabajo de la madre de familia.

Actualmente, despensa la tiene quién siempre la tuvo y ha sabido mantenerla, por costumbre y buen paladar.

Hace veinte años, ideas, planes y planos de iluminados, con el don de alimentarse de aire, eliminaron la despensa en las nuevas construcciones. El sentido común y el buen gusto ha recuperado el fresco espacio para que la familia tenga a mano, por lo menos, lo más preciso.

Las salsas

La salsa mahonesa, de paternidad muy discutida y que naturalmente, como balear, la prefiero nacida en Menorca, es la salsa que remienda cualquier roto. A mi humilde parecer, también es salsa mandona, que impone su gusto a cuanto cubra o acompañe.

En nuestra mesa familiar la mahonesa podrá quitarle el sabor a las patatas. Mallorca cosecha patatas y como de costumbre, los mallorquines comemos las de peor calidad: las patatas buenísimas, embarcan rumbo a Inglaterra.

En nuestra mesa familiar, jamás se disfraza la langosta asada con la salsa mahonesa. Unas gotas de aceite de oliva y otras de zumo de limón ennoblecen el sabor personal del crustáceo.

Sobre el «allioli» el cantar cambia de ritmo. El «allioli» parece que nació en Grecia y suele acompañar con éxito, todo aquello que carezca de sabor propio, por ejemplo los caracoles. Sin embargo presta buena ayuda, sosegando la bravura al cabrito salvaje, al conejo de monte, hechos a la brasa. El «allioli» es salsa que se mantiene viva en la boca y acusa sin piedad a los que la comen, sin o con mesura.

En todas las islas ambas salsas son muy apreciadas, aunque el buen criterio las haya ido colocando, cada una en su lugar. Quizá la facilidad de preparar una mahonesa o «allioli» con la batidora, les dio un protagonismo desmesurado, sin aumentarles calidad alguna, todo lo contrario. La mahonesa quiere yemas de huevo, aceite de oliva y sal. Las claras de huevo quedaran fuera del mortero.

Nuestras salsas compañeras del pescado fresco, son sencillas y no por ello carecen de sabor delicioso.

Y las salsas de tomate, frito, maltratado con la espumadera de madera, aceite de oliva, el preciso y que no sobre. Ajo, con mesura. Y sobre todo que los tomates sean maduros, frescos, de ensalada, en verano y en el desapacible invierno, de tomate de ramillete.

Caros y riquísimos tomates que llegan a alcanzar precios de jamón, y en verdad, a veces una salsa de tomate de ramillete es preferible a un jamón que tiene precio de tomate.

La salsa de granada, mezcla aromas con la caza de plumas en Mallorca, mientras que la salsa de granadas agrias, acompaña el pavo asado durante la Navidad menorquina.

Los discutidos despojos

Los despojos borran el término medio, o gustan mucho, o son rechazados, sin más, no queriéndolos ni oír nombrar.

El frito mallorquín, plato de merendola o cena entre amigos en los típicos «cellers» (bodegas) donde puede comerse la cocina popular: sopas de col; «arroz brut», «lechona asada», «escaldums», «conejo con cebolla»… Platos que han limitado nuestra variedad gastronómica, a través de quienes la desconocían totalmente, afirmando que nuestra cocina se reduce a menos platos que dedos tienen las dos manos. Desacertados comentarios que han herido la sensibilidad de las personas que continúan luchando para dar a conocer la rica realidad de nuestra gastronomía balear.

Ahora podemos felicitarnos. Cellers con buen ánimo y ganas de trabajar, han incluido platos de alta cocina en sus cartas. Y los hoteles de lujo, años atrás, reacios a servir la cocina del archipiélago, eligen ya, para su elegante clientela, recetas de las que el visitante sólo podía conocer, a través de las amistades isleñas.

El frito mallorquín es de interioridades de cordero, lechona o ternera. Las hortalizas entran en la cazuela y nunca faltan las patatas fritas. Este plato popularísimo, aumenta calidad con la llegada de las setas.

Los «tacons» reúnen diversas interioridades de cordero, más ingredientes nobles. Plato que suma festejo a la mesa de Pascua de Resurrección. Con la particularidad que puede necesitar cuchara y plato hondo al servirse del enjundioso caldo para cocer arroz o pasta. Los «tacons» dispuestos aparte, cortados a rodajas, se unen a la sopa, añadiéndole alguna caloría y doblando sabor.

La receta de «tacons» anotada en este libro, cumple misión de segundo plato, sabroso, recio y que ruega acompañarlo con el mejor vino tinto de las islas. En Mallorca ya se puede presumir de vinos excelentes.

Manos de cerdo, de cordero, cabezas de ambos, suman recetas de interioridades, a pesar de gozar la luz y aire puro de nuestros campos.

Cocarrois empanadas pastelones y cocas

El horno es indispensable en la cocina balear.

Los menorquines se llevan la palma usando el horno. Las masas abundan, sean para envolver hortalizas, recoger, entre paredes finas, carne de cordero, tocino y sobrasada, así como guisantes.

Cocarrois de espinacas y empanadas de pescado se consumen en las islas todo el año. Antes fueron platos casi de penitencia, aunque consolaban con su grato sabor.

Las duquesas de pollo, de masa dulce, servidas con ensalada muy tersa y discreto aliño para no distraer el delicado sazonamiento del relleno. A veces se comían para merendar, sin que ocuparan el espacio de la cena. Los estómagos han reducido tamaño y el temor a ganar peso, lleva camino de empequeñecer los ayunos de antaño, temidos, aunque respetados hasta el desmayo.

La masa para cocas recorre largo camino, desde la humilde masa de pan, aceitada y dedicándole unos minutos más de amasado, a la que exige yemas de huevo, zumo de naranja, manteca o aceite de oliva, y también la unión de los dos ingredientes grasos.

Masa con o sin azúcar, no importando el que la cubra el «trempó», o medios tomates, azucarados con generosidad, o verduras con pescado, perejil, cebolletas y arenques de barril.

Masas con levadura prensada, obligándola a leudar y crecer.

Masa carente de levadura, estirada sobre la placa, manteniendo la respiración para evitar romperla. No puede superar el grueso, casi impalpable, de la actual y diminuta peseta. Masa favorecida con ensaimadas crudas, o panecillos, y otras: con una simple cucharadita de levadura en polvo.

Nuestras cocas de verdura resultan deliciosas, servidas del horno a la mesa, ocupando el primer plato de la cena.

Quizá la masa fina por excelencia es la de los pastelones, rellenos con ingredientes de primicia: hortalizas de la estación, langosta, recién levantada la veda, cabracho, especie, de cabeza y ojos impresionantes, de mollas sublimes.

Las llamadas cocineras de postín de principios de siglo fueron las que supieron recoger sabias influencias árabes y elevaron los pastelones a la categoría que la mesa de sus señores requería.

Eran luchas inteligentes entre las cocineras de renombre, por conseguir la masa, casi impalpable, masa hojaldrada cubriendo enjundioso relleno que el calor del horno lo transformaba en prodigio.

Fiambres y rellenos

La cocina balear rellena aves, conejo, lechonas, partes nobles de cordero y pescado de aguas profundas.

La carne de cordero es muy apreciada en las islas. Milagro o misterio, las tierras mallorquinas, de lluvias contadas, son parcas en pastos, si bien algo habrá en el ambiente que respiran, en lo que mordisquean, que les aromatiza la carne, convirtiéndola en bocado exquisito, especialmente respetando el punto de horno, dorado fuera y rosado dentro.

Nuestros rellenos reúnen ingredientes de calidad, sean a base de carne, hortalizas, donde el huevo es preciso y está presente en plural para ligar con las yemas cremosas y espesantes, con las claras resbaladizas aunque dispuestas a unir amorosamente lo que tome contacto con ellas. Necesaria ligazón en rellenos y fiambres que han de cortarse en la mesa sin causar disgusto, mostrando las rodajas altaneras, hermosas, tentadoras, no sólo por presencia, sino por aroma de sazón que debe conducir al encantamiento.

Rellenos agridulces, con frutas y boniatos. Con la misma mezcla de las cocas de turrón de almendra. Rellenos que reúnen variedad de carnes, tocino y especias, donde no falta el jamón serrano que nos llega de fuera, el curado sin prisas, el que trae aromas de serranía y frío blanco-azul. Las trufas, (que también las hay en Mallorca, para gozo de los propietarios de las fincas, que guardan un muy comprendido silencio), ponen su punto negro en los fiambres de ave, lo ponen sin ánimo justiciero, al contrario, haciéndose ver para que los deseosos de saborearla pueden elegir estratégica porción.

INTRODUCCIÓN

Cabe indicar que suplir las trufas con trozos de hígado de ave arruina el plato. El color agrisado del hígado delata y la carencia de sabor, más la pastosidad, en lugar de la tersura de la trufa, indigna.

Nuestras granadas de hortalizas, siendo tan buenas, no pueden compararse a los fiambres y rellenos. Son granadas, similares a la fruta, compuestas por manos expertas, en vez de granos, dados, en vez de zumo, salsa. Pudiendo resultar plato explosivo, es pacifico, tierno y saludable.

La importancia de las aves

En todas las islas las aves han tenido mucha importancia en la mesa festiva, mientras «gallinas faraonas» cumplían varias, (que en Mallorca significa: dos o veintidós) obligaciones: crecer y multiplicarse, engordar comiendo a su antojo, gozando la libertad deparada en las fincas rústicas. Chillar de forma continua y endemoniada, advirtiendo a la mayorala, presencia de extraños en el camino.

Gallinas, patos, faisanes y pavos negros, así como pollos vivían la placidez de las tierras alejadas de las ciudades.

Perros y aves se criaban juntos y la vida continuaba con su ritmo sosegado hasta que un mal día alguno de los perros decide convertirse en lobo. Es posible que los perros no se conformaran con los huesos de ave que les daban domingos y fiestas de guardar, bajados de la casa alta, la de los señores, e intentaban imponer su día laborable para comer, no huesos pelados, sino buenos muslos y pechugas.

Las aves metidas en cazuela han cumplido con elegancia la obligación de complacer paladares refinados y aplacar discretos apetitos, hasta que los tiempos cambian y las aves se «fabrican» en las granjas y pierden el encanto de la sabrosidad, la importancia y se convierten en plato de a diario porque la resta de calidad les baja el precio.

Sin embargo en las fincas rústicas las aves continúan alimentándose a capricho, no les falta el grano por la tarde, ni la noche oscura para dormirla. Nadie les ordena que pongan un huevo a diario y la carencia de duras disciplinas les sigue madurando las carnes sin sobresaltos. Quiero decir que deseando servir un ave suculenta siempre quedan las carnicerías que se precian vendiendo lo más selecto. Conseguido el capricho. Conseguido el plato, sea de pato con aceitunas, de gallina trufada, de «escaldums de pava», bueno será advertir a los comensales la procedencia del ave, para que no se sientan humillados, creyendo tener en la fuente un ave de apenas cuatro meses tan gorda como insípida.

Lo que nos proporciona el cielo

Caracoles, caza y setas son una bendición del cielo. No precisan más que afición y respeto, tener las espaldas y las piernas fuertes como robles y el buen humor de ir en su busca o captura. En éste caso es necesaria la escopeta, los cartuchos y el permiso para poder apretar el gatillo.

En las Baleares tenemos caza, caracoles y setas. Tres propuestas que entusiasma poder disfrutar en la mesa.

¿Quién no sale escopeta al hombro? ¿Quién no salta de alegría ante el montoncito de agujas de pino, ahuecadas por la presión de las setas? ¿Quién no sale a buscar caracoles después de una bendita lluvia, cuando ha caído el viento y la tierra ofrece el aroma tantas veces añorado, a tierra húmeda? ¿Quién es comodón de nacimiento, compra las «tres gracias» en el mercado y hace poner mesa de celebración familiar?

Hay granjas de caracoles, cierto, y de codornices, perdices y faisanes. Este es otro cantar y otra forma de comer.

Lo importante es poder preparar los riquísimos platos que proporcionan los ingredientes que nacen y crecen para gozo del hombre, sin obligarle a algo más que no sea su búsqueda y después la alquimia en la cocina.

Los pastelones, de masa fina, casi de piel de ángel, envuelven caza de pluma y pelo, siendo recetas de la cocina señorial de Menorca y Mallorca.

Ibiza y Formentera dedican sabrosa atención a los tres ingredientes y es obligado mencionar la magnífica sopa con base de «girgolas». Sopa que ha entusiasmado a comensales muy exigentes, y que actualmente ellos la preparan en su país donde la nieve dobla belleza a la Navidad.

Las setas merecen atención y respeto al manipularlas. En el recetario descalifico lavarlas por una razón importante. El aroma a bosque de las setas, es delicado y el agua, no sólo lo mortifica, es el corsario que lo hace suyo, llevándose el aroma, que es parte del sabor.

Las tripitas de tordo, pueden hacer trabajar la imaginación de las personas que sólo comen lo que conocen.

Desde aquí tranquilizar a los temerosos, puesto que los tordos, en este caso en Mallorca, se alimentan de aceitunas maduras y semillas de lentisco: buena y sana dieta para transformarla en salsa.

En Mallorca hace dos años que se permite su caza para auto-consumo, pero no para su venta, desde octubre hasta enero.

Las especies marinas vivas

Los isleños somos exigentes con lo que proporciona la mar.

Las pescaderas de antaño pregonaban su mercancía por las calles, sabiendo muy bien a que atenerse al cantar: «peix vermell que bota» (pescado rojo que salta). El pescado ha de comprarse vivo, y si ha dejado de respirar, por lo menos debe mantener la fiereza en los ojos y el cuerpo demostrará la contrariedad de haber caído en la red, con el torso curvado, como si el último esfuerzo lo hubiese hecho para regresar al líquido elemento. Agallas rojas y mollas tersas.

La tan cacareada cocina de mercado, ha sido siempre nuestra cocina balear. La visita diaria al mercado la impone, precisamente la pescadería y las hortalizas.

Los mejillones entreabiertos que al tocarlos no se cierran, hay que tirarlos, aunque no huelan. Están muertos.

Una langosta que no saca espumilla, rabiosa por su destino, es mejor darle la espalda. Igualmente al faltarle una pata, por la herida huye su carne gelatinosa, que no cuaja hasta recibir el castigo del fuego, sea hervor, frita, colocada sobre parrilla.

El llamado en Baleares: pescado de sopa, no significa que sean piezas pequeñas, todo lo contrario. El precio, precisamente, lo marca el espacio que hay entre la cabeza y la cola.

El caramel especie considerada humilde y que tiene espina (todos los peces tienen las mismas espinas, lo que varía es el tamaño), resulta muy aconsejable para mejorar caldos de pescado, teniendo la precaución de no aprovechar las cabezas.

INTRODUCCIÓN

23

INTRODUCCIÓN

El pescado de roca, como más variado, mejor caldo.

La morralla, nombre feo para una mezcla de especies que dan caldo muy bueno, siempre que el pescado esté recién traído de la mar. La tristeza en los ojos, delata la mala calidad.

Hacer el sordo a quien cuenta viejas historias sobre la personalísima morena, que viste piel de lunares, y el discreto y gris congrio. Ambos han de tenerse en cuenta, tanto para caldos, como para guisos. Para el caldo servirse de la parte de abajo, la cerrada, que contiene las espinas, en contra a la de arriba, abierta, que no tiene y da platos de calidad sorprendente. Y frito, en gruesas rodajas, tienta hasta al que ha oído contar cuentos siniestros.

Las «moregades» en Ibiza consisten en reunirse un grupo de amistades en una cueva de la costa para asar caramel a la brasa. Lo acompañan con el vino cartaginés, (el vino de la payesía). El nombre de «moregades» nació, eso cuentan, cuando los moros piratas, antes de subir a bordo con el botín conseguido, se refugiaban en las cuevas de la costa y asaban el cordero robado.

Celebrar una «moregade» con caramel recién pescado y asado con brasa de leña es descubrirle al paladar un placer insospechado.

Huevos grandes y frescos

En el recetario, insisto en la frescura y tamaño de los huevos, por una viejísima razón: la parte fenicia que tienta a la resta, siempre dirige el ahorro al rompedizo y blanco ingrediente, tan socorrido, tan gustoso, sabiéndolos preparar, y tan humillado en recetas que claman calidad y cantidad. A veces me pregunto: ¿qué pasaría si hablasen los bizcochos, los flanes, los rellenos y hasta la socorrida tortilla de patatas? Asombra el que todavía se escatimen unas pesetas al comprar huevos, siendo uno de los ingredientes más baratos del mercado.

Las tortillas ruegan dos huevos por persona. Los huevos fritos, a pares y se agradece la compañía jugosa del «tumbet», de las patatas fritas, de medios tomates o pimientos rubios fritos enteros.

En la cocina de «senyor» las yemas de huevo crudas son las encargadas de confitar caldos y salsas. La cocina popular se inclina por la cucharadita de harina, lo que suplica dedicación para evitar grumos y que las prisas, no presenten el plato con el mal gusto de la harina cruda, falta de dulce cocción.

La verdad es que no podemos presumir de recetario numeroso, tratándose de huevos guisados en cazuela. La grasera de huevos ha sido y continua siendo, plato cuaresmal para respetar la abstinencia de carne.

Mucho se ha escrito sobre el comer con los ojos. Pues bien: si en las Baleares la Cuaresma fuera en verano, habría que abstenerse de ir a la playa.

Medidas

Taza: 1/4 l.
Tacita: 1 1/4 dl.
Cucharada: 11 gramos
Cucharadita: 2 gramos

Temperatura del horno

Horno muy suave: 110° C
Horno suave: 170° C
Horno mediano: 210° C
Horno fuerte: 230-250° C
Horno muy fuerte: 250-300° C

El tiempo de cocción está calculado con horno eléctrico.

El «ahora» significa: pasado el tiempo indicado con anterioridad.

Salsas

Mahonesa *(página 34)*

Ajoaceite

«Allioli»
Ibiza y Formentera

Ingredientes para 1 taza:

1 patata grande cocida y chafada
3 dientes de ajo
1 1/4 tazas de aceite de oliva

Pelar los ajos y machacar en el mortero con la sal. Incorporar la patata fría y machacar un poco más, mezclando los dos ingredientes. Ahora dejar caer el aceite en hilillo, dando vueltas con cuchara de palo hasta conseguir el punto de espesor que se desea.

Ajoaceite «allioli»

Mallorca

Ingredientes para 1 taza:

1 yema de huevo fresca y grande
4 dientes de ajo muy blancos
Una pizca de sal
1 1/2 taza de aceite de oliva

Pelar los dientes de ajo. Machacar en el mortero con la sal. Han de quedar como una crema. Poner la yema de huevo y mezclarla con tenedor de palo, dando vueltas siempre en el mismo sentido. Ahora empezar a echar el aceite, gota a gota, sin dejar de dar vueltas, y cuando empiece a ligar dejar caer el aceite en hilillo, sin animarse demasiado. Continuar hasta terminar el aceite.

El punto de espesor lo marca cuando el ajoaceite se mantiene en el tenedor con arrogancia.

Salsa bechamel para gratinar

«Salsa bechamel per gratinar»
Mallorca

Ingredientes:

2 cucharaditas de harina floja superior
40 gramos de mantequilla
3 tazas de leche
1 pizca de canela y nuez moscada
Sal

Diluir la harina en un cazo esmaltado con un poco de leche. Ahora añadir el resto, poner la mitad de la mantequilla, especias y sal. Sentar el cazo sobre fuego moderado y no dejar de remover con espátula de madera, siempre rastreando el fondo del cazo para evitar se pegue.

Dejar hervir dulcemente para que pierda el sabor de harina cruda y reduzca leche ganando espesor.

Conseguido el punto, probar la sazón y apartar.

El resto de mantequilla se pondrá cortada en laminillas sobre la bechamel en el momento de meter en el gratinador.

SALSAS

Salsa blanca

«Salsa blanca»
Mallorca

Ingredientes para 1 taza:

1 cucharadita de harina floja superior
50 gramos de alcaparras en vinagre, menudas
El zumo de 1/2 limón
1/2 cucharada de vinagre de vino blanco
1 cucharada de manteca
1 1/2 tacita de aceite de oliva
Nuez moscada
Pimienta y sal

En un cazo esmaltado reunir la mitad de aceite y manteca con la harina. Remover evitando grumos. Ya cremoso, mojar despacio, con una taza de agua, zumo de limón, vinagre y salpimentar, nuez moscada.

Sentar el cazo sobre fuego moderado y remover con tenedor de palo. Cuando espese, apartar del fuego, dejar cerca del calor y unirle el resto de aceite y manteca. Mezclar removiendo, y poner las alcaparras.

Probar la sazón y servir caliente en salsera.

Salsa de aceitunas para aves grasas

«Salsa d´olives per animals de ploma grassos»
Mallorca

Ingredientes para 1 taza:

100 gramos de aceitunas mallorquinas
50 gramos de jamón
1 cebolla pequeña
1 tomate pequeño
1 diente de ajo
1 taza de caldo del ave que se guise
1 cucharada de buen coñac
1 brote de tomillo fresco
1/2 tacita de aceite de oliva
Pimienta y sal

Pelar cebolla, tomate y ajo. Picar menudo y por separado. Calentar el aceite en cazuela de barro reducida. Rehogar la cebolla hasta humillarla, agregar el ajo y tomate. Marearlo con la espumadera hasta que esté cremoso. Salpimentar, regar con el caldo, poner tomillo y dejar hervir sin tapar cinco minutos. Agregar las aceitunas (quitado el hueso), el coñac y dar un hervor de un minuto.

Sacar el tomillo y meter en salsera.

Salsa de granadas agrias

«Salsa de magranes agres»
Menorca

Ingredientes para 1 taza:

| 3 kilos de granadas agrias |
| El mismo peso del zumo que de azúcar |

Pelar las granadas, desechar el velo amarillo de los granos y dejar en recipiente de loza.

Meter los granos en un lienzo impecable (y viejo, para tirar). Exprimir, presionando el lienzo con maza de madera que no haya machacado ajos ni perejil. Medir el zumo y poner la misma cantidad de azúcar. Reunir los dos ingredientes en cazuela de barro. Sentar ésta sobre fuego moderado y dejar hervir, removiendo con cuchara de palo hasta que tome un poco de consistencia. Apartar del fuego, cubrir con un lienzo impecable y dejar en sitio fresco.

Al día siguiente volver a sentar la cazuela al fuego, dar un hervor corto y apartar.

Meter, estando tibio en un tarro de vidrio limpio como un sol. Aguardar a que enfríe y colocar un cilindro de papel mojado en alcohol en el interior de la tapadera. Tapar y guardar en sitio fresco.

Esta salsa enriquece el pavo asado que disfrutan los menorquines durante las fiestas navideñas.

Salsa de manteca inglesa

Menorca

Ingredientes para 6 personas:

| 1 cucharada de harina superior |
| 1 taza de agua |
| El zumo de 1/2 limón |
| Unos brotes de perejil fresco |
| 50 gramos de mantequilla de vaca salada |
| Un buen pellizco de pimienta negra |

Poner un poco de agua en un cazo esmaltado, incorporar harina y diluirla hasta que no forme grumos. Agregar el resto de agua y sentar el cazo sobre fuego moderado. Remover con espátula hasta que esté cremoso y no sepa a harina cruda. Apartar del fuego.

Lavar el perejil y picar menudo. Meter en el cazo junto a la pimienta y zumo de limón. Remover. Ahora agregar la mantequilla, acercar el cazo al fuego y sin dejar de batir, trabajar la salsa hasta que todos los ingredientes queden unidos, sobre todo que la mantequilla no asome su amarilla presencia.

Probar la sazón y si precisa, añadir sal.

Esta salsa acompaña las carnes asadas con mucho empaque.

SALSAS

Salsa de pescador

«Salsa de pescador»
Ibiza y Formentera

Ingredientes para 2 tazas generosas:

2 rebanadas de panecillo blanco, tostadas
25 gramos de almendras tostadas
3 dientes de ajo
1 taza de caldo de pescado fresco
1 taza de vino blanco seco
2 clavos de especia
4 granos de pimienta negra
10 hebras de azafrán
Sal

Pelar los dientes de ajo y poner en el mortero con las especias y sal. Machacar hasta conseguir una pasta. Incorporar el pan tostado mojado en vino y las almendras, limpias de pellejo. Machacar sin prisas. Ya en punto de crema espesa, aclarar con el vino y el caldo, removiendo despacio. Una vez ligada la salsa, probar la sazón.

Salsa de tomate

«Salsa de tomátiga»
Ibiza y Formentera

Ingredientes para 2 tazas:

1 1/4 de kilo de tomates grandes y maduros
4 dientes de ajo
Un buen ramo de perejil fresco
1 1/2 tacita de aceite de oliva
Sal

Pelar los tomates y partir por la mitad. Sacar las semillas con la punta del cuchillo y poner boca abajo para que sude el suero.

Calentar el aceite en sartén y meter los tomates. Chafar con la espumadera, hasta desfigurarlos.

Pelar los ajos, picar menudos. Lavar el perejil y picar igual. Incorporar al tomate, continuar removiendo hasta conseguir el punto de espesor deseado. Apartar del fuego y poner en recipiente de loza.

Salsa de tomate

«Salsa de tomátiga»
Mallorca

Ingredientes para 2 tazas:

1 1/4 de kilo de tomates de ensalada maduros
1 dientes de ajo
1 1/2 tacita de aceite de oliva
Sal

Salsa verde para pescado *(página 36)*

SALSAS

Pelar los tomates, picar y poner en un plato grande, despreciando el suero que sudan. Pelar los dientes de ajo, picar.

Calentar el aceite en sartén, meter los ajos, dar una vuelta rápida y unirles el tomate. Remover evitando que los ajos tomen color. Torturar el tomate con la espumadera. Freír a fuego muy alegre para que la salsa no hierva. Sazonar y cuando está muy confitada, pasar por el colador chino.

Poner la salsa en sartén limpia, sentar sobre fuego vivo y que levante el hervor, remover, apartar, probar la sazón y destinar a salsera o coronación de granadas, y «tumbets».

Salsa de tomate

«Salsa de tomátiga»
Menorca

Ingredientes para 2 tazas:

1 kilo de tomates maduros
1 cebolla grande
1 1/4 tacitas de aceite de oliva
Sal

Pelar los tomates y desechar semillas. Picar. Pelar la cebolla, lavar y picar menudísima.

Calentar el aceite en cazuela de barro. Rehogar la cebolla, sin dejar de remover, evitando tome color. Ya jugosa, incorporar el tomate, procurando maltratarle con la espumadera. Sazonar, y conseguido el espesor y sabor deseado, apartar del fuego.

Salsa mahonesa

«Salsa mahonesa»

Ingredientes para 1 taza:

1 yema de huevo hermosa y fresca
1 cucharadita de zumo de limón
1 taza de aceite de oliva

Poner la yema de huevo en el mortero, abrirla con tenedor de madera, girar siempre en la misma dirección y ya cremosa echar el aceite gota a gota. Cuando empiece a tomar cuerpo, incorporar muy despacio el zumo de limón, sin dejar de girar. Continuar con el aceite, ahora echado en hilillo, y no parar hasta terminarlo y conseguir una mahonesa que se niegue a salir del mortero.

Salsa mahonesa

«Salsa mahonesa»
Mallorca

Ingredientes para 1 taza:

1 yema de huevo fresco y grande
1 taza de aceite de oliva

Poner la yema de huevo en el mortero, abrirla con el tenedor de madera y dar vueltas hasta que esté cremosa. Incorporar el aceite, gota a gota, sin dejar de dar vueltas y al ligar yema y aceite, echar éste en hilillo, sin entusiasmarse y evadiendo corrientes de aire.

Ha de quedar altanera, pudiéndola recoger con el tenedor como si de gelatina se tratara.

Salsa para caza

«Salsa per caça»
Mallorca

Ingredientes para 4 personas:

25 gramos de almendras tostadas
25 gramos de avellanas tostadas
20 gramos de nueces
1 cebolla mediana
2 dientes de ajo
1 brote de mejorana fresca
1 brote de hinojo tierno
2 hojas de toronjil frescas
Unos brotes de perejil fresco
El zumo de 1 limón
1/4 de corteza de 1 limón
El hígado de la pieza cobrada
1 taza de aceite de oliva
Pimienta negra
Una pizca de canela en polvo
Sal

Pelar la cebolla, lavar y picar diminuta. Reservar.

Pelar los ajos, lavar las hierbas aromáticas y asar el hígado.

Machacar en el mortero todos los ingredientes, menos la cebolla. Han de quedar hechos polvo. Reanimar con el zumo de limón, incorporar el aceite, especias y sal. Remover hasta ligar los ingredientes.

Probar la sazón. Poner la cebolla en salsera grande y unirle la salsa del mortero.

Esta salsa es para caza asada a la brasa.

Salsa para pescado

«Salsa per peix»
Menorca

Ingredientes para 1 taza generosa:

1 cebolla pequeña
Unos brotes de perejil fresco
2 yemas de huevo muy frescas
1 cucharada de vinagre
1 taza de aceite de oliva
Pimienta y sal

Pelar la cebolla, lavar con el perejil. Picar muy menudo.

Poner las yemas de huevo en el mortero grande, abrirlas y remover hasta que estén cremosas. Ahora dejar caer el aceite en hilillo, sin dejar de girar en la misma dirección. Incorporar poco a poco el perejil y cebolla. De igual modo el vinagre, evitando cortar la salsa. Ha de quedar ligada y muy sabrosa. Salpimentar en los últimos giros.

SALSAS

Salsa para pescado cocido

«Salsa per peix bollit»
Mallorca

Ingredientes para 2 tazas:

2 1/2 tazas de caldo de cabracho
1 cebolla mediana
1 diente de ajo
1 buen ramo de perejil fresco
1 cucharada de harina floja superior
1/2 tacita de aceite de oliva
Pimienta blanca y sal

Para conseguir el caldo de cabracho, meter el pescado en cazuela con agua hirviendo y sal. El punto de cocción será el justo. Las mollas deben quedar sin deformar. Ya en su punto de cocción, sacar, escurrir, reservar el caldo. Sacar todas las espinas al pescado, procurando que las mollas puedan recuperar la forma del cabracho, que se reconstruirá en fuente larga incluyendo cabeza y cola. Ahora reunir las espinas y meter en el caldo. Hacer hervir hasta que reduzca a dos tazas y media. Apartar del fuego y colar.

Pelar la cebolla, ajo y lavar el perejil. Picar muy menudo.

Calentar el aceite en cazuela de barro y rehogar la cebolla hasta que este blanda. Agregar el ajo, dar unas vueltas, unirle el perejil, remover y apartar.

Diluir en un cuenco la harina con un poco de caldo frío. Incorporar a la cazuela, mezclar y mojar con el resto de caldo. Especiar. Volver a la cazuela al fuego y dejar hervir dulcemente, sin dejar de remover hasta conseguir fina cremosidad. Probar la sazón y cubrir el cabracho, menos la cabeza y la cola. Rodear con hojas blancas de cogollos de lechuga, sin aliñar.

Salsa verde para pescado

«Salsa verde per peix»
Ibiza y Formentera

Ingredientes para 2 tazas:

3 dientes de ajo
1 buen ramo de perejil fresco
El zumo de 1/2 limón
1/2 tacita de caldo de pescado fresco
1 1/2 tazas de aceite de oliva
1 cucharada de pimentón
Sal

Lavar el perejil y pelar los ajos. Machacar en el mortero con paciencia hasta conseguir una pasta. Incorporar sal, pimentón, zumo de limón y el aceite, primero gota a gota, después en hilillo, sin dejar de dar vueltas con cuchara de palo, siempre en la misma dirección. Una vez ligado, unirle, (no sin antes alzar los ojos al cielo), el caldo de pescado, frío y colado: gota a gota.

Salsa verde para pescados fríos

«Salsa verde per peix fred»

Ingredientes para 1 taza generosa:

1 manojo de espinacas frescas
Unos brotes de perejil fresco
1 brote de estragón fresco
2 yemas de huevo muy frescas
25 gramos de mantequilla
1 pizca de pimienta de Cayena
Sal

Lavar las espinacas repetidas veces. Escurrir. Lavar las hierbas aromáticas. Poner una cacerola con agua y sal sobre fuego vivo. Al hervir meter espinacas y hierbas aromáticas. Cuatro minutos de cocción continua. Apartar, escurrir con sabiduría, y picarlas sobre la tabla de trabajo.

Poner lo picado en un mortero grande con la mantequilla y especias. Machacar hasta formar una pasta. Es el momento de unirles las yemas de huevo. Dar vueltas con cuchara de palo, siguiendo las normas de la mahonesa, aunque sin la presencia del aceite.

Ha de quedar la salsa muy cremosa.

SALSAS

Ensaladas

Ensalada con pescado seco *(página 42)*

Ensalada

«Enciam»
Ibiza y Formentera

Ingredientes para 4 personas:

1 cebolla grande
2 tomates de ensalada tersos
3 pimientos rubios y tiernos
2 dientes de ajo
Unas gotas de vinagre
1/2 tacita de aceite de oliva
Sal

Pelar la cebolla, cortar a medias lunas finas, poner en un plato y salar, manteniéndola castigada unos minutos para que pierda tersura. Pelar los tomates, dientes de ajo y sacar los corazones y semillas a los pimientos.

Lavar la cebolla con varias aguas y escurrir. Disponerla en la ensaladera. Cortar encima el tomate a trozos medianos y sobre éstos romper los pimientos con las manos. Cortar menudos los ajos y esparcir sobre la ensalada. Poner sal, vinagre, aceite y mezclar con cuchara y tenedor de palo.

Ensalada

Menorca

Ingredientes para 4 personas:

1 cebolla grande
2 tomates de ensalada tersos
3 pimientos dulces
1 diente de ajo
Unos brotes de perejil fresco
Unas gotas de vinagre
1/2 tacita de aceite de oliva
Sal

Pelar la cebolla, lavar y cortar a dados. El tomate, lavado y cortado a dados, sin pelar. Los pimientos limpios de semillas y corazón, cortados igual.

Disponer en la ensaladera y en el momento de servir, aliñar y esparcir por encima el ajo y perejil picados menudos.

ENSALADAS

ENSALADAS

Ensalada con pescado seco

«Ensalada amb peix sec»
Formentera

Ingredientes para 4 personas:

1 caballa seca de ración
1 cebolla grande
2 tomates de ensalada
2 pimientos rubios
Unas gotas de vinagre
1/2 tacita generosa de aceite de oliva
Sal, si precisa

Lavar la caballa, quitar las espinas y romper las mollas a trozos, poner en un plato y regar con un poco de aceite.

Lavar los pimientos, desechar corazón y semillas. Pelar los tomates. Pelar la cebolla, partir por la mitad, dejar en remojo unos minutos y cortar los tres ingredientes a trozos.

Colocar en una fuente la cebolla, encima el tomate, pimiento y caballa. Regar con el aceite y un poco de vinagre.

Ensalada de achicorias silvestres

«Ensalada de cama-roja»
Mallorca

Ingredientes para 4 personas:

250 gramos de achicorias muy tiernas
Unas gotas de vinagre
1/2 tacita de aceite de oliva
Sal

Lavar cuidadosamente las achicorias y dejar en remojo con agua para que esponjen.

Escurrir poco antes de servir.

En la ensaladera diluir la sal con el vinagre y ahora incorporar el aceite. Mezclar.

Disponer las achicorias en la ensaladera y mezclar con el aliño en la mesa, en el momento de servir.

Ensalada de alcachofas

«Ensalada de carxofas»
Mallorca

Ingredientes para 4 personas:

8 alcachofas medianas muy tiernas
1 diente de ajo
El zumo de 1 limón
1/2 tacita de aceite de oliva
Pimienta negra y sal

Trempó *(página 46)*

ENSALADAS

Quitar las hojas viejas a las alcachofas y las puntas de las tiernas. Partir por la mitad y cortar a medias lunas. Desechar pelusa si tienen. Lavar y dejar con agua limpia y la mitad del zumo de limón.

Frotar el diente de ajo por las paredes de la ensaladera. Poner una cucharada de zumo de limón, sal y remover hasta que no cante. Incorporar el aceite y mezclar.

Escurrir las alcachofas, pasar por agua limpia y nuevo y severo escurrido: meter en la ensaladera, alegrar con la pimienta negra y remover con cubierto de palo.

Servir sin demora.

Ensalada de apio

Mallorca

Ingredientes para 4 personas:

| 1 apio de los verdes con buen interior blanco |
| 1/2 cucharadita de vinagre de vino blanco |
| 1/2 tacita de aceite de oliva |
| Pimienta negra molida y sal |

Arrancar los tallos de apio, romper a trozos iguales, estirar los hilos y cortar a bastoncitos del tamaño que se quiera, no muy delgados. Recoger las hojas más tiernas y el cogollo, más el troncho, que se pela y corta igual a bastoncitos. Lavar todo cuidadosamente y dejar en remojo con agua limpia.

Escurrir sin prisas. Disponer en fuente ovalada. Salpimentar, vinagre y mezclar. El apio agradece el aliño, sin perder tersura, durante treinta minutos.

Ensalada de col de siete semanas

«Ensalada de col de set setmanas»
Mallorca

Ingredientes para 4 personas:

| 1 col lo más blanca posible |
| 4 cebolletas tiernas |
| 4 arenques de barril |
| Unos brotes de hinojo marino envinagrado |
| 1 tacita generosa de aceite de oliva |
| 1 cucharadita de pimentón |

Desechar el tallo a las hojas de col, lavar, enrollar dos hojas, doblar y recogerlas con la mano, presionando lo más posible. Ahora cortar en juliana y dejar en agua fría. Repetir hasta conseguir la cantidad de col precisa.

Cortar raíces y hojas viejas a las cebolletas. Lavar.

Asar los arenques, levantar las escamas y quitar cabeza e interioridades. Disponer en un plato y bañarlas con todo el aceite. Cinco minutos de refinamiento.

Cortar las cebollitas en juliana.

Escurrir la col sin prisas y disponer en plato grande. Colocar a su alrededor, intercalando, los arenques y brotes de hinojo marino. Esparcir la juliana de cebolla sobre la col, regar con el aceite donde se refinaron los arenques y espolvorear con el pimentón. Servir enseguida.

44

Ensalada de escarola

«Ensalada de endivia»
Mallorca

Ingredientes para 4 personas:

1 escarola rizada y blanca
1 cebollita tierna
Unas gotas de vinagre de vino blanco
1/2 tacita de aceite de oliva
Sal

Desechar las hojas oscuras de la escarola. Cortar raíces y hojas viejas a la cebollita. Lavar junto a las hojas blancas de la escarola y dejar en remojo.

Poner sal y vinagre en la ensaladera, remover. Incorporar el aceite y mezclar.

Escurrir con sabiduría la escarola, romper con las manos. Cortar menuda la cebolleta y unir al aliño. Remover en el momento de servir.

Ensalada de lechuga

«Ensalada de lletuga»
Mallorca

Ingredientes para 4 personas:

1 lechuga muy blanca
1 diente de ajo
El zumo de 1/4 de limón
1/2 tacita de aceite de oliva
Sal

Desechar las hojas viejas a la lechuga, lavar las hojas tiernas, el cogollo entero y el troncho pelado. Dejar en remojo.

Chafar la nariz al diente de ajo, sin pelar, y frotar la pared interior de la ensaladera. Poner sal, zumo de limón y remover hasta que la sal no cante. Incorporar el aceite y mezclar.

Escurrir la lechuga con sabiduría, trocear las hojas con las manos, cortar el troncho a gusto y meter en la ensaladera poco antes de servir. Remover y a la mesa.

Ensalada de pepino

«Ensalada de pepino»
Menorca

Ingredientes para 4 personas:

2 pepinos muy tiernos
Unas gotas de vinagre
1/2 tacita de aceite de oliva
Sal

Pelar el pepino a rodajas, lavar y poner en remojo. Cuando esté altanero, escurrir sin prisas, ordenar en una fuente y aliñar antes de sacar a la mesa.

ENSALADAS

Ensalada de pimientos rubios

«Ensalada de pebres rossos»
Menorca

Ingredientes para 4 personas:

8 pimientos tiernos y gruesos
1 taza de aceite de oliva
Sal

Asar los pimientos en horno precalentado. Veinte minutos de cocción.

Pelar los pimientos, desechar corazón y semillas. Romper a tiras con los dedos.

Calentar el aceite en sartén y freír las tiras. Disponer en un plato grande redondo, formando estrella. Poner sal y un hilillo del aceite de haberlos frito.

Ensalada de verdolaga

«Ensalada de verdolaga»
Mallorca

Ingredientes para 4 personas:

350 gramos de brotes tiernos de verdolaga
1/2 diente de ajo
Unas gotas de vinagre de vino blanco
1/2 tacita de aceite de oliva
Una pizca de pimentón superior

Desechar los tallos rojos de la verdolaga, si tiene. Lavar cuidadosamente, dejar quince minutos en remojo con agua.

Machacar el ajo en el mortero, poner sal, pimentón, vinagre y aceite. Trabajar hasta unir el aliño.

Escurrir cuidadosamente la verdolaga, disponer en plato grande y regar con el aliño.

Servir.

«Trempó»

Mallorca

Ingredientes para 4 personas:

1 cebolla blanca de verano
3 tomates de ensalada, tersos
4 pimientos rubios muy tiernos
Unas gotas de vinagre de vino blanco
1/2 tacita de aceite de oliva
Sal

Pelar la cebolla y dejar en remojo con agua.

Ahora escurrir la cebolla, partir por la mitad y cortar a medias lunas finas. Pelar los tomates y cortar a trozos, no mayores que una almendra. Lavar los pimientos, sacar corazón, semillas y cortar igual que los tomates.

Reunir todo en plato grande redondo. Aliñar y sazonar. Mezclar con cubierto de palo.

Nota: Cortar los ingredientes poco antes de consumirlos, y aliñar siempre en el momento de servir.

Hortalizas

«**Tumbet**» *(página 58)*

Alboronia

«Alboronia»
Mallorca

Ingredientes para 4 personas:

4 berenjenas mallorquinas
2 manzanas
2 tomates de ensalada maduros
1 diente de ajo
1 tacita generosa de aceite de oliva
1/2 cucharadita de pimentón de calidad
Una pizca de pimienta negra y sal

Pelar las berenjenas y cortar a dados. Disponer en un escurridor, poner sal y dejar treinta minutos llorando su amargura. Ahora lavar y escurrir con sabiduría.

Pelar las manzanas, cortar a dados. Pelar el diente de ajo y tomates. Desechar las semillas y picar menudos.

Calentar el aceite en cazuela de barro y rehogar la berenjena y manzana. Fuego moderado, remover respetando la forma de los dos ingredientes. Ya en su punto de cocción, apartar, escurrir el aceite y poner en cazuela limpia.

Con el aceite de haber frito y en la misma cazuela, freír el tomate y ajo. Desfigurar con la espumadera y conseguida una salsa confitada, unirla a la otra cazuela. Sal y especias. Mezclar y sentar la cazuela sobre fuego moderado para que de un hervor corto.

Servir en fuente, caliente o a temperatura ambiente.

Alcachofas con ajos

«Carxofes amb ais»
Ibiza y Formentera

Ingredientes para 4 personas:

8 alcachofas grandes y tiernas
4 dientes de ajo
El zumo de 1 limón
1 buen ramo de perejil fresco
1 taza de aceite de oliva
Sal

Desechar casi todas las hojas menos las menudas cerca de los fondos. Partir en cuatro, lavar y escurrir, disponer en fuente de piedra y rociar con el jugo de limón. Mantener treinta minutos.

Ahora lavar y escurrir.

Poner el aceite en cazuela de barro sobre fuego moderado y antes de que tome demasiado calor incorporar las alcachofas y sazonar. Ya en su punto de fritura, cubrirlas con los ajos, pelados y picados. Remover y después esparcir el perejil, lavado y cortado menudo.

Sacar las alcachofas, escurriendo el aceite antes de ponerlas en la fuente.

Servir muy calientes.

HORTALIZAS

49

HORTALIZAS

Alcachofas estofadas

«Carxofas ofegades»
Mallorca

Ingredientes para 4 personas:

8 alcachofas azules tiernas
1 cebolla mediana
1 hoja de laurel
1 tacita de aceite de oliva
2 cucharadas de vinagre de vino
Sal

Desechar las hojas viejas a las alcachofas, partir por la mitad y meter en agua fría con el zumo de medio limón.

Pelar la cebolla, lavar y cortar a medias lunas muy finas. El diente de ajo pelado y picado.

Cambiar el agua a las alcachofas y escurrir.

Disponer el aceite en olla de barro, agregar la cebolla y encima las alcachofas y ajo. La hoja de laurel, sal y vinagre. Sentar la olla tapada sobre fuego moderado y dejar estofar dulcemente hasta que las alcachofas estén «grenyals» (en italiano: al dente).

No destapar durante la cocción. Coger la olla por las asas, cruzando un paño sobre la tapadera sacudir de forma que el contenido cambie de sitio evitando pegarse.

Alcachofas rellenas

«Carxofas fercidas»
Menorca

Ingredientes para 4 personas:

8 alcachofas hermosas y tiernas
1 huevo muy fresco
100 gramos de queso mahones rallado
100 gramos de miga de pan blanco
Varios brotes de perejil fresco
1 trozo de piel de limón
1/2 tacita de leche
1 tacita de aceite de oliva
1 pizca de todas especias
Pimienta y sal

Desechar las hojas viejas a las alcachofas, lavar con agua y zumo de limón. Poner una cacerola esmaltada con agua sobre fuego alegre. Al hervir meter las alcachofas y sal. Diez minutos de cocción, sacar y escurrir.

Vaciar las alcachofas con la cucharilla. Reservar lo sacado en un plato y unirle el perejil y corteza de limón lavados y picados. Salpimentar.

Calentar un poco de aceite en cazuela de barro y rehogar lo reservado en el plato. Apartar del fuego, incorporar las especias, pan y queso rallados, el huevo y leche. Trabajar hasta conseguir mezclarlo. Probar la sazón.

Untar las alcachofas con aceite y rellenar. Disponer en fuente refractaria, cubriéndola con papel de aluminio. Media hora de horno precalentado a temperatura algo más que media.

Del horno a la mesa.

Alcachofas rellenas

«Carxofes fercidas»
Mallorca

Ingredientes para 4 personas:

4 alcachofas grandes y tiernas
100 gramos de carne magra de cerdo picada
100 gramos de falda de ternera picada
100 gramos de panceta fresca picada
1 higadillo de gallina picado
1 cebolla, 25 gramos de galleta picada
1 huevo muy fresco
25 gramos de piñones muy blancos
Unos brotes de mejorana
1 1/2 tacita de aceite de oliva
Pimienta negra y sal

Desechar lo viejo a las alcachofas, lavar y tener en remojo con zumo de limón. Poner agua en una cacerola esmaltada y sentarla sobre fuego alegre. Al hervir meter las alcachofas, lavadas y escurridas. Diez minutos de cocción y apartar. Escurrir y vaciar con la cucharilla, reservando en un plato lo sacado.

Picar lo del plato y unir con toda la carne picada, cebolla pelada y picada menuda. Salpimentar y rehogar en sartén con un poco de aceite hasta que la cebolla se ablande. Ahora mezclarle la mejorana cortada.

Rellenar las alcachofas con la fritura. Batir el huevo y repartir por encima del relleno. Cubrir con los piñones y tapar con galleta picada, presionando un poco.

Colocarlas en una fuente refractaria aceitada y regalas con un hilillo de aceite. Meter en horno precalentado treinta minutos, sacar y servir.

Berenjenas rellenas

«Alberginias farsidas»
Ibiza y Formentera

Ingredientes para 4 personas:

4 berenjenas iguales y tiernas
300 gramos de paletilla de cordero sin hueso, picada
150 gramos de miga de pan
1 cebolla hermosa
4 dientes de ajo
Unos brotes de perejil fresco
3 huevos del día
100 gramos de manteca
1 cucharadita de pimentón, pimienta y sal

Cortar las berenjenas por la mitad a lo largo. Disponer en un escurridor, poner sal y dejar que lloren su amargura.

Mientras, pelar la cebolla, dientes de ajo y picar menudo. Meter en un plato con la carne, salpimentar, pimentón y perejil lavado y picado.

Lavar las berenjenas, hervir con agua y sal y sacar en su punto justo de cocción. Escurrir y vaciar las barquitas. Reunir la pulpa con la mezcla anterior y trabajar hasta conseguir una pasta.

Rellenar las barquitas, dispuestas en fuente refractaria untada de manteca. Batir los huevos, unirles la miga de pan y cubrir el relleno.

Meter en horno precalentado hasta que

HORTALIZAS

HORTALIZAS

se doren. Temperatura media.
Servir calientes.

Berenjenas rellenas

«Alberiginas farsidas»
Mallorca

Ingredientes para 4 personas:

8 berenjenas tiernas y cortas
250 gramos de jamón
1 cucharada de harina floja
1 huevo muy fresco
1 taza de leche
100 gramos de galleta picada
1 cebolla grande
800 gramos de tomates de ensalada maduros
1 diente de ajo
Unos brotes de perejil fresco
2 tacitas de aceite de oliva
1 pizca de pimienta
Un poco de nuez moscada y canela
Sal

Partir las berenjenas por la mitad a lo largo. Hacer tres cortes a lo corto y a lo largo sin llegar a la piel. Colocarlas en un escurridor y poner sal. Dejar que lloren su amargura treinta minutos.

Pelar la cebolla, tomates y diente de ajo. Picar menudo y por separado. Picar el jamón con el cuchillo.

Calentar la mitad del aceite y rehogar la cebolla sin que tome color. Unirle el tomate y ajo, continuar trabajando sobre fuego más alegre hasta conseguir el punto de salsa.

Diluir la harina en una taza con un poco de leche. Incorporar a la fritura y mojar con el resto de leche. Hacer hervir dulcemente, removiendo con la espátula de madera hasta que la mezcla tome cuerpo y pierda el sabor de harina cruda. Apartar y reservar.

Lavar las berenjenas y poner a hervir en cacerola esmaltada. Tiernas, sin pasarse, escurrirlas. Sacar la pulpa dejando las barquitas vacías y colocadas en fuente refractaria aceitada.

Incorporar la pulpa hervida, escurrida y picada a la mezcla y remover sobre fuego lento. Apartar, poner el huevo crudo, jamón, sal, especias, perejil lavado y picado. Probar la sazón y rellenar las barquitas de berenjenas. Cubrirlas con galleta picada y regar con un hilillo de aceite.

Hornear hasta que se doren.

Servir del horno a la mesa o a temperatura ambiente.

Calabacines rellenos

«Carabassons farcits»
Menorca

Ingredientes para 4 personas:

8 calabacines iguales muy tiernos
150 gramos de queso mahones recién rallado
100 gramos de pan rallado
3 huevos frescos
2 cebollas medianas
2 tomates hermosos y maduros
2 dientes de ajo
1 cuchara de manteca
1 tacita de aceite de oliva
Sal y pimienta

Lavar los calabacines. Partir por la mitad a lo largo. Hacer cortes a lo corto y a lo largo sin herir la piel. Cocer agua y sal, evitando que pierdan la forma. Ya en su punto, sacar y dejar escurrir.

Pelar cebollas, tomates y dientes de ajo. Picar por separado.

Sacar la pulpa a los calabacines y exprimir entre las manos. Picarla con el cuchillo.

Calentar en sartén la mitad del aceite con la manteca. Rehogar la cebolla sin dejar de remover. Una vez jugosa unirle el tomate, ajo y dejar que se confite. Incorporar la pulpa de calabacín, rehogar un poco y salpimentar.

Apartar del fuego y mezclarle los huevos batidos. Probar la sazón y rellenas las barquitas de calabacín dispuestas en fuente refractaria untada con aceite.

Reunir el queso y pan rallado y cubrir los calabacines. Regar con un hilillo de aceite y meter en horno precalentado. Sacar cuando estén dorados.

Cazuela de berenjenas con pimientos

«Greixonera de alberginias amb pebres»
Mallorca

Ingredientes para 4 personas:

4 berenjenas tiernas
2 pimientos rojos gruesos
4 patatas medianas
1 kilo de tomates de ensalada maduros
2 tazas de aceite de oliva
Sal

Lavar los pimientos y asar. Veinte minutos horno.

Cortar las berenjenas a rodajas, colocar en un escurridor y poner sal. Dejar que lloren su amargura.

Mientras pelar las patatas, cortar a rodajas, lavar y dejar en remojo. Pelar los tomates y ajos.

Lavar las berenjenas, escurrir y freír hasta que tomen color. Sacar y escurrir el aceite, sazonar. Freír las patatas en el mismo aceite, colado. Sacar, sazonar y escurrir.

En aceite limpio freír el tomate y ajo hasta convertir en salsa. Sazonar.

Pelar los pimientos, desechar las semillas y romper a tiras con los dedos.

En una cazuela de barro disponer una capa de rodajas de patata, otra de berenjenas, una de salsa de tomate. Repetir el

HORTALIZAS

53

Cazuela de berenjenas escabechadas

«Greixonera de alberginias escabetxadas»

Ingredientes para 4 personas:

8 berenjenas tiernas
4 dientes de ajo
1 hoja de laurel
1 brote de tomillo fresco
1 taza de vino blanco seco
1 tacita de vinagre de vino blanco
2 tacitas de aceite de oliva
1 cucharadita de pimentón
Sal

Cortar las berenjenas en cuatro trozos a lo largo. Poner sal y dejar que lloren su amargura.

Calentar el aceite en sartén pequeña y dorar los ajos, sin pelar, chafada la nariz. Apartar del fuego.

Lavar las berenjenas, escurrir y disponer en cazuela de barro plana. Regar con el aceite y los ajos, el vino y el vinagre. Meter el laurel, sal y pimentón. Sentar la cazuela sobre fuego moderado y dejar hervir con tapadera puesta.

Han de quedar confitadas. Si hay mucha salsa, destapar y dejar hervir un rato para reducirla.

Se sirven frías.

mismo orden, cubrir con los pimientos y éstos con el resto de salsa.

Hornear quince minutos a temperatura fuerte. Servir del horno a la mesa.

Cazuela de patatas

«Cassola de patatas»
Ibiza y Formentera

Ingredientes para 4 personas:

800 gramos de patatas
2 huevos frescos
1 cebolla hermosa
1 tomate maduro grande
1 cabeza de ajos
Unos brotes de perejil fresco
1 tacita de aceite de oliva
1 pizca de canela y pimienta
1/2 cucharadita de pimentón y sal

Pelar las patatas y cortar a cantos. Lavar. Pelar la cebolla y tomate. Picar menudo y por separado.

Calentar el aceite en cazuela de barro plana, rehogar la cebolla y una vez humillada agregar el tomate y la cabeza de ajos entera. Desfigurar el tomate con la espumadera y conseguida la jugosidad, unirle las patatas, lavadas y escurridas. Sal y especias. Remover y mojar con agua sin que las cubra.

Dejar que cueza dulcemente, la cazuela sin tapar y sacudirla por las asas evitando pegar el contenido.

Lavar el perejil, cortar y machacar en el mortero hasta convertir en pasta. Tiernas las patatas, sacar la cabeza de ajos, meter en el mortero y machacar, desechado las pieles. Pulpa y perejil deben quedar unidos. Recoger el picadillo con un poco de salsa y esparcir sobre las patatas. Probar la sazón. Batir los huevos, sazonados y rematar el guiso. Dar un hervor corto y servir cuando

Alcachofas rellenas *(página 50)*

HORTALIZAS

el huevo batido esté cuajado y la salsa reducida.

Coliflor estofada

«Pinya ofegada»
Ibiza y Formentera

Ingredientes para 4 personas:

1 coliflor mediana y muy blanca
25 gramos de pasas
1 hoja de laurel
1 grumo de azúcar
1/2 cucharadita de vinagre de vino
1 tacita de vino blanco
1 tacita de aceite de oliva
Un poco de pimentón y sal

Desechar las hojas viejas a la coliflor y reservar las tiernas cortadas a trocitos. Abrir la coliflor y cortar brotes del mismo tamaño. Lavar y escurrir. Sentar en cacerola con agua sobre fuego muy alegre y al romper a hervir meter los brotes y hojas. Poner un poco de sal y apartar del fuego a los cuatro minutos de cocción. Escurrir con sabiduría.

Disponer todos los ingredientes, empezando con el aceite, en olla de barro alta. Colocar los brotes de coliflor encima, tapar la olla y sentar sobre fuego moderado. Cocción lenta. Levantar la olla cogida por las asas y sacudir para que cambien de sitio los ingredientes y no se peguen. Apartar la olla cuando la coliflor está en el punto «grenyal».

Servir en fuente caliente.

Grasera de patatas y cebollas

«Greixera de patatas y sebas»
Menorca

Ingredientes para 4 personas:

800 gramos de patatas que no sean harinosas
2 cebollas hermosas
1 tomate grande y maduro
3 dientes de ajo
60 gramos de manteca de cerdo
8 hebras de azafrán tostado
Sal

Pelar las cebollas y cortar a medias lunas finas. Lavar y escurrir. Pelar el tomate, ajos y picar menudo. Pelar las patatas, cortar en cuatro cada una, lavar y dejar en remojo.

Poner la cebolla en cazuela de barro, cubierta con agua. Al romper a hervir poner la sal. A media cocción, incorporar el tomate, ajo y antes de que se confite agregar el azafrán desmigado y una cucharada de manteca. Meter las patatas en la cazuela y mezclar con todos los ingredientes. Mojar con agua sin llegar a cubrir las patatas. Untar éstas con el resto de la manteca.

Meter la cazuela en horno precalentado. Vigilar evitando se peguen las patatas. Aunque no saldrán del horno sin haber formado una costra dorada.

Servir, del horno a la mesa.

Guisado de alcachofas

«Panadera de carxofas»
Mallorca

Ingredientes para 4 personas:

8 alcachofas grandes y tiernas
2 dientes de ajo
La miga de 1 rebanada de panecillo
1 hoja de laurel
El zumo de 1/2 limón
Unos brotes de perejil fresco
1 cucharadita de vinagre de vino
1 tacita de aceite de oliva
Pimienta y sal

Desechar tallo y hojas viejas a las alcachofas. Cortar las puntas. Poner en agua y zumo de limón.

Vaciar un poco y reservar en un plato, incorporar la miga de pan, el ajo y perejil machacados en el mortero. Salpimentar, mezclar y rellenar las alcachofas, una vez escurridas.

Disponer las alcachofas en cazuela de barro plana. Regar con el aceite y con agua, sin cubrirlas. Dejar cocer lentamente con la cazuela sin tapar. Reducido el caldo a la mitad, meter un ajo, laurel y vinagre. Continuar con la cocción lenta. Y cuando la salsa se confite, apartar y probar la sazón.

Servir en la misma cazuela borbotando.

Habas tiernas estofadas

«Favas tendres ofegades»
Menorca

Ingredientes para 4 personas:

1 1/2 kilo de habas tiernas con grano
50 gramos de sobrasada, o «carn i xua»
50 gramos de camayot
150 gramos de panceta fresca
1 cabeza de ajos pequeña
2 patatas medianas
Sal

Pelar las patatas, cortar a cantos pequeños, lavar. Desmigar la sobrasada, cortar a dados la panceta y el camayot. Pelar los dientes de ajo y picar menudos.

Desechar las vainas de las habas y lavar los «besons», granos de haba. Poner en una olla de barro con todos los ingredientes. Sentarla sobre fuego moderado. Tapadera puesta y dejar sudar. Cruzar un paño sobre la tapadera y con él sujetar la olla por las asas y sacudirla evitando se pegue el contenido. Ya en su punto de cocción, la salsa debe estar muy confitada.

HORTALIZAS

HORTALIZAS

«Tumbet»

Mallorca

Ingredientes para 4 personas:

5 berenjenas tiernas
10 pimientos rubios tiernos
5 patatas medianas y redondas
8 dientes de ajo
1 kilo de tomates de ensalada maduros
2 tazas de aceite de oliva
sal

Cortar las berenjenas a rodajas de un centímetro escaso. Disponer en escurridor y poner sal por encima. Dejar treinta minutos para que lloren su amargura.

Trocear los pimientos con las manos, desechando semillas. Lavar y escurrir.

Pelar las patatas, cortar a rodajas del mismo grosor que las berenjenas. Lavar y escurrir.

Calentar el aceite en sartén y freir las patatas. Sazonar, escurrir el aceite y colocarlas en una cazuela de barro plana.

En el mismo aceite, freir las berenjenas (lavadas y escurridas). Dejar dorar un poco y disponer sobre las patatas, una vez escurridas del aceite.

Freir los pimientos con cuatro ajos chafados. Fuego moderado, evitando pierdan jugosidad. Poner sal, escurrir y sentarlos encima las berenjenas. Desechar los ajos.

Lavar los tomates y trocear.

En sartén limpia calentar una tacita de aceite y freir los cuatro ajos chafados, sin pelar. Antes de que tomen color incorporar el tomate y freir removiendo hasta que pierda un poco de jugosidad. Ahora moderar el fuego, sazonar y dejar que tome cuerpo. Conseguido el punto de confitamiento, pasar por el colador chino y cubrir los pimientos con la salsa.

El «tumbet» puede servirse recién hecho, reposado y a temperatura ambiente. Como plato de entrada, o acompañando huevos fritos, pescado o carne.

Zanahorias moradas estofadas

«Pestanagas moradas ofegades» Mallorca

Ingredientes para 4 personas:

3 manojos de zanahorias moradas y tiernas
1 manojo de cebolletas tiernas
3 tomates de ramillete
2 dientes de ajo
20 gramos de pasas de Corinto
20 gramos de piñones muy blancos
1 tacita de aceite de oliva
1 cucharada de pimentón superior
Una pizca de pimienta y otra de todas especias
Sal

Pelar las zanahorias, cortar a rodajas de medio centímetro de grosor, lavar y escurrir.

Desechar las hojas viejas a las cebolletas, cortar en aros finos, verde tierno incluido. Pelar ajos y tomates. Picar menudos.

Poner el aceite en olla de barro alta, ahora meter las zanahorias escurridas con sabiduría, las cebolletas, encima el tomate y ajo y terminar con piñones y pasas. Ahora sazonar y especias.

Sentar la olla tapada sobre fuego moderado y dejar cocer dulcemente hasta que las zanahorias están «grenyals» y la salsa muy confitada.

Hay que sacudir la olla varias veces evitando se peguen las zanahorias.

Servir en fuente caliente.

Nota: este plato acompaña deliciosamente los huevos escalfados.

Fiambres y rellenos

Granada de berenjenas *(página 68)*

Espaldilla de cordero rellena

«Esquene d´anyel farcida»
Mallorca

Ingredientes para 4 personas:

1 kilo de espaldilla de cordero que no haya cumplido el año
100 gramos de panceta fresca
2 criadillas de ternera
2 cucharadas de manteca de cerdo
1/2 tacita de aceite de oliva
Pimienta y sal

Deshuesar la espaldilla. Desechar la piel a las criadillas, partir a lonchas, a lo largo. Cortar a tiras finas la panceta. Lavar todo y escurrir (las criadillas agradecen un baño con agua y zumo de limón). Disponer la espaldilla sobre la tabla de trabajo, salpimentarla. Colocar criadilla y panceta, alternando. Salpimentar. Ahora apretando formar un rollo. Atar con hilo fuerte. Salpimentar un poco por fuera.

Introducir el rollo en cazuela esmaltada con la manteca y aceite caliente. Tapar la cazuela y dejar que se dore a fuego muy lento. Ya dorado por un igual, mojar con una taza de agua y dándole vueltas (procurando destapar la cazuela lo menos posible) dejar que se beba toda el agua.

Servir fría, cortada a rodajas y acompañada con ensalada de apio.

Fiambre de conejo

«Fiambre de conill»
Menorca

Ingredientes para 8 personas:

600 gramos de carne de conejo limpia de huesos
500 gramos de carne magra de cerdo
200 gramos de jamón
150 gramos de pan rallado
1 huevo muy fresco
2 trufas
1/2 tacita de vino blanco seco, de calidad
2 cucharadas de ron
1 cucharada de manteca
Nuez moscada, recién rallada
Pimienta y sal

Reservar la carne del lomo e hígado de conejo, para cortar a tiras, con el jamón. Los otros trozos de carne de conejo y el magro de cerdo, picado en la máquina.

Poner en un lebrillo la carne picada, salpimentar con alegría y nuez moscada. Incorporar el huevo crudo, vino y ron. Mezclar uniendo todos los aromas.

Untar un molde alargado con manteca y forrarlo con el pan rallado. Ahora colocar una capa de carne picada y encima alternar con tiras de lomo, jamón y trufas. Repetir la operación y terminar con carne picada, cubriéndola con pan rallado.

Cocer al baño maría. Horno precalentado. Noventa minutos de cocción a temperatura media.

Dejar enfriar el fiambre antes de sacarlo del molde.

Acompañar con setas salteadas.

FIAMBRES Y RELLENOS

FIAMBRES Y RELLENOS

Fiambre de lomo

«Fiambre de llom»
Mallorca

Ingredientes para 4 personas:

800 gramos de lomo de cerdo
1 cebolla hermosa
4 dientes de ajo
1 taza de caldo de costillar de ternera
1 taza de vino blanco seco, de calidad
3 cucharadas de azúcar

Pelar las cebollas, cortar a cantos, lavar y escurrir. Chafar la nariz a los dientes de ajo sin pelar.

Limpio el lomo, colocar en cacerola esmaltada con la cebolla y los dientes de ajo. Mojar con el caldo y vino. Sentar la cacerola sobre fuego moderado y dejar cocer hasta que consiga el punto de ternura.

Sacar el lomo, escurrir y disponer en la tabla de trabajo.

Calentar el hierro lo más posible. Cubrir el lomo con el azúcar y antes que humedezca, quemarle con arte.

Ya quemado, colocar en fuente larga y rodear con perejil recién frito.

Fiambre de lomo trufado

«Fiambre de llom trufat»
Menorca

Ingredientes para 4 personas:

800 gramos de lomo de cerdo
1 trozo de redaño (tel des segins) para envolver
150 gramos de jamón en un trozo
1 pechuga de gallina
3 trufas
2 huevos muy frescos
El zumo de 1/2 limón
1 tacita de jerez seco
50 gramos de mantequilla
Nuez moscada recién rallada
Pimienta negra y sal

Cortar a tiras, jamón, pechuga y trufas. Reservar su caldo.

Picar el lomo en la máquina. Disponer en un lebrillo con el zumo de limón, el caldo de las trufas, jerez, mantequilla, huevos crudos, nuez moscada y salpimentar con alegría. Mezclar uniendo todos los aromas.

Lavar el velo de redaño, secar y forrar un molde largo, procurando que desborde por los lados para poder cerrar el fiambre sin temor a que salga el relleno.

Ahora disponer una capa de mezcla sobre el velo y enriquecer con las trufas, jamón, y pechuga de gallina, alternado. Cubrir con mezcla y repetir para terminar sólo con mezcla. Recoger el velo de redaño y cerrar el fiambre con sabiduría.

Meter en horno precalentado y a temperatura media. Sacar del horno cuando el fiambre se despega del molde.

No sacar del molde hasta que esté completamente frío.

Servir acompañado de puré de manzanas, o de manzanas peladas y asadas al horno.

Fiambre de pava negra

«Fiambre d´indiota negre»
Mallorca

Ingredientes para 10 personas:

1 pava negra de 2 1/2 kilos limpia
750 gramos de carne magra de cerdo picada
750 gramos de babilla de ternera picada
150 gramos de tocino fresco
200 gramos de jamón en un trozo
4 trufas
4 huevos frescos
1 tacita de jerez seco de calidad
1 tacita de coñac de calidad
1 nuez moscada entera recién rallada
10 granos de pimienta
Pimienta negra en polvo y sal
Para el caldo:
Todos los huesos e interioridades de la pava, patas, cuello, cabeza...
2 brotes hermosos de apio
1 zanahoria
2 puerros grandes
1 cebolla grande
Sal
Para la gelatina:
12 hojas de cola de pescado
4 tazas de caldo
Para clarificar el caldo:
2 claras de huevo crudo con sus cáscaras

Limpia el ave, cortar patas, cuello, alas a la mitad y vaciar de interioridades.

FIAMBRES Y RELLENOS

FIAMBRES Y RELLENOS

Deshuesar la pava con cuchillo muy afilado, procurado no romper la piel. Vacía de huesos, coser las aberturas, cuello, alas, patas. Salpimentar por dentro.

Mezclar en un lebrillo las carnes picadas, con los huevos crudos, jerez, coñac, salpimentar, granos de pimienta, nuez moscada. Mezclar muy bien los aromas.

Cortar a tiras la mitad de cada pechuga de la pava, el jamón, tocino y trufas.

Introducir una capa de mezcla y encima, alternando las tiras. Teniendo en cuenta que las tiras de pechuga se reservan para colocar en la parte trasera de la pava, que carece de carne blanca. Las tiras siempre en dirección al cuello para que den un corte bonito. Coser la parte abierta de la pava y envolver en un pañal de gasa nuevo, mojado con agua fría y escurrido. Ahora atar todo, evitando se abra la envoltura.

En olla grande, reunir las hortalizas limpias, peladas cebolla, puerros y zanahorias. Agregar todos los huesos, patas, molleja vacía, cuello, cabeza, puntas de ala (reservar el hígado). Incorporar el fiambre, cubrir con agua fría y sentar la olla sobre fuego alegre. Al hervir, poner sal y moderar el fuego.

Cuando las patas de la pava estén tiernas, puede apartarse del fuego, dejar enfriar. Sacar el fiambre, escurrir sin perder la enjundia. Colocar el fiambre, sin quitarle envoltura y ataduras, sobre una tabla, poner otra encima con un peso casi imaginario. Así dormirá toda la noche.

Colar cuatro tazas de caldo, probar la sazón y meter en cazo esmaltado. Mojar doce hojas de cola de pescado en agua fría. Sentar el cazo sobre fuego alegre y al hervir meter las claras de huevo y las cascaras de los dos huevos, lavadas y apretujadas. Remover el caldo. Agregarle las hojas de cola de pescado mojadas y cuando se haya fundido, apartar. Colocar un lienzo impecable y mojado, escurrido, sobre un colador grande, dispuesto encima una cacerola esmaltada. Colar despacio lo del cazo. Quedará un caldo enjundioso y transparente. Repartir en moldes de flan pequeños y meter, una vez fríos, en el refrigerador.

El caldo sobrante se cuela y reservar para cocer macarrones a los que se añaden en el último momento los huevecitos de la pava, el hígado y la sangre de la pava cortada a dados. Más la molleja, cortada pequeña, el corazón, cuello a trozos y las alas.

El fiambre se sirve cortado hasta la mitad en fuente bonita, dejando la otra mitad en la fuente por si es preciso cortar más. Los flanes de gelatina, vaciados alrededor, alternando con huevos hilados.

Aparte, servir ensalada de apio.

Gallina sin huesos

«Gallina sense ossos»
Menorca

Ingredientes para 8 personas:

1 gallina de 1 1/4 kilo, limpia
200 gramos de tocino fresco
200 gramos de queso mahones recién rallado
100 gramos de pan rallado
3 huevos muy frescos
3 cebollas medianas
3 tomates maduros
3 dientes de ajo
2 hojas de laurel
Unos brotes de perejil y mejorana fresca
1 brote de acedera y apio fresco
2 cucharadas de manteca
1 tacita de aceite de oliva
1 pizca de clavo de especia en polvo
1 cucharada de pimentón superior
Pimienta negra y sal

Limpia la gallina, deshuesar dejando la piel limpia de carne.

Picar toda la carne de la gallina y el tocino. Poner en un lebrillo, salpimentar, clavo y pimentón.

Lavar la acedera, cocer en agua y sal. Escurrir y picar. Incorporar al lebrillo. Mezclar uniendo todos los aromas.

Calentar media tacita de aceite en cazuela de barro y rehogar la mezcla cinco minutos. Apartar.

Fría la mezcla, unirle dos huevos, una clara, batida, pan y queso rallado. Remover con cuchara de palo.

Probar la sazón, ha de ser un poco alegre.

Coser agujeros de alas, patas y cuello a la piel de gallina. Extenderla sobre la tabla de trabajo, rellenarla y coser la abertura devolviendo la forma, con gracia.

Calentar la manteca y resto de aceite en la misma cazuela de rehogar el relleno. Dorar la gallina a fuego moderado. Conseguido el punto por todo igual, cubrirla con agua. Agregar las hortalizas peladas y cortadas como se quiera, más las hierbas aromáticas y un poco de sal. Dejar cocer sin tapar hasta que enternezca. Sacar la gallina, escurrirla y disponer en fuente caliente.

Pasar todo lo de la cazuela por el colador chino y poner en un cazo esmaltado. Batir la yema de huevo en una taza con un poco de caldo y meter en el cazo. Sentar sobre fuego moderado y sin dejarla hervir, conseguir un punto cremoso. Cubrir la gallina con la salsa y servir enseguida.

FIAMBRES Y RELLENOS

FIAMBRES Y RELLENOS

Granada de alcachofas espárragos y guisantes

«Granada de carxofas espárecs i pésols»
Mallorca

Ingredientes para 4 personas:

4 alcachofas tiernas
4 manojos de espárragos trigueros
400 gramos de guisantes desgranados
800 gramos de tomates maduros
200 gramos de galleta picada
4 huevos muy frescos
1 diente de ajo
1/2 tacita de leche
1 tacita generosa de aceite de oliva
Pimienta y sal

Desechar hojas viejas a las alcachofas, cortar a gajos finos, lavar y dejar en agua y zumo de limón. Cortar los espárragos a trozos y tirar lo leñoso. Lavar. En cazos esmaltados, cocer las tres hortalizas por separado. Los guisantes meterlos cuando el agua hierve. Un poco de sal. Dejar en el punto «grenyal».

Pelas los tomates y el diente de ajo. Cortar. Calentar el aceite y freír el tomate, ahora meter el ajo para que no oscurezca. Maltratar el tomate con la espumadera de madera. Ya bien frito, salpimentar y pasar por el colador. Reservar.

Conseguido el punto de las hortalizas, escurrir con sabiduría. Dejar enfriar. Batir los huevos y salpimentar, mojar con la leche e incorporar a las hortalizas frías.

Mezclar. Untar un molde con aceite, ahora con galleta picada y llenarlo con lo del lebrillo.

Meter en el horno precalentado. Cuarenta minutos de cocción a fuego medio.

Sacar del molde frío. Cubrirlo con la salsa de tomate muy caliente.

Granada de berenjenas

«Granada de alberginias»
Mallorca

Ingredientes para 4 personas:

1 kilo de berenjenas muy tiernas
1 kilo de tomates maduros
200 gramos de galleta picada
75 gramos de sobrasada superior
1 pimiento rojo grueso y grande
2 cebollas blancas hermosas
3 dientes de ajo y perejil fresco
4 huevos muy frescos
1/2 tacita de leche
2 tazas de aceite de oliva
Pimienta y sal

Pelar las berenjenas, cortar a dados, poner en un escurridor, echarles sal y dejar treinta minutos llorando su amargura. Asar el pimiento al horno: treinta y cinco minutos. Pelar, desechar corazón y semillas Romper a tiras. Reservar.

Pelar las cebollas, un tomate y los ajos. Lavar el perejil y picar todo por separado. En sartén calentar un poco de aceite y rehogar la cebolla, antes de que tome color

Pierna de cordero rellena *(página 73)*

FIAMBRES Y RELLENOS

meter los ajos y tomate. Frito éste, agregar el perejil, dar una vuelta y reservar en un lebrillo con la sobrasada desmigada y la leche.

Lavar las berenjenas, escurrir y freírlas con abundante aceite. Antes de que se doren, sacar y dejar que escurran el aceite. Ahora meterlas en el lebrillo. Batir los huevos, salpimentar, mojar con la leche, remover para reunir ingredientes y aromas.

Untar un molde redondo con aceite. Embadurnas con galleta picada y poner lo del lebrillo dejando espacio, evitando derrame.

Meter en horno precalentado treinta minutos a temperatura media. El punto de cocción lo cantará separándose la granada del molde.

Mientras, cortar los tomates como se quiera. Meter en sartén con aceite muy caliente y freír, maltratando con la espumadera. Salpimentar. Colar y sentar otra vez sobre fuego vivo para que reduzca un poco. Meter en salsera.

Fría la granada volcar en fuente redonda. Adornar con las tiras de pimiento asado. Servir aparte la salsera y cada comensal cubrirá su porción de granada con la salsa apetecida.

Granada de calabacines

«Granada de carabassons»
Mallorca

Ingredientes para 4 personas:

1 kilo de calabacines muy tiernos
800 gramos de tomates maduros
200 gramos de jamón
200 gramos de galleta picada
1/2 «llonguet» embebido en leche
4 huevos muy frescos
1 buen ramo de perejil fresco
1 brote de mejorana fresca
3 dientes de ajo, 2 cebollas hermosas
1 hoja de laurel
1 cucharada de manteca
2 tazas de aceite de oliva
1 pizca de todas especies
Pimienta y sal

Pelar los calabacines y cortar a cantos. Lavar y escurrir.

Pelar las cebollas, picada una menuda y la otra a dados. Ajos pelados y enteros, perejil lavado cortado menudo. El jamón muy menudo.

Calentar un poco de aceite y manteca y rehogar los dados de cebolla, ya humillada unirle el tomate y los ajos, remover, salpimentar, laurel, y dejar que se confite a fuego dulce. Colar y reservar en cazo esmaltado.

Freír los calabacines en abundante aceite caliente. Apartar antes de que se doren y escurrir con sabiduría.

Con un poco de aceite de freír los calabacines, rehogar la cebolla a fuego moderado, ya blanda incorporar el «llonguet» empapada en leche y desfigurarlo uniéndolo a la cebolla. Apartar y enfriar.

Batir los huevos, salpimentar, todas especias y meter en un lebrillo con el perejil y mejorana picada. Incorporar los calabacines y la fritura, cuando hayan perdido el calor.

Untar un molde con aceite, embadurnar con la galleta picada, cubrir el fondo con la mezcla, esparcir un poco de jamón, repetir y terminar con la mezcla. Horno precalentado y treinta minutos a temperatura media. Cuando la granada se separa del molde, sacar.

Calentar la salsa. Disponer la granada en plato redondo y cubrir con la salsa caliente.

Morena rellena

«Morena farcida»
Menorca

Ingredientes para 4 personas:

1 morena muy fresca de un 1 1/2 kilo
200 gramos de pan rallado
50 gramos de queso mahones recién rallado
1 manojo de espinacas tiernas
2 huevos muy frescos
1 buen ramo de perejil fresco
Unos brotes de mejorana, ajedrea y de tomillo fresco
2 cucharadas de manteca de cerdo
1/2 tacita de aceite de oliva
1 pizca de todas especias
Pimienta y sal

Limpia la morena, cortar la cabeza.

Con ayuda de un trapo levantar la piel a la morena. Meterla en agua, limón y sal. Mientras cortar a partir del ano hasta la cola, reservar para un caldo (tiene muchas espinas). La parte de arriba, sacar las espinas y lavar. Picarla menuda y meter en un lebrillo. Salpimentar y especias. Lavar todas las hierbas aromáticas, picar y meter en el lebrillo. Mezclar bien.

Calentar un poco de aceite en sartén y rehogar la mezcla. Reservar.

Lavar las espinacas, picar, escurrir con sabiduría y freírlas con aceite muy caliente. Remover y cuando hayan perdido volumen incorporar a la mezcla. Apartar del fuego. Batir los huevos, salpimentar y unir a lo anterior con dos cucharadas de pan rallado y

FIAMBRES Y RELLENOS

FIAMBRES Y RELLENOS

el queso. Ya bien mezclado, probar la sazón, y alegrarla si es preciso.

Limpia la piel de la morena, y secada cuidadosamente con lienzo impecable, rellenar, coser y disponerla en plato refractario, sobre lecho de pan rallado. Regar con un hilillo de aceite y hornear sesenta minutos a temperatura media.

Paupillas

«Paupillas» Mallorca

Ingredientes para 4 personas:

600 gramos de muslo de ternera
100 gramos de tocino fresco
50 gramos de sobrasada superior
100 gramos de piñones muy blancos
1 huevo muy fresco
4 cebollitas redondas
4 brotes generosos de mejorana fresca
1 tacita de aceite de oliva
Pimienta y sal

Cortar cuatro filetes muy finos y del mismo tamaño. El resto de carne, picar con el tocino, y la sobrasada desmigada. Lavar la mejorana, cortar menuda y unir a lo picado en un plato, un huevo crudo, sal y especias. Remover.

Disponer los cuatro filetes estirados sobre la tabla de trabajo. Repartir el relleno en el centro y doblar el resto del filete dándole forma de rollo o paquete. Atar con hilo fino.

Calentar el aceite en cazuela de barro y dorar las paupillas. Ahora unirles las cebollas peladas y continuar rehogando hasta que pierdan altivez. Mojar con una taza de agua y al hervir, meter los piñones y tapar la cazuela. Fuego manso. La salsa quedará reducida y enjundiosa.

Servir en fuente caliente rodeada de patatas recién fritas.

Pavo relleno de cuscús dulce

«Indiot farsit de cuscus dolc» Menorca

Ingredientes para 6 personas:

1 pavo negro de 2 kilos limpio
200 gramos de almendras tostadas
100 gramos de pan rallado
2 cucharadas de miel
1 cucharada de azúcar
2 limones
1 tacita de mantequilla
1 tacita de manteca
1 tacita de aceite de oliva
Pimienta negra y sal

Limpio el pavo, lavar y secar con un lienzo. Disponer en fuente refractaria. Salpimentar, regar con el zumo de limón y aceite. Untar con la manteca.

Poner la mantequilla, miel y azúcar en cazuela de barro, sentada sobre fuego moderado. Cuando forme una pasta, agregar el pan rallado (pasado por el horno) y las almendras cortadas a laminillas. Sin dejar de remover dejar que tome consistencia. Ya en su punto, rellenar el pavo y coser.

Horno precalentado: setenta minutos por kilo de carne. Regar el pavo de tarde en tarde con su propio jugo. Quedará la piel dorada y crujiente. Si es preciso, elevar la temperatura cuando falten quince minutos de cocción.

Servir muy caliente.

Pierna de cordero rellena

«Cuixa d´anyell farcida»
Ibiza

Ingredientes para 4 personas:

1 pierna de cordero de 1 1/4 kilo
100 gramos de tocino fresco
200 gramos de carne magra de cerdo
500 gramos de «patato»
(patatas muy menudas)
25 gramos de sobrasada
25 gramos de piñones muy blancos
2 cebollas
4 dientes de ajo
1 cabeza de ajos entera
2 hojas de laurel
1 brote de mejorana y tomillo fresco
El zumo de 2 limones
1 taza de vino blanco seco
1 cucharada de manteca
1 tacita de aceite de oliva
1 pizca de todas especias
Nuez moscada, pimienta y sal

Deshuesar la pierna y colocar sobre la mesa de trabajo.

Reunir en el lebrillo la carne magra picada, cuatro dientes de ajo pelados y picados, piñones, especias y sal. Mezclar y rellenar la pierna. Atar, untar con la manteca, salpimentar y disponer en fuente refractaria. Regar con el zumo de limón.

Pelar el «patato», lavar y escurrir. Pelar las cebollas, lavar y cortar a cantos. Mezclar con las finas hierbas y colocar junto a la pierna, con la cabeza de ajos sin abrir, laurel y tocino cortado a dados. Mojar con el aceite, una tacita de agua y el vino.

Meter en horno precalentado. Sesenta minutos de cocción a temperatura media. Remover el «patato» y cebollas de vez en cuando.

Queso de cerdo

«Formatge de porc»
Menorca

Ingredientes para 10 personas:

400 gramos de hígado de cerdo
400 gramos de carne magra de cerdo
700 gramos de tocino fresco
100 gramos de manteca
4 cebollas
2 huevos muy frescos
Unos tallos de perejil fresco
1 brote de mejorana y tomillo fresco
Nuez moscada y sal
Para hacer la gelatina:
1 carcasa de un pavo
200 gramos de costillar de ternera magro
Unas ramas de apio fresco
Unos brotes de tomillo
6 hojas de cola de pescado
1 clara de huevo y la cáscara
1 copa de jerez seco
Sal

FIAMBRES Y RELLENOS

FIAMBRES Y RELLENOS

Cortar lonchas muy finas de la mitad del tocino. El resto, hígado y carne magra, picar en la máquina.

Reunir todo en un lebrillo, con dos yemas de huevo, nuez moscada, recién rallada, y las claras batidas. Mezclar bien. Ahora cubrir el fondo de una cazuela de barro algo honda, con la mitad de lonchas de tocino, vaciar encima lo del lebrillo, dándole bonita forma y cubrir con las lonchas. Tapar con papel de estaño.

Horno precalentado: tres horas de cocción.

Dejado enfriar, untar con la manteca y cubrir con la gelatina.

Lavar huesos y hierbas aromáticas. Poner a hervir cubierto de agua hasta que dé toda la enjundia. Poner sal. Apartar del fuego. Mojar un lienzo impecable con agua fría y apoyarlo dulcemente en la superficie del caldo para que recoja la grasa. Colar el caldo, una taza y media. Volver a sentar sobre fuego vivo. Al hervir meter el jerez y las hojas de cola de pescado remojadas en agua fría. Una vez fundidas, incorporar la clara batida y la cáscara, lavada y chafada. Remover y al cuajarse un poco la clara apartar. Disponer un colador encima una cacerola esmaltada y sobre él un lienzo impecable, mojado en agua fría. Colar el caldo, sin remover, como más despacio cuele más transparente y bonita será la gelatina.

Si se remueve el caldo para que cuele rápido, quedará turbio y de resultas la gelatina perderá la transparencia.

Cubrir el queso con la gelatina, antes de que pierda todo el calor.

Tordos rellenos

«Tors farsits»
Mallorca

Ingredientes para 4 personas:

| 8 tordos |
| 200 gramos de jamón |
| 100 gramos de tocino fresco |
| 50 gramos de sobrasada |
| 2 granadas maduras |
| 4 dientes de ajo |
| 1 cucharada de harina |
| 2 tacitas de aceite de oliva |
| Pimienta negra y sal |

Limpios los tordos hacer un caldo con cuellos, alas, patas, cabezas y mollejas vacías. Un brote de ajedrea fresca y sal.

Reservar en un plato hondo corazones e higadillos de los tordos, cortados menudos. Unirles los granos de granada limpios de piel y velillo interior. Incorporar el jamón picado menudo.

Picar el tocino y desmenuzar la sobrasada. Pelar los dientes de ajo y picar.

En cazuela de barro plana rehogar el tocino, haciéndole soltar un poco de grasa. Unirle el ajo y sobrasada. Dar unas vueltas y agregar al plato reservado. Salpimentar y remover.

Salpimentar los tordos por dentro y rellenar. Coser, evitando salga el relleno. Calentar el aceite en sartén y freír los tordos hasta dorar. Escurrirlos de la grasa y meter en la cazuela de barro.

Quitar un poco de grasa de la sartén y dorar la harina en un abrir y cerrar de ojos y sin dejar de remover. Ahora mojar con tres tazas de caldo, colado y maltratado en el colador chino para sacar toda la enjundia. Regar los tordos con la salsa de la sartén. Fuego moderado y cocción vigilada para que la salsa no se pegue.

Tiernos los tordos y confitada la salsa, apartar y probar la sazón.

Servir en fuente caliente adornada con picatostes recién fritos.

FIAMBRES Y RELLENOS

Huevos

Grasera de huevos *(página 79)*

Grasera de huevos

«Graixera d´ous»
Mallorca

Ingredientes para 4 personas:

6 huevos muy frescos
3 alcachofas prietas y tiernas
250 gramos de habitas tiernas
1 cebolla mediana
2 tomates de ramillete
8 hojas de lechuga romana
8 patatas menudas («patato»)
1 brote de mejorana fresca
1 tacita de aceite de oliva
1 pizca de todas especies
Sal

Pelar la cebolla, tomate y picar menudo y por separado. Desechar hojas viejas y puntas a las alcachofas. Partir en cuatro gajos y dejar en agua y zumo de limón. Lavar las hojas de lechuga y romper a trozos. Pelar las patatitas sin deformar. Despuntar las habitas y partir en dos o tres trozos. Desgranar los guisantes. Cocer los huevos ocho minutos en agua hirviendo con un poco de sal. Dejar enfriar y descascarillar. Partir por la mitad a lo largo.

Calentar el aceite en cazuela de barro plana. Rehogar la cebolla sin que tome color, unirle el tomate y remover hasta confitar. Incorporar todas las hortalizas, bien escurridas, rehogar y cuando pierdan tersura, cubrir con agua hirviendo, solo cubrir.

Poner sal, todas especies y los ajos enteros, sin pelar. Tapar la cazuela y dejar hervir diez minutos.

Ahora disponer los huevos sobre las hortalizas, con las yemas hacia arriba. Lavar la mejorana y esparcir las hojas por encima. Dejar hervir dulcemente, sin tapadera, para reducir la salsa.

Conseguido el punto de cocción y confitamiento, sacar los dientes de ajo, quitar la piel y chafar en el mortero Recoger con un poco de salsa y regar los huevos.

Servir del fuego a la mesa, borboteando.

Huevos con guisantes

«Ous amb pesols»
Menorca

Ingredientes para 4 personas:

6 huevos muy frescos
750 gramos de guisantes tiernos
1 cebolla grande
2 tomates de ramillete
4 patatas nuevas
1 cabeza de ajos pequeña
1 cucharada de manteca de cerdo
1/2 tacita de aceite de oliva
Pimienta y sal

Pelar la cebolla y tomates, picar menudos y por separado. Pelar las patatas, cortar a cantos y lavar. Desgranar los guisantes.

Cocer los huevos ocho minutos con agua hirviendo con un poco de sal. Dejar enfriar y descascarillar. Partir por la mitad a lo largo.

Calentar manteca y aceite en cazuela de barro plana. Rehogar la cebolla y cuando esté transparente unirle el tomate. Reho-

HUEVOS

gado éste, incorporar las patatas, cabeza de ajos y guisantes. Dar unas vueltas. Mojar con una taza de agua hirviendo, ha de cubrir las hortalizas. Salpimentar y dejar cocer diez minutos dulcemente. Ahora, sacar la cabeza de ajos, quitar la piel y machacar. Recoger con un poco de salsa y esparcir sobre las hortalizas. Colocar los huevos encima, y continuar la cocción hasta conseguir el punto. La salsa reducida y muy confitada.

Probar la sazón y servir en la misma cazuela sin que pierda calor.

Huevos con hortalizas

«Ous amb hortalissas»
Ibiza

Ingredientes para 4 personas:

4 huevos frescos
4 brotes de coliflor muy blanca
8 habitas tiernas
250 gramos de guisantes tiernos
50 gramos de sobrasada
50 gramos de butifarra
1 manojo de espárragos trigueros
1 cucharadita de manteca de cerdo
Sal

Dividir los brotes de coliflor. Desechar lo leñoso a los espárragos y trocear. Despuntar las habas y trocear. Desgranar los guisantes. Lavar todo y escurrir.

Poner las habas en una olla con agua fría y sentar sobre fuego vivo. Al hervir meter los guisantes y a media cocción incorporar los espárragos y coliflor. Sal.

Conseguido el punto de cocción, no blando, apartar, escurrir y reservar una taza del caldo.

Poner la manteca, sobrasada y butifarra desmenuzada en cazuela de barro plana. Sentar sobre fuego alegre y rehogar. Ahora unirle las hortalizas escurridas, dar unas vueltas y mojar con el caldo reservado. Al hervir con fuerza, meter los huevos para que se cuajen. Las yemas deben quedar muy jugosas.

Probar la sazón y servir.

Huevos rellenos

«Ous farcits»
Mallorca

Ingredientes para 4 personas:

9 huevos muy frescos
250 gramos de galleta picada
1 cebolla grande
1 cucharada de harina floja
1 manojo de perejil grande y fresco
1 cucharada de buen coñac
1 taza de leche
1 1/2 taza de aceite de oliva
Pimienta y sal

Cocer ocho huevos con agua y un poco de sal. A los ocho minutos de cocción, apartar y dejar enfriar. Descascarillar. Partir por la mitad a lo largo, sacar las yemas y reservar en un plato con el coñac.

Pelar la cebolla y picar menuda. Calentar un poco de aceite en un cazo y rehogarla sin que tome color.

Ya en su punto, apartar del fuego y

agregar las yemas con el coñac. Remover y chafar.

Disolver la harina en una taza con un poco de leche. Meter en un cazo esmaltado, unirle la leche restante, salpimentar y sentar sobre fuego moderado. Remover con cuchara de palo hasta notar que toma cuerpo. Apartar y mezclar con la fritura y yemas. Trabajar hasta que liguen todos los ingredientes. Probar la sazón, ha de ser un poquito alegre. Dejar enfriar y rellenar las claras.

Batir el huevo restante y envolver los huevos, después rebozar con galleta picada.

Calentar el aceite en sartén y freír los huevos, procurando no deformarlos. Dorados por ambos lados. Escurrir el aceite sobre papel.

Servir en fuente caliente, rodeados con perejil recién frito, evitando oscurezca y bien escurrido del aceite.

Huevos rellenos

«Ous farsits»
Menorca

Ingredientes para 4 personas:

10 huevos
La miga de 1/2 panecillo blanco
1 corteza de limón maduro
2 hojas de laurel
Unos brotes de perejil fresco
3 cucharadas de vinagre de vino blanco
1 tacita de leche
100 gramos de manteca
2 tacitas de aceite de oliva
Nuez moscada
1 pizca de canela en polvo
Sal

Pelar la cebolla y cocerla en agua y sal. Escurrir y rehogar con un poco de manteca. Reservar en un plato grande.

Cocer ocho huevos en agua con un poco de sal. Apartar a los ocho minutos, dejar enfriar y descascarillar. Partir por la mitad a lo largo. Sacar las yemas y unirlas a la cebolla, con la miga de pan, mojada en leche y desmigada, la corteza de limón rallada, perejil, lavado y picado, sal y especias. Mezclar hasta conseguir una pasta, añadir leche si pide.

Batir los huevos restantes.

Rellenar las claras, pasar por huevo batido y freír enseguida con la manteca y aceite calentados en sartén.

Disponer los huevos en cazuela de barro plana, con la grasa de freír, el vinagre, sal, laurel, ajos enteros y una taza de agua.

Sentar la cazuela sobre fuego moderado

y dejar reducir la salsa a la mitad, evitando que se pegue. Zarandear la cazuela, cogida por las asas.

Probar la sazón y servir muy caliente.

Tortilla de espárragos trigueros

«Truita de espárrecs silvestres»
Mallorca

Ingredientes para 4 personas:

8 huevos frescos
3 manojos de espárragos
2 ajos tiernos
Unos brotes de perejil fresco
1 tacita de aceite de oliva
Pimienta y sal

Desechar la parte leñosa a los espárragos y romper a trocitos. Lavar y escurrir. Quitar las hojas viejas y raíz a los ajos tiernos, lavar el perejil y cortar menudo y por separado.

Calentar un poco de aceite y rehogar los espárragos sin dejar que cambien de color. Unirles los ajos, dar una vuelta y apartar. Escurrir el aceite.

Batir los huevos, salpimentar, unirles el perejil, ajo y espárragos.

Calentar un poco de aceite limpio en sartén mediana y cuajar la tortilla a fuego moderado. Darle la vuelta, y mantener menos de un minuto sobre el fuego. Ha de quedar muy jugosa.

Tortilla de habas tiernas

«Truita de faves tendres»
Mallorca

Ingredientes para 4 personas:

8 huevos muy frescos
1 kilo de habas muy tiernas
6 cebolletas tiernas
2 ajos tiernos
2 tomates de ramillete
1 buen ramo de perejil fresco
1 brote de mejorana e hinojo fresco
30 gramos de sobrasada
1 butifarrón
1 1/2 tacita de aceite de oliva
1 pizca de todas especias
Sal

Despuntar las habas y cortar a rodajas finas. Desechar raíces a cebolletas, ajos y quitar las hojas viejas y cortar a rodajitas finas. Pelar el tomate, lavar el perejil picar menudo y por separado.

Quitar la piel al butifarrón y sobrasada. Cortar a trocitos.

Calentar el aceite en sartén y poner las habas. Rehogar y cuando cambien de color agregar la cebolla. A los cuatro minutos poner ajo, tomate, sobrasada y butifarrón. Sazonar un poco y ya en su punto de cocción, apartar.

Batir los huevos, salpimentar unirle el perejil, hinojo y la mejorana cortada menuda, remover. Agregar toda la fritura, escurrida del aceite. Mezclar.

Calentar un poco de aceite crudo y cua-

Huevos rellenos *(página 80)*

HUEVOS

jar la tortilla, removiéndola al principio. Ordenarla y dar la vuelta.

Mantener el tiempo justo para que no rezume, aunque debe quedar muy jugosa. Colocar en el plato de servir y no dejar que pierda el calor.

Tortilla de machuelos

«Truita de cuguis»
Mallorca

Ingredientes para 4 personas:

8 huevos muy frescos
2 manojos de machuelos
1/2 tacita de aceite de oliva
Pimienta y sal

Desechar la parte dura a los machuelos y cortar lo tierno a trocitos. Lavar, escurrir y rehogar en aceite caliente. Poner sal y escurrir la grasa.

Batir los huevos, salpimentar e incorporar los machuelos.

Calentar en sartén mediana un poco de aceite y cuajar la tortilla a fuego moderado. Dar la vuelta y evitar que quede seca.

Tortilla de sardinas frescas

«Truita de sardinas vivas»
Menorca

Ingredientes para 4 personas:

8 huevos frescos
12 sardinas fresquísimas
El zumo de 1 limón
1 tacita de aceite de oliva
1 cucharada colmada de pimentón
Sal

Limpiar las sardinas. Desechar cabezas, espina central y laterales. Han de quedar como dos filetes. Disponerlas en un plato. Poner sal, pimentón, un hilillo de aceite de oliva y el zumo de limón. Mantener treinta minutos en el adobo.

Batir las claras casi a punto de nieve. Batir las yemas y unirlas a las claras. Poner un poco de sal.

Calentar el aceite en sartén. Fuego moderado. Meter los huevos batidos, disponer encima las sardinas, muy juntas.

La tortilla debe quedar muy delgada y ha de cocerse lentamente.

Servir muy caliente.

Truitada

«Truitada»
Ibiza y Formentera

Ingredientes para 4 personas:

8 huevos muy frescos
500 gramos de patatas
200 gramos de tocino fresco
200 gramos de sobrasada
1 taza de aceite de oliva
Sal

Pelar las patatas, cortar a trozos desiguales, lavar y escurrir. Cortar el tocino a trozos muy finos y desmigar la sobrasada.

Calentar el aceite en sartén y meter las patatas. Ahora moderar el fuego, poner sal y remover lo preciso para no convertir la patata en argamasa. Sazonar y una vez fritas, escurrir del aceite.

Con un poco de aceite freír el tocino hasta que esté transparente. Unirle la sobrasada y las patatas. Mezclar y dar unas vueltas en la sartén. Probar la sazón y reservar en un plato grande.

Batir los huevos, poner sal y agregar todo lo del plato. Remover. Calentar un poquito de aceite crudo en la sartén y cuajar la tortilla sin prisas. Darle la vuelta y ahora mantenerla en la sartén un minuto. Servir caliente.

HUEVOS

Pescados, crustáceos y moluscos

Borrida de raya *(página 91)*

Anguilas con salsa de almendras

«Anguilas amb salsa d´ametlles»
Mallorca

Ingredientes para 4 personas:

1 kilo de anguilas vivas
100 gramos de almendras crudas
La miga de 1 «llonguet»
4 dientes de ajo
2 yemas de huevo muy fresco
1 arito de guindilla
1 taza de aceite de oliva
1 pizca de canela
Pimienta y sal

Quitar cabeza y piel a las anguilas, y vaciar, lavar repetidas veces hasta eliminar el limo. Cortar en tres trozos.

Calentar aceite en sartén y rehogar las anguilas hasta que tomen un poco de color. Escurrir del aceite y disponer en cazuela de barro plana.

Pelar los dientes de ajo, meter en el mortero con las almendras y miga de «llonguet». Machacar y conseguir una pasta. Recoger con una taza de agua y esparcir sobre las anguilas. Salpimentar, canela y guindilla. Sentar la cazuela sobre fuego moderado, dejar cocer y reducir la salsa a la mitad.

Apartar del fuego, sacar las anguilas y colocar en cazuela limpia. Colar la salsa y unirle las yemas de huevo. Probar la sazón y cubrir las anguilas. Sentar sobre fuego dulcísimo y evitar que llegue a hervir, apartando y acercando la cazuela con el fin de no cortar la salsa. Prestar mucha atención para que la salsa no se pegue.

Servir muy caliente.

Atún a la ibicenca

«Tonyina a la ibicenca»
Ibiza y Formentera

Ingredientes para 4 personas:

8 rodajas de atún muy fresco de 200 gramos cada una
100 gramos de pasas
200 gramos de piñones muy blancos
Unos brotes de perejil fresco
3 huevos frescos
El zumo de 2 limones
1 tacita de vino blanco seco
1 taza de aceite de oliva
2 clavos de especia
1 pizca de canela en polvo
Nuez moscada
1 cucharada de pimentón
Pimienta y sal

Lavar las rodajas de atún, escurrir y poner en un plato. Salpimentar, el zumo de un limón y dejar una hora en adobo.

Ahora escurrir las rodajas y envolver en harina. Calentar el aceite en sartén y freír las rodajas evitando se doren demasiado.

Disponer las rodajas en cazuela de barro plana. Poner las especias, cubrir con las pasas y piñones y regar con el vino, el zumo de un limón y media tacita de agua.

Sentar la cazuela sobre fuego moderado y que cueza diez minutos, sin tapar la cazuela. Reducida la salsa, batir los huevos.

PESCADO, CRUSTÁCEOS Y MOLUSCOS

Lavar el perejil, picar menudo, incorporar a los huevos batidos y esparcir sobre el pescado. Dar un hervor corto. Probar la sazón y servir en la misma cazuela, sin dejar que pierda calor.

Bacalao con «tumbet»

«Bacallá amb tumbet»
Mallorca

Ingredientes para 4 personas:

400 gramos de bacalao superior
750 gramos de tomates de ensalada maduros
4 berenjenas
2 pimientos rojos gruesos
4 patatas medianas
8 dientes de ajo
1 taza de ajoaceite
2 tazas de aceite de oliva
Pimienta
Sal

Cortar el bacalao en cuatro raciones. Lavar. Poner en remojo con agua con la piel hacia arriba. Mantener en agua, cambiándola muchas veces, veinticuatro horas.

Cortar las berenjenas a rodajas, poner sal y dejar treinta minutos llorando su amargura. Desechar el corazón a los pimientos y romper a trozos con las manos. Lavar y escurrir. Pelar las patatas, cortar a rodajas igual que las berenjenas, lavar, escurrir y poner sal.

Dar un golpe en la nariz a los dientes de ajo sin pelar.

Pelar los tomates y picar. Poner un poco de aceite en cazo esmaltado, dorar un diente de ajo y agregar el tomate. Dejar rehogar sobre fuego moderado hasta que se confite. Sazonar y pasar por el colador chino. Reservar en recipiente de porcelana.

En sartén, calentar aceite en abundancia. Freír las patatas con dos dientes de ajo. Escurrir las patatas del aceite y colocar en cazuela de barro plana. En el mismo aceite freír las berenjenas, lavadas y escurridas. Ya en su punto disponer, escurrida la grasa, sobre las patatas. Hacer lo mismo con los pimientos (aunque deben freír lentamente y con la sartén tapada) y poner encima las berenjenas, ahora la salsa de tomate.

Colocar el bacalao, piel hacia arriba, en una cacerola, cubierto con agua fría. Sentar sobre fuego alegre y cuando haga espuma blanca, apartar sin dejarlo hervir. Escurrir del agua y sentar, con la piel hacia arriba, sobre la salsa de tomate. Tapar el bacalao con el ajoaceite.

Meter la cazuela en horno precalentado a temperatura media y mantener treinta minutos.

Servir a temperatura ambiente.

Borrida de bacalao

«Borrida de bacallá»
Mallorca

Ingredientes para 4 personas:

600 gramos de bacalao superior
1 cebolla grande
1 rebanada de pan blanco
1 diente de ajo
Unos brotes generosos de perejil fresco
1/2 tacita de leche
1 tacita de aceite de oliva
1 cucharadita de pimentón
Nuez moscada
Pimienta blanca
Sal

Lavar el bacalao, dejar cubierto de agua durante veinticuatro horas, cambiando el agua muchas veces.

Ahora, quitar piel y espinas, desmenuzar y escurrir.

Pelar la cebolla y diente de ajo. Picar menudo. Calentar el aceite en cazuela de barro plana y rehogar la cebolla sin que tome color. Ya en su punto agregar el bacalao.

Machacar en el mortero el ajo, perejil, lavado, pan, mojado en la leche. Pasar el picadillo por el colador chino y cubrir el bacalao. Si queda muy espeso, añadir un poco de leche. Especiar, probar la sazón por si precisa sal y sentar la cazuela sobre fuego muy dulce. Diez minutos de cocción sin dejar de remover.

Servir en la misma cazuela, muy caliente y aparte un plato con rebanadas de pan blanco calentado al horno.

Borrida de raya

«Borrida de ratjada»
Ibiza y Formentera

Ingredientes para 4 personas:

1 kilo de raya, limpia de piel e interioridades
500 gramos de patatas largas que no se abran
150 gramos de almendras
La miga de 1 rebanada de pan grande
2 huevos muy frescos
Unos brotes de perejil y hierbabuena fresca
El zumo de 2 limones
1 tacita de aceite de oliva
10 hebras de azafrán
6 granos de pimienta
1 pizca de canela
Sal

Lavar la raya y cortar dos trozos por ración. Poner en un plato y dejar adobada con sal y zumo de limón durante una hora.

Pelar las patatas y cortar a lo largo en cuatro trozos. Lavar y escurrir. Poner a cocer con agua, sal y azafrán. Apartar algo enteras. Disponerlas en cazuela de barro plana y reservar el caldo.

Sacar la raya del adobo y pasar por agua. Darle un hervor muy corto con agua y sal. Escurrir y colocar sobre las patatas.

Freír las almendras y escurrir. Pelar los ajos. Lavar las hierbas aromáticas. Machacar estos ingredientes y el pan en el mortero. Batir los huevos, incorporar al picadillo, especiar. Mojar con una taza del caldo de las patatas.

PESCADO, CRUSTÁCEOS Y MOLUSCOS

PESCADO, CRUSTÁCEOS Y MOLUSCOS

Sentar la cazuela sobre fuego moderado. Dejar hervir dulcemente hasta que patatas y pescado estén en su punto. Sacudir la cazuela por las asas, evitando que la salsa se pegue. Ha de quedar confitada.

Servir muy caliente en la misma cazuela.

Calamares de potera rellenos

«Calamars de potera farcits»
Menorca

Ingredientes para 4 personas:

12 calamares de potera muy frescos
400 gramos de carne magra de cerdo picada
70 gramos de piñones muy blancos
50 gramos de pan rallado
2 huevos muy frescos
1 cebolla hermosa
5 dientes de ajo
Unos brotes generosos de perejil fresco
Unos brotes de mejorana fresca
2 tacitas de aceite de oliva
1 cucharada de pimentón superior
Pimienta negra y sal

Estirar cabeza e interioridades a los calamares. Desechar la boca, pluma, bolsa de tinta. Cortar las aletas y picar con los brazos, cabeza y tentáculos.

Lavar el cuerpo, a veces porta arena, escurrir.

Pelar la cebolla y dientes de ajo. Picar por separado.

Calentar el aceite en sartén y rehogar los cuerpos, sin que tomen color. Sacar y escurrir de la grasa.

Con la mitad del aceite rehogar la cebolla y a media cocción agregar el ajo. Ya en su punto, incorporar todo lo picado de los calamares, dar unas vueltas y poner en un plato grande. Unirle las hierbas aromáticas, lavadas y picadas, los piñones, pan rallado, especias, sal, los huevos crudos y la carne picada. Mezclar bien.

Untar el interior de los calamares con un poco de aceite, rellenar y coser evitando se vacíen.

Ahora dorar los calamares en sartén con un poco de aceite. Disponer en cazuela de barro plana y mojar con una cucharada de agua por calamar. Sentar la cazuela sobre fuego alegre y al primer hervor, moderar. Cocción lenta y cazuela tapada. Sacudir la cazuela, cogida por las asas, evitando se peguen. Ha de quedar la salsa reducida, y enjundiosa.

Servir en fuente caliente rodeados con patatas fritas, cortadas a cantos.

Cazuela de bonito

«Cassola de bónitol»
Mallorca

Ingredientes para 4 personas:

8 rodajas de bonito (800 gramos)
1 cebolla grande
2 tomates maduros
4 dientes de ajo
El zumo de 2 limones
1 cucharada de semillas de hinojo silvestre
Unos brotes de perejil fresco
1 tacita de aceite de oliva
1/2 cucharadita de pimentón superior

Lavar el bonito y escurrir.
Pelar cebolla, tomate y dientes de ajo. Lavar el perejil. Picar todo menudo y por separado.
Machacar las semillas de hinojo en el mortero, unirle sal, el zumo de los limones y media tacita de aceite. Trabajar hasta emulsionar.
Asar las rodajas de bonito, humedeciéndolas con la salsa. Disponerlas en cazuela de barro plana.
Calentar el aceite en sartén y rehogar la cebolla, ya en su punto, incorporar el tomate y ajos. Remover hasta conseguir el confitamiento. Cubrir las rodajas con la fritura. Mojar con una tacita de agua, sal y dejar cocer diez minutos a fuego moderado. Ahora esparcir el perejil por encima y regar éste con el picadillo del mortero, al que se le habrá unido el pimentón. Dar un hervor corto, probar la sazón y servir muy caliente en la misma cazuela.

Cazuela de dorado

«Cassola de llampuga»
Mallorca

Ingredientes para 4 personas:

4 dorados de ración
4 pimientos rojos y gruesos
3 cebollas medianas
2 tomates de ensalada, grandes y maduros
4 dientes de ajo
Unos brotes generosos de perejil fresco
1 tacita de aceite de oliva
Pimienta y sal

Asar los pimientos al horno:
Limpiar los dorados, sin cortar las cabezas. Lavar, escurrir y poner sal.
Pelar las cebollas, tomate y dientes de ajo. Lavar el perejil y picar todo menudo y por separado.
Pelar los pimientos asados, desechar corazón y semillas y romper a tiras con los dedos.
Calentar el aceite en cazuela de barro plana. Rehogar la cebolla evitando tome color. Ya en su punto de cocción, incorporar el tomate y ajos. Incordiar mucho el tomate con la espumadera de palo. Conseguida la fritura, salpimentar y mojar con una tacita de agua. Cuando levante el hervor, meter los dorados. Cubrirlos con los pimientos asados y dejar hervir quince minutos dulcemente.
Probar la sazón. Apartar la cazuela del fuego y dejar reposar media hora antes de servir. Calentar de nuevo, sin que llegue a hervir y sacar a la mesa.

PESCADO, CRUSTÁCEOS Y MOLUSCOS

PESCADO, CRUSTÁCEOS Y MOLUSCOS

Cazuela de pargo

«Greixonera de pagre»
Mallorca

Ingredientes para 4 personas:

1 pargo muy fresco de 1 1/2 kilo
1 cebolla grande
4 dientes de ajo
1 yema de huevo fresca del día
1 buen ramo de perejil fresco
1 rebanada de «llonguet» tostado (panecillo blanco)
El zumo de 1 1/2 limones
1 1/2 tacita de aceite
Pimienta negra y sal

Limpio el pargo, reservar el hígado e intestinos, vacíos y lavados.

Empapar el pescado con aceite, dentro y fuera. Asar a la brasa, dulcemente. Asar hígado e intestinos, y ya en su punto reservar en el mortero.

El punto de cocción del pargo será más corto que largo.

En cazuela de barro calentar un poco de aceite y rehogar la cebolla, cuando esté jugosa unirle el perejil lavado y cortado menudo. Dar una vuelta y apartar la cazuela.

Asado el pargo, disponer sobre la fritura. Salpimentar, y mojar con agua caliente, que no lo cubra. Sentar la cazuela sobre fuego moderado.

Pelar los ajos. Machacar en el mortero, con el pan tostado, hígado e intestinos asados. Ya convertido en pasta, mojar con el zumo de limón. Remover y cubrir el pargo con la salsa.

Batir una yema de huevo crudo y dejarla caer, repartida, dentro la salsa. Fuego más moderado. Cuando quiera hervir, apartar la cazuela y volver al calor. Así hasta que la salsa tome cuerpo.

Dátiles a la marinera

«Datils a la marinera»
Mallorca

Ingredientes para 4 personas:

1 1/2 kilo de dátiles de mar vivos y grandes
1 cebolla hermosa
3 dientes de ajo
Unos brotes generosos de perejil fresco
1 arito de guindilla
1 tacita de aceite de oliva
Pimienta negra, con alegría

Dejar los dátiles en agua durante una hora para que expulsen arena, si tienen.

Mientras, pelar la cebolla, ajos, lavar el perejil y picar todo menudo. Calentar el aceite en cazuela de barro plana y rehogar la cebolla. A media cocción agregar los ajos y continuar hasta que se confite.

Lavar los dátiles, escurrir y meter en la cazuela. Tapar evitando salga el vapor. Dejar que los dátiles se abran.

Abiertos ya, poner un poco de agua, si es preciso, puesto que los dátiles dan la que portan, y sazonada. Poner la guindilla y pimienta. Dejar hervir hasta que estén en su punto, no pasarse. Meter el perejil, mezclar bien dando vueltas, y sin dejar que se desmaye, apartar la cazuela y servir en fuente caliente humeando.

Dorada a la mallorquina

«Dorada a la mallorquina»
Mallorca

Ingredientes para 4 personas:

1 dorada de 1 1/2 kilo muy fresca
50 gramos de pasas
40 gramos de piñones muy blancos
4 patatas medianas
1 cebolla grande
2 tomates grandes y maduros
4 dientes de ajo
Unos brotes generosos de perejil fresco
Unos brotes de mejorana fresca
Unos brotes de hinojo tierno
2 tazas de vino blanco seco
2 1/2 tacitas de aceite de oliva
Un poco de nuez moscada y todas especias
Pimienta y sal

Escamada y limpia la dorada, reservar el hígado en el mortero con un diente de ajo y las hierbas aromáticas, lavadas y cortadas. Poner sal a la dorada y reservar en sitio fresco.

Pelar la cebolla, tomates y dientes de ajo. Picar menudos y por separado. Pelar las patatas, cortar a rodajas finas, lavar y escurrir. Reservar en un plato regadas con un hilillo de aceite.

En cazuela de barro calentar el aceite y rehogar la cebolla hasta humillarla, unirle el tomate y ajo. Remover y confitar. Ahora pasar toda la fritura por el colador chino y reservar en un cazo esmaltado.

Disponer las patatas en fuente refractaria, cubriendo el fondo. Colocar la dorada encima. Especiar con alegría. Mojar con el vino blanco mezclado con la salsa del cazo. Esparcir pasas y piñones y meter en horno precalentado a 200 °C. Cuarenta minutos de cocción. Mojar de vez en cuando con su propia salsa.

Machacar lo del almirez, recoger con un poco de salsa y esparcir sobre la dorada cinco minutos antes de terminar la cocción.

Servir en la misma fuente, del horno a la mesa.

Escorpinas con zumo de limón

«Escórporas amb suc de llimona»
Menorca

Ingredientes para 4 personas:

4 escorpinas vivas de ración
El zumo de 2 limones hermosos
1 cucharada de harina superior
1 tacita de aceite de oliva
Sal

Abrir el pescado, sin escamar, sacar las interioridades, menos el hígado, y lavar. Escurrir.

Asar sobre parrilla. Siete minutos por cada lado.

Ahora quitar las escamas, que habrán formado con una piel, levantar, por la cola, con la punta de un cuchillo y saldrán todas las escamas unidas.

En cazuela de barro poner una taza de agua, el aceite y sal. Sentar sobre fuego

PESCADO, CRUSTÁCEOS Y MOLUSCOS

95

vivo. Dejar que reduzca a la mitad. Ahora meter las escorpinas y dar un hervor muy corto. Cazuela tapada. Con mucho cuidado para no herir el pescado, sacar el caldo y reservar.

Desleír la harina en un cazo esmaltado con dos cucharadas de agua fría. Ya cremoso y sin grumos, agregar el zumo de los limones y el caldo reservado, colado. Sentar sobre fuego moderado y que hierva dulcemente. No dejar de remover con espátula de madera. Probar la sazón. Conseguido un punto de bechamel clarita, y desaparecido el sabor crudo de la harina, cubrir las escorpinas y confitar sobre fuego moderadísimo.

Escupinyes gravades a la crema

Menorca

Ingredientes para 4 personas:

16 escupinyes gravades vivas
1 cebolla mediana
1 cucharada de harina superior
2 tazas de leche
2 huevos
150 gramos de pan rallado
1 cucharada de manteca
1/2 tacita de aceite de oliva
Nuez moscada recién rallada
Pimienta negra

Lavar las escupinyes con agua y dejar treinta minutos con agua limpia y un poco de sal. Si tienen arena la expulsarán.

Pelar la cebolla, lavar repetidas veces y cortar fina a medias lunas.

Sentar una cazuela de barro sobre fuego moderado. Calentar la manteca y aceite: dorar la cebolla, poco a poco, siempre removiendo y evitando oscurezca.

Ahora apartar la cazuela del fuego, sacar la cebolla, escurriéndola bien sobre la cazuela. Desechar la cebolla, poner harina en la grasa de la fritura y fundirla. Mojar con la leche y sentar la cazuela sobre fuego dulce. Remover hasta que la salsa tome cuerpo y reduzca. Apartar y reservar.

Sacar las escupinyes del agua, vaciar el contenido de las valvas y reservar el agua que destilan. Colarla. Picar el cuerpo de las escupinyes, incorporar a la cazuela, con el agua colada, poner pimienta y nuez moscada, dos yemas de huevo y mezclar bien. Probar la sazón por si precisa un poco de sal. Acercar la cazuela al fuego y remover para que no hierva. Mantener cinco minutos.

Rellenar las valvas con la mezcla, untarlas con claras de huevo batida y cubrir con pan rallado. Disponer en fuente refractaria y meter en horno precalentado. Sacar cuando estén doradas y servir antes de que pierdan el calor.

Guiso de pescado

«Guisat de peix»
Ibiza y Formentera

Ingredientes para 4 personas:

1 3/4 de kilo de pescado fresco: cabracho, arañas, ratas y rascacio
2 sepias de 250 gramos cada una, vivas
1 cebolla grande, 2 tacitas de arroz
1 tomate grande y maduro
5 dientes de ajo
1 buen manojo de perejil fresco
5 patatas largas que no se abran
2 tacitas de aceite de oliva
15 hebras de azafrán
1 pizca de canela
Pimienta y sal

Escamar el pescado, sacar interioridades, sin quitar las cabezas. Lavar, escurrir y poner sal. Limpiar las sepias, desechando interioridades, tinta, las bocas y la barquita. Reservar en sitio fresco.

Pelar la cebolla, tomate, ajos, lavar el perejil y cortar menudo y por separado.

En cazuela de barro, calentar la mitad del aceite y rehogar la cebolla hasta que esté transparente. Unirle el tomate y un poco de ajo. Continuar y conseguido el punto de confitamiento, meter un pellizco de perejil y las patatas, cortadas a cuatro trozos a lo largo. Dar una vuelta y mojar con agua, que las cubra. Sal y especias. El azafrán un poco tostado y desmigado. Cocer hasta que a las patatas les falten cinco minutos. Incorporar el pescado y añadir agua si es preciso, la menos posible. Cocer el pescado doce o quince minutos.

Machacar en el mortero el ajo y perejil restante. Recoger con un poco de caldo y regar el guiso. Probar la sazón y colocar el pescado en fuente caliente y las patatas alrededor. Regadas con un poco de salsa.

Cortar las sepias a trozos y rehogar con un poco de aceite. Ahora unirles dos tacitas de arroz, remover y mojar con el caldo restante del guiso de pescado, si es preciso añadir agua y sazón.

Este arroz se come después del guiso de pescado.

Langosta a la ibicenca

«Llangosta a la ibicenca»
Ibiza y Formentera

Ingredientes para 4 personas:

1 langosta de 1 1/2 kilo viva
25 gramos de piñones
50 gramos de almendras tostadas
4 cebollas grandes
Unos brotes de perejil fresco
2 hojas de laurel, 1 tacita de vino seco
1 brote de tomillo
1 1/2 tacita de aceite de oliva
1 cucharada de pimentón
8 hebras de azafrán
Pimienta y sal

Calentar el aceite en cazuela de barro honda.

Cortar la langosta a trozos y dorarlos en vivo. Recoger la enjundia que ha soltado sobre la tabla y reservar.

Dorada la langosta reservar en una fuente.

PESCADO, CRUSTÁCEOS Y MOLUSCOS

97

PESCADO, CRUSTÁCEOS Y MOLUSCOS

En el mismo aceite rehogar las cebollas, peladas y cortadas a medias lunas finas, a media cocción meter un ajo picado y ya en su punto incorporar los trozos de langosta, la enjundia que ha sudado y la reservada de la tabla que se habrá cuajado. Tapar la cazuela y dejar sudar un poco. A los diez minutos mojar con una tacita de agua y perfumar con las hierbas aromáticas y laurel. Dejar cocer quince minutos más.

Mientras machacar el azafrán, ajos, perejil, almendras, piñones y pimentón. Recoger el picadillo con el vino y regar el guiso. Remover, para que se una bien y la salsa quede espesa.

Dar un último hervor, corto y servir muy caliente.

Langosta a la mallorquina

«Llangosta a la mallorquina»
Mallorca

Ingredientes para 4 personas:

1 langosta viva de 1 1/2 kilos
50 gramos de piñones muy blancos
1 kilo de cebollas
2 tomates maduros
3 dientes de ajo
1 arito de guindilla
Unos brotes generosos de perejil fresco
1 brote de tomillo fresco
1/2 tacita de coñac de calidad
2 tacitas de aceite de oliva
Pimienta negra y sal

Pelar las cebollas, cortar a medias lunas finas. Lavar y escurrir. Pelar ajos, tomate, lavar hierbas aromáticas. Reservar dos dientes de ajo en el mortero con las hierbas aromáticas y los piñones. Los tomates y un diente de ajo picados menudos.

Partir la langosta, con precaución, procurando que cada comensal participe de un trozo de cola y otro de cofre y patas. Recoger en una taza la enjundia que ha dado.

Calentar el aceite en cazuela de barro profunda y freír los trozos de langosta enseguida. Sacarlos cuando cambian el color transparente de sus mollas con el blanco. Reservar en un plato grande.

Rehogar la cebolla en la misma cazuela de haber frito la langosta. Remover para que toda tenga el mismo color. Ya blanda, agregar el tomate y ajo. Maltratar el tomate hasta que pierda la forma. Mojar con una taza de agua. Incorporar la langosta y la enjundia del plato, más la reservada en la taza. Salpimentar y el arito de guindilla. Tapar la cazuela y dejar veinticinco minutos hirviendo dulcemente.

Machacar lo del mortero hasta convertir en pasta. Recoger con el coñac y un poco de salsa. Regar el guiso, dar un hervor corto, probar la sazón y servir muy caliente.

Nota: la tapadera bien colocada evitará tener que añadir agua al guiso, resultando mucho más sabroso.

Calamares de potera rellenos *(página 92)*

PESCADO, CRUSTÁCEOS Y MOLUSCOS

Lapas amarillas

«Pegellidas grogues»
Mallorca

Ingredientes para 4 personas:

500 gramos de lapas recién pescadas con su concha
1 kilo de tomates grandes y maduros
3 dientes de ajo
Unos brotes de perejil fresco
2 aritos de guindilla
1 tacita generosa de aceite de oliva
Pimienta negra y sal

Colocar las lapas enteras en una sartén, sin más. Sentar sobre fuego vivo y remover. Las conchas saltarán, ir quitando las lapas, dejándolas en un plato hondo.

Ya sin concha, con un cuchillo quitarles la bolsa negra, meter en agua, mejor de mar, lavar y escurrir.

Pelar los tomates y dientes de ajo. Picar ambos muy menudo. Calentar el aceite en cazuela de barro plana, y reducida. Freír el tomate y el ajo hasta que forme salsa. Incorporar las lapas, salpimentar, guindilla, media tacita de agua, tapar la cazuela y que hiervan dulcemente. Tiernas ya, cubrirlas con el perejil picado y dar una vuelta. Probar la sazón. Ni pimienta ni guindilla han de pasar desapercibidas.

Servir en la misma cazuela, muy calientes. Pan payes moreno y vino tinto de Binisalem.

Mejillones al horno

«Musclos al forn»
Mallorca

Ingredientes para 4 personas:

1 1/2 kilo de mejillones grandes y vivos
200 gramos de galleta picada
5 cebollitas tiernas
1 tomate grande y maduro
3 dientes de ajo
Unos brotes generosos de perejil fresco
El zumo de 2 limones
2 tacitas de aceite de oliva
Nuez moscada
1 buen pellizco de pimienta negra
Sal, si precisa

Arrancar las barbas a los mejillones y rascar las valvas. Lavar repetidas veces. Escurrir, meter en una cacerola y tapar. Sentar sobre fuego muy vivo y cuando empiecen a abrirse, apartar.

Dejarles la valva donde el cuerpo está más pegado y disponer en fuente refractaria, uno junto a otro. Regar con la enjundia que han sudado en la cazuela.

Pelar las cebolletas, tomates y ajos. Picar todo menudísimo. Repartir encima de cada mejillón, poner un poquito de nuez moscada y pimienta. Regar con zumo de limón y un hilillo de aceite. Cubrir, presionando con la galleta picada. Introducir en horno precalentado a temperatura alegre y mantener veinte minutos. Sacar y servir sin demora.

Recoger la salsa de la fuente y regar los mejillones, una vez servidos.

Mero con tocino

«Anfos amb xulla»
Menorca

Ingredientes para 4 personas:

1 mero muy fresco de 1 1/2 kilo
135 gramos de tocino fresco
1 cebolla hermosa
2 tomates maduros
6 dientes de ajo
Unos brotes de perejil fresco
Unos brotes de ajedrea fresca
1 brote de hinojo tierno
2 tacitas de aceite de oliva
Pimienta negra y sal

Escamado y limpio el mero, lavar y escurrir. Poner en cazuela de barro la cebolla pelada y cortada a trozos, el tomate y ajos igual. Las hierbas aromáticas lavadas. Salpimentar, cubrir con agua y sentar la cazuela sobre fuego vivo. Ha de cocer hasta deformar todos los ingredientes.

Cortar el tocino a dados. Calentar el aceite en sartén grande. Cuando el tocino empiece a cambiar de color, dando la grasa, meter el mero y freír por ambos lados. Fuego muy vivo. Sacar el pescado y reservar en una fuente.

Meter la grasa de la sartén en la cazuela y hacer hervir un rato. No poner tapadera y reducirá. Pasar todo por el colador chino y volver la salsa a la cazuela. Incorporar el mero, tratándole con mucho respeto para no deformar. Darle un hervor corto por cada lado. La salsa ha de quedar muy sabrosa y confitada. Servir caliente.

Mustelo con cebolla

«Mussola amb ceba»
Ibiza y Formentera

Ingredientes para 4 personas:

4 rodajas de mustelo de 150 gramos cada una
500 gramos de cebollas
2 tomates maduros
El zumo de 2 limones
4 dientes de ajo
Unos brotes de perejil fresco
1 tacita de aceite de oliva
1 cucharada de pimentón de calidad
Pimienta y sal

Lavar las rodajas de mustelo, escurrir, regar con zumo de limón, salpimentar y dejar una hora en el adobo.

Pelar las cebollas, tomate y ajos. Lavar el perejil y picar todo menudo, menos la cebolla que se corta a rodajas para quedar en aros.

Disponer la cebolla lavada y escurrida en un plato refractario, y encima colocar el tomate.

Pasar las rodajas de mustelo por agua y ordenar sobre el tomate.

Esparcir el perejil y ajos picados. Regar con el zumo de un limón y el aceite. Salpimentar y coronar con el pimentón.

Meter en horno precalentado media hora.

Servir muy caliente.

Si el perejil oscurece, tapar con papel de aluminio.

PESCADO, CRUSTÁCEOS Y MOLUSCOS

PESCADO, CRUSTÁCEOS Y MOLUSCOS

Ortigas de mar fritas

«Ortigas de mar fritas»
Menorca

Ingredientes para 4 personas:

8 ortigas por comensal
150 gramos de pan rallado
1 taza de manteca colorada de la que se recoge una vez cocidos embutidos de la matanza

Lavar las ortigas con sabiduría, y evitar queden trocitos de tentáculos en la piel. Levantan ampollas. Sacar arena si tienen. Ahora ponerlas en un escurridor y escaldar con agua hirviendo. Dejar escurrir sin prisa.
Envolver las ortigas con pan rallado.
Calentar la manteca en sartén reducida y freír las ortigas una a una. Dorar por ambos lados, sacar y escurrir la grasa. Disponer en fuente caliente, junto al horno para que no pierdan calor.
Servir enseguida.

Pagra a la menorquina

«Paguera a la menorquina»
Menorca

Ingredientes para 4 personas:

1 pagro fresco de 1 1/2 kilo
4 patatas redonda
4 dientes de ajo
1 tomate maduro
1 brote de apio, uno de tomillo
Unos brotes de perejil fresco
Un poco de hinojo tierno
1 brote de hierbabuena fresca
1 tacita de aceite de oliva
2 tazas de mahonesa
4 granos de pimienta negra

Escamar y vaciar el pescado. Lavar y escurrir. Poner sal.
Pelar las patatas, cortar a rodajas, lavar y escurrir. Pelar la cebolla, tomate y cortar todo menudo y por separado.
Calentar el aceite en cazuela de barro grande y rehogar la cebolla. Blanda ya agregar el tomate y ajo. Salpimentar. Lavar las finas hierbas y meterlas en la cazuela. Cubrir con agua y dejar hervir cinco minutos. Ahora meter el pescado entero, cocer por ambos lados. Quince minutos por banda. Sacar el pescado con buen ánimo y dejar en una fuente.
Introducir las patatas en la cazuela y hervirlas en la enjundia de lo cocido. Tiernas ya, sacar escurridas y cubrir el fondo de una fuente refractaria.
Machacar un ajo en el mortero y mezclar con unas cucharadas de mahonesa. Untar las patatas por encima.

Acomodar el pescado sobre las patatas y con buen temple sacarle la espina central y las laterales. No tocar la cabeza. Cubrir el pescado con mahonesa y meter en el horno para gratinar diez minutos.

Servir frío, adornado con pequeños y blancos cogollos de lechuga, lavados y mantenidos en remojo para proporcionarles tersura. Esparcir diminutas alcaparras envinagradas, en el momento de servir.

Pulpos con pimientos

«Pops amb pebrots entreverats»
Ibiza y Formentera

Ingredientes para 4 personas:

8 pulpitos de 150 gramos
3 pimientos gruesos, entre rojos y verdes
1 cabeza de ajos
5 patatas medianas
1 taza generosa de aceite de oliva
Pimienta y sal

Lavar los pulpos repetidas veces. Vaciar el cuerpo, quitar los ojos y la boca. Ponerlos a cocer con agua fría y sal.

Mientras, lavar los pimientos, desechar corazón y semillas. Romper a trozos. Chafar la nariz a los ajos.

Pelar las patatas, cortar a cantos y dejar en remojo.

Tiernos los pulpos, escurrir y dejar enfriar. Tibios todavía, quitarles la piel, presionando las patas entre las yemas de los dedos. Cortarlos a trozos.

Calentar una tacita de aceite en cazuela de barro plana, poner los pimientos, ajos y pulpos. Han de rehogarse a fuego lento, con la cazuela tapada. Conseguido el punto de cocción, jugosa, salpimentar, y apartar del fuego.

En sartén freír las patatas con el aceite restante, bien caliente al principio, después moderar un poco. Ya doraditas, poner sal, escurrir el aceite y colocar en fuente caliente. Calentar el pulpo y servir en la misma cazuela.

Raolas de chanquete

«Raolas de jonquillo»
Mallorca

Ingredientes para 4 personas:

300 gramos de chanquete muy fresco
3 huevos muy frescos
2 dientes de ajo
Unos brotes de perejil y mejorana fresca
1 taza de aceite de oliva
Pimienta y sal

Lavar el chanquete metido en un colador. Escurrir con sabiduría.

Pelar los dientes de ajo. Lavar las hierbas aromáticas y picar todo menudo. Batir los huevos como para tortilla.

Mezclar todos los ingredientes, sin olvidar salpimentar.

Calentar el aceite en sartén y freír la mezcla a cucharadas. Escurrir el aceite de las «raolas» y disponer en fuente caliente. Han de servirse muy, muy calientes.

Acompañarlas, aparte, con patatas fritas y ensalada de escarola o berros.

PESCADO, CRUSTÁCEOS Y MOLUSCOS

Raones fritos

«Raors frits»
Mallorca

Ingredientes para 4 personas:

800 gramos de raones muy frescos
2 tazas de aceite de oliva
Sal

Sacar las interioridades al pescado, sin escamar. Pasar por agua, escurrir y salar.

Calentar el aceite en sartén y freír el pescado con las escamas y sin envolver en harina. El aceite caliente obra milagro con las escamas y las mollas del raon son tan ricas que el paladar siempre las añora. Es pesca de temporada.

Salmonetes al horno

«Molls al forn»
Mallorca

Ingredientes para 4 personas:

4 salmonetes de ración, hermosos y muy frescos
50 gramos de nueces sin cáscara
50 gramos de galleta picada
50 gramos de harina
2 manojos de cebollitas tiernas
1 tomate de ensalada grande y maduro o 4 de ramillete
Unos brotes de perejil fresco
1 taza de leche
1 cucharada de manteca de cerdo
1 taza de aceite de oliva
Un poco de nuez moscada, recién rallada
Sal

Escamar el pescado, sacar las interioridades, menos los higadillos, lavar y escurrir. Poner sal.

Envolver el pescado en harina y freír en aceite muy caliente. Vuelta y vuelta, sacar y escurrir.

Untar una fuente refractaria con manteca y disponer los salmonetes encima.

Desechar hojas viejas a las cebollitas, pelar el tomate, lavar el perejil y picar todo menudo, por separado.

En sartén reducida y con una tacita de aceite de haber frito el pescado, rehogar las cebollitas, sin que tomen color, unir el tomate y trabajarlo hasta que forme salsa. Regar con media tacita de agua, poner sal, dejar hervir hasta reducir casi toda el agua. Apartar del fuego, incorporar el perejil, remover y esparcir la fritura sobre los salmonetes.

Machacar las nueces en el mortero hasta convertirlas en pasta. Ahora poner sal, nuez moscada con alegría, y galleta picada. Mojar con la leche y mezclar todo. Cubrir los salmonetes y meter quince minutos a horno precalentado y a temperatura media.

Salmonetes con salsa de hígado

«Molls amb salsa de fetge»
Menorca

Ingredientes para 4 personas:

4 salmonetes de ración muy frescos
100 gramos de harina
1 cebolla grande
2 dientes de ajo
Unos brotes de perejil fresco
1 brote de apio, mejorana, hinojo y hierbabuena fresca
1 yema de huevo muy fresca
1 taza de aceite de oliva
Sal

Escamados los salmonetes y limpios de interioridades, reservar los higadillos en un plato, lavar todo y escurrir. Poner sal.

Enharinar los salmonetes y freír en aceite caliente. Sacar y escurrir. Reservar en cazuela de barro plana.

Freír los higadillos, en un abrir y cerrar de ojos. Sacar y reservar en el mortero.

Colar el aceite de haber frito. Pelar la cebolla y un diente de ajo. Cortar como se quiera y rehogar con una tacita de aceite.

Agregar las hierbas aromáticas, dar unas vueltas, incorporar el pimentón, remover y mojar con una tacita generosa de agua.

Sazonar y que hierva cinco minutos, apartar del fuego y pasar por el colador chino.

Cubrir los salmonetes con la salsa, sentar la cazuela sobre fuego moderado y que den un hervor de confitamiento.

Mientras, machacar los higadillos. Unirles la yema, removiendo hasta ligar. Recoger con un poco de salsa y regar los salmonetes.

Servir del fuego a la mesa.

Sepias fritas

«Sepies fritas»
Mallorca

Ingredientes para 4 personas:

8 sepias de 200 gramos vivas
8 dientes de ajo
Unos aritos de guindilla
2 tacitas de aceite de oliva
Pimienta negra
Sal

Estirar la cabeza a las sepias con delicadeza. Desechar bolsa de tinta, y lo que no guste del interior, quitado la barquita todo está sabroso. Sacar la boca. Pasar agua por el interior por si hay arena y dejar escurrir.

Chafar la nariz a los ajos.

Calentar el aceite en sartén grande y cuando la temperatura suele ser peligrosa, coger una tapadera con la mano izquierda y meter las sepias, de una en una, esquivando con la tapadera todos los inconvenientes que puedan ocurrir. Agregar los ajos y guindilla.

Las sepias han de freír, no hervir, por lo que no se dejará puesta la tapadera.

Las sepias quedaran un poco doradas por ambas partes. Salpimentar cuando consiguen el punto de cocción y regar con el zumo de limón.

Disponer en fuente caliente y rápido a la mesa.

Es un plato delicioso que me enseñaron a preparar los pescadores del puerto de Alcudia.

Serviolas jóvenes en escabeche

«Verderols escabetxat»
Mallorca

Ingredientes para 4 personas:

4 serviolas jóvenes de ración
2 cebollas medianas
4 dientes de ajo
2 limones maduros
4 hojas de laurel
1 taza de agua
2 tazas de aceite de oliva
1 cucharada de pimentón
2 clavos de especia
Sal

Limpio el pescado, partir por la mitad a lo corto. Escurrir y poner sal. Freír (sin envolver en harina) en aceite caliente. Escurrir y disponer en recipiente de vidrio.

Asar los dientes de ajo, sin pelar. Pelar las cebollas, lavar y cortar a medias lunas finas. Rehogar con el aceite de haber frito el pescado. Cuando tome un poco de color, incorporar los limones, sin pelar, cortados a gajos, el pimentón, clavos machacados en el mortero con los ajos asados y pelados. Laurel. Mojar con dos partes de aceite (contando lo que hay en la cazuela), por una de agua. Hacer hervir hasta que el limón esté tierno. Poner sal y probar la sazón, sin olvidar que el pescado está sazonado. Apartar del fuego y dejar enfriar.

Fría la mezcla, colar sobre el pescado. Ha de quedar completamente cubierto de salsa.

Servir doce horas después acompañado, aparte, con ensalada de verdolaga aliñada con aceite de oliva, unas gotas de vinagre, un poco de pimentón y sal.

Arroces

Arroz «brut» *(página 109)*

Arroz «brut»

«Arros brut»
Mallorca

Ingredientes para 4 personas:

3 tacitas de arroz
3 tordos
1 pichón o paloma torcaz
250 gramos de conejo de monte
400 gramos de setas «esclata-sangs»
200 gramos de costilleta de cerdo
25 gramos de sobrasada
4 alcachofas tiernas
1/2 butifarrón
1 cebolla mediana
2 tomates de ramillete
2 dientes de ajo
Unos brotes de perejil y tomillo fresco
1 arito de guindilla
1 tacita de aceite de oliva
1 pizca de todas especias
1 pizca de canela superior
Pimienta negra
8 hebras de azafrán
Sal

Limpios los tordos y pichón. Vaciar las mollejas y reservar higadillos y corazones en el mortero con un diente de ajo, el perejil, tomillo y azafrán. Partir las aves a cuartos. El conejo en ocho trozos. La costilleta a dados, y la sobrasada desmigada.

Pelar la cebolla, un ajo y tomates, picar por separado. Limpiar las setas con detenimiento, procurando no mojarlas. Partir en cuatro, pie incluido, o dejar enteras si el tamaño lo aconseja. Desechar las hojas viejas a las alcachofas, cortar en cuatro gajos y dejar en agua con zumo de limón.

Calentar el aceite en cazuela de barro honda y dorar toda la carne y mollejas. Salpimentar y unirle la cebolla. Rehogar a fuego moderado y blanda ya, incorporar el ajo y tomate, sin dejar de remover hasta que esté jugosa. Mojar con seis tazas de agua y dejar hervir, con moderación. Tierna la carne, meter el arroz al mismo tiempo que las alcachofas, lavadas y escurridas y las setas, el butifarrón cortado a dados, el arito de guindilla, todas especias y canela en polvo.

Cocer diecisiete minutos. Machacar todo lo del mortero hasta convertir en pasta. Recoger con un poco de caldo y regar el contenido de la cazuela. Un minuto de hervor, apartar del fuego y dejar reposar un minuto. Probar la sazón y servir en sopera huyendo del calor de la cazuela de barro.

Arroz a la marinera

«Arros a la marinera»
Ibiza y Formentera

Ingredientes para 4 personas:

4 tacitas de arroz
1 kilo de pescado de sopa muy fresco
12 lapas grandes, amarillas
6 hortigas de mar
4 cangrejos peludos
1 sepia viva
2 tomates grandes y maduros
4 dientes de ajo
1 ñora
Unos brotes generosos de perejil fresco
1 tacita de aceite de oliva
8 hebras de azafrán
1/2 cucharadita de pimentón
Pimienta
Sal

Escamar el pescado y salar las interioridades. Lavar las hortigas con detenimiento y prudencia. Cortar en cuatro trozos. Sacar las lapas de su concha, poniéndolas en sartén y rehogando sin grasa. Sacar la barquita de la sepia, desechar la bolsa de tinta y las partes oscuras. Cortar el cuerpo a dados y la cabeza quitada la boca, partir en cuatro trozos a lo largo.

Cocer el pescado con agua, sal, perejil, unas gotas de aceite, azafrán y pimentón. No dejar que el pescado pierda la forma. Sacarlo del caldo y colar éste. Reservar.

Pelar ajos y tomates. Picar menudos. Lavar el perejil restante y picar.

Calentar el aceite en cazuela honda de barro y rehogar la ñora, sin que llegue a tomar color. Sacar y reservar en el mortero con el perejil y resto de ajo.

Rehogar el tomate y ajo en el mismo aceite. Incorporar la sepia, lapas, hortigas y cangrejos enteros. Rehogar bien. Ahora poner el arroz. Darle unas vueltas y mojar con diez tacitas de caldo de pescado hirviendo. Salpimentar. Los primeros hervores alborotados, cinco minutos. Después amansarlo y dejar diez minutos.

Mientras, machacar lo del mortero y recoger con un poco de caldo. Regar el arroz en el último hervor. Disponer las mollas de pescado sobre el arroz.

Arroz con caramel y coliflor

«Arros amb jarret i pinya»
Ibiza y Formentera

Ingredientes para 4 personas:

2 tacitas de arroz
2 caramel hermosos por comensal
1 coliflor pequeña, tierna y muy blanca
2 tomates grandes y maduros
2 dientes de ajo
Unos brotes de perejil fresco
2 tacitas de aceite de oliva
1 cucharadita de pimentón
Sal

Escamar el caramel, vaciar, lavar y escurrir. Poner sal. Romper la coliflor a brotes medianos. Lavar y escurrir. Pelar los tomates y ajos, picar menudo. Lavar el perejil y cortar.

Calentar el aceite en cazuela de barro honda y freír el pescado. Reservar. En el mismo aceite rehogar el tomate y ajo. Fritos éstos, meter el perejil y dar una vuelta rápida. Ahora incorporar los brotes de coliflor y dar unas vueltas. Regar enseguida con cuatro tazas de agua hirviendo. Meter el arroz, sal y pimentón. A los cinco minutos de cocción colocar el pescado encima del arroz y terminar la cocción, cinco minutos más y otro cinco de reposo, sin remover.

Probar la sazón y servir antes de que pierda el calor. Ha de quedar el caldo reducido y lechoso.

Arroz con conejo

«Arros amb conill»
Mallorca

Ingredientes para 4 personas:

2 tacitas de arroz
1 conejo de monte joven
1 cebolla hermosa
1 cabeza de ajos pequeña
Unos brotes de perejil fresco, mas que menos
1 cucharada de manteca de cerdo
1 tacita de aceite de oliva
Pimienta negra
1 pizca de canela
8 hebras de azafrán

Apartar el hígado del conejo, desechar la hiel, lavar y escurrir. Asar sobre parrilla y reservar en el mortero con el azafrán, perejil y dos dientes de ajo.

Cortar todo el conejo a trozos, lavar y escurrir. Pelar la cebolla y cortar menuda.

Calentar la manteca y aceite en cazuela honda y dorar todos los ajos sin pelar, hecho un corte. Sacar y tirar. Ahora rehogar el conejo y la cebolla al mismo tiempo. Fuego vivo al principio y moderar, siempre que fría, de lo contrario mantener el fuego alegre. Ya en su punto, salpimentar. Mojar con cuatro tazas de agua y dejar hervir diez minutos. Ahora meter el arroz, remover, y aromatizar con canela.

Machacar lo del mortero, recoger con un poco de caldo y dejar el arroz en el último hervor. Probar la sazón.

Servir en sopera evitando el calor de la cazuela.

Arroz de centolla

«Arros de cranca»
Ibiza y Formentera

Ingredientes para 4 personas:

2 tacitas de arroz
1 centolla de un kilo, viva y con las patas enteras
4 tomates maduros
2 dientes de ajo
2 ñoras
Unos brotes de perejil fresco
1 tacita generosa de aceite de oliva
1 cucharadita de pimentón
Pimienta
Sal

Con la punta del cuchillo rascar el caparazón y las patas de la centolla. Lavar con

ARROCES

agua fría. Ahora clavar la punta del cuchillo, debajo, entre caparazón y cuerpo. Hacer palanca separar sin romper. Desechar las tripas y reservar el resto, incluido el líquido. Cortar las patas con un trozo de cuerpo.

Calentar el aceite en cazuela de barro honda y rehogar los trozos, cicatrizando e impidiendo que se vacíen. Rehogar también el caparazón. Apartar.

Pelar tomates, ajos y picar menudos. Agregar a la cazuela con la ñora limpia de semillas. Sentar de nuevo la cazuela sobre fuego vivo y rehogar todo.

Sacar la ñora y reservar en el mortero, con la mitad del ajo y todo el perejil, lavado y troceado.

Confitado el tomate, regar con cuatro tazas de agua, salpimentar, pimentón y dejar hervir cinco minutos. Incorporar el arroz y cocer catorce minutos. Machacar lo del mortero, recoger con un poco de caldo y regar el arroz. Un hervor corto y apartar. Vaciar todo el contenido del caparazón en la cazuela y mezclar.

Dejar reposar tres minutos. Probar la sazón.

El caldo debe quedar lechoso y espesito.

Arroz de langosta y conejo

«Arros de llangosta i conill»
Menorca

Ingredientes para 4 personas:

4 tacitas de arroz
500 gramos de conejo tierno
1 langosta viva de 500 gramos
2 tomates grandes y maduros
2 dientes de ajo
Unos brotes generosos de perejil fresco
1 tacita generosa de aceite de oliva
10 hebras de azafrán
Pimienta y sal

Pelar los tomates, ajos y picar menudos. Lavar el perejil y picar.

Cortar el conejo en ocho trozos, lavar y escurrir. Cortar la cola de la langosta en cuatro trozos y la cabeza a lo largo y a lo corto, cuatro trozos. Recoger la enjundia de la langosta y reservar.

Calentar el aceite en cazuela de barro plana. Rehogar la langosta a fuego alegre, incorporar el conejo y al tomar color, salpimentar con bastante alegría. Meter el tomate y la mitad de ajo cortado. Continuar rehogando hasta que el tomate esté jugoso. Mojar con diez tacitas de agua hirviendo. Dejar cocer dieciocho minutos. Añadir una tacita de agua si ha reducido el caldo. Recuperado el hervor, echar el arroz. Fuego alegre. Probar la sazón.

Machacar todo lo del mortero, recoger con un poco de caldo y regar el arroz en el último hervor.

Arroz seco con garbanzos *(página 115)*

ARROCES

Apartar del fuego y dejar reposar un minuto.

Arroz payés

«Arros a la pagesa»
Ibiza y Formentera

Ingredientes para 4 personas:

2 tacitas de arroz
1 paletilla de cordero muy tierna
100 gramos de panceta fresca
50 gramos de sobrasada
250 gramos de guisantes tiernos
2 docenas de caracoles
1 ramo compuesto con tomillo, hierbabuena, mejorana e hinojo
1 buen ramo de perejil fresco
2 tomates maduros
2 dientes de ajo
1 arito de guindilla
1/2 tacita de manteca de cerdo
1/2 tacita de aceite de oliva
8 hebras de azafrán
1 cucharadita de pimentón
Pimienta, una pizca de canela en polvo
Sal

Limpiar los caracoles con agua y sal, repetidas veces. Colocar las hierbas aromáticas en el fondo de una cacerola, poner los caracoles encima y cubrir con agua fría. Sentar la cacerola sobre fuego mínimo y dejar que los caracoles se engañen, saliendo en busca de la vida y queden fuera sin haberlo conseguido. Ahora aumentar un poco el volumen del fuego, poner sal y guindilla y que cuezan despacio hasta conseguir el punto.

Cortar la paletilla y panceta a dados. Pelar cebolla, tomate y ajos. Lavar el perejil y picar todo menudo y por separado.

Calentar el aceite y manteca en cazuela de barro plana. Rehogar la panceta y paletilla hasta que tomen un poco de color. Incorporar tomate y ajos, mareándolos hasta confitarlos. Regar con una taza de caldo de haber cocido los caracoles, agregar éstos y tres tazas de agua hirviendo. Salpimentar, sobrasada, desmigada, hebras de azafrán, canela y pimentón. Dejar cocer diez minutos.

Mientras, desgranar los guisantes. Unirlos a la cazuela junto al arroz. Diez minutos de cocción alegre y cinco moderada. Probar la sazón, ha de alegrar el semblante.

El arroz saldrá a la mesa caldoso: un caldo enjundioso, espeso.

Arroz seco con dátiles de mar

«Arros sec amb datils de mar»
Menorca

Ingredientes para 4 personas:

4 tacitas de arroz
1 kilo de dátiles vivos
2 cebollas medianas
4 dientes de ajo
1 buen ramo de perejil fresco
1 tacita de aceite de oliva
1 cucharada de pimentón superior
Sal, si precisa

Lavar los dátiles y dejar una hora en agua a temperatura ambiente para que expulsen la arena, si tienen.

Pelar la cebolla, ajos y lavar el perejil. Picar todo menudo.

Poner los dátiles en cazuela de barro plana con los ingredientes cortados, el pimentón, aceite y dos tacitas de agua. Tapar la cazuela y, sentar sobre fuego vivo. Dejar hervir hasta que se abran todos los dátiles. Apartar del fuego y ponerlos en un plato grande. Quitar valvas, dejando algunas para adornar.

Meter los dátiles otra vez en la cazuela, con la enjundia que hayan dejado en el plato, añadir nueve tacitas de agua caliente. Sentar la cazuela sobre fuego vivo y al hervir meter el arroz. Probar la sazón. Diez minutos de cocción alegre y cinco a fuego dulce. Apartar y que repose dos minutos. El arroz los aprovechará para beberse las últimas gotas de caldo.

Coronar el arroz con los dátiles que conservan las valvas para que tienten vista y paladar.

Servir antes de que pierda el calor y los granos de arroz, el punto justo de cocción.

Arroz seco con garbanzos

«Arros sec amb ciurons»
Menorca

Ingredientes para 4 personas:

4 tacitas de arroz
200 gramos de garbanzos
200 gramos de costilleta de cerdo
100 gramos de sobrasada
3 tomates maduros
2 cabezas de ajos pequeñas
Unos brotes de perejil fresco
1 cucharada de manteca de cerdo
1 tacita de aceite de oliva
8 hebras de azafrán, pimienta y sal

La víspera dejar los garbanzos en remojo con agua.

Ahora, lavar y disponer en olla, cubriéndolos con agua fría. Sentar sobre fuego vivo y al hervir, moderar el fuego y poner sal.

Tiernos los garbanzos, apartar del fuego, colar, reservando el caldo.

Pelar los tomates, lavar el perejil y picar menudo y por separado.

Calentar aceite y manteca en cazuela de barro plana. Rehogar las cabezas de ajos enteras, la costilleta cortada a dados. Ya en su punto, agregar el tomate y una vez frito unirle el perejil, la sobrasada desmigada y el arroz. Mezclar y mojar con diez tacitas del caldo de los garbanzos, hirviendo. Salpimentar y que cueza diez minutos a fuego vivo.

Mientras machacar el azafrán en el mor-

ARROCES

tero, recoger con un poco de caldo, regar el arroz, incorporar los garbanzos y colocar las dos cabezas de ajos en el centro.

Hornear la cazuela diez minutos. Ha de formarse una costra dorada.

Servir del horno a la mesa.

Arros seco con sepia

«Arros sec amb sipia»
Mallorca

Ingredientes para 4 personas:

2 sepias vivas de 200 gramos cada una
4 tacitas de arroz
4 alcachofas tiernas
250 gramos de guisantes tiernos
2 tomates grandes y maduros
2 dientes de ajo
1 brote menudo de hinojo silvestre tierno
1 buen ramo de perejil fresco
El zumo de 1/2 limón
1 arito de guindilla
1 tacita generosa de aceite de oliva
8 hebras de azafrán
1 pizca de todas especias
Pimienta y sal

Sacar las barquitas a las sepias y la bolsa de tinta sin romper. Desechar las partes oscuras, boca y ojos. Cortar el cuerpo a dados y las cabezas en cuatro trozos a lo largo. Lavar y escurrir.

Arrancar las hojas viejas a las alcachofas y cortar las puntas. Partir en seis gajos cada una. Lavar y dejar en agua y zumo de limón.

Pelar los tomates y ajos. Lavar el perejil e hinojo. Picar menudo y por separado. Desgranar los guisantes, lavar, escurrir y mantener fuera de corrientes.

Calentar el aceite en cazuela de barro plana y rehogar la sepia. Unirle el tomate y la mitad de ajo cuando empiece a incordiarse (salta y salpica aceite) Rehogar hasta que el tomate se confite, poner un poco de perejil, mezclar y enseguida mojar con diez tacitas de agua hirviendo. Salpimentar, arito de guindilla y todas especias. Dar un hervor y mientras machacar en el mortero el azafrán, resto de ajo y perejil.

Meter el arroz en la cazuela con las alcachofas, bien escurridas y los guisantes. Fuego vivo diez minutos y cinco moderado. Recoger el picadillo con un poco de caldo y regar el arroz. Esparcir el hinojo por encima y apartar del fuego.

Contar hasta diez y servir, acompañado, aparte con una rabanera llena de hinojo marino en vinagre.

Arroz seco de bacalao

«Arros sac am bacallá»
Mallorca

Ingredientes para 4 personas:

300 gramos de bacalao de calidad
4 tacitas de arroz
250 gramos de judías tiernas
4 tomates de ramillete
3 dientes de ajo
1 ñora
Unos brotes de perejil fresco
1 tacita de aceite de oliva
Pimienta
Sal, si precisa

Lavar el bacalao repetidas veces y dejar en remojo hasta el día siguiente, cambiando el agua muchas veces.

Ahora quitar la piel, las espinas y desmigar con los dedos.

Pelar los tomates, ajos y picar menudos y por separado.

Quitar las puntas e hilos a las judías y trocear. Lavar y escurrir.

Calentar el aceite en cazuela de barro plana, rehogar la ñora, limpia de semillas, evitando sobrepase el tono dorado. Sacar y reservar en el mortero con un poco de perejil y ajo.

En la misma cazuela freír el tomate y ajo. Ha de quedar jugoso. Incorporar el bacalao, darles unas vueltas y regar con diez tacitas de agua hirviendo. Meter el arroz y las judías, dejar cocer diez minutos con alboroto. Ahora sosegar el hervor con fuego moderado, cinco minutos. Mientras, probar la sazón y si no precisa sal poner la pimienta y lo del mortero, machacado y recogido con un poco del caldo. Levantar la cazuela del fuego, un minuto de reposo y a la mesa.

ARROCES

Sopa y pasta

Fideos de raya *(página 122)*

Fideos con alacheta

«Fideus amb alacheta»
Mallorca

Ingredientes para 4 personas:

500 gramos de alacheta viva
150 gramos de fideos medianos
1 manojo de cebolletas tiernas
2 tomates de ramillete
1 diente de ajo
Unos brotes de perejil fresco
1 brote pequeño y tierno de hinojo silvestre
1 tacita de aceite de oliva
1/2 cucharadita de pimentón superior
1 pizca de todas especias
Sal

Desechar las cabezas a la alacheta y las interioridades que arrastran. Lavar cuidadosamente y saltaran las escamas (el tamaño del pescado no sobrepasa los tres centímetros). Escurrir y poner un poco de sal.

Desechar raíces y hojas viejas a las cebolletas. Lavar y cortar aros finos. Pelar los tomates y picar menudos. Pelar el diente de ajo y reservar en el mortero.

Calentar el aceite en cazuela de barro algo profunda y rehogar la cebolleta no dejándole cambiar el color. Unirle el tomate y que se confite un poco. Mojar con cuatro tazas de agua. Dejar hervir cinco minutos y meter los fideos, especiar y cuando les falten dos minutos de cocción a los fideos, incorporar la alacheta.

Machacar en el mortero el ajo, perejil e hinojo. Recoger la pasta con un poco de caldo y regar la sopa. Probar la sazón y añadir sal si precisa. Apartar la cazuela del fuego a los dos minutos de cocción del pescado evitando se abra.

Servir en sopera acompañado de rabanitos tiernos.

Fideos de conejo

«Fideus amb conill»
Ibiza y Formentera

Ingredientes para 4 personas:

150 gramos de fideos
400 gramos de conejo de la parte delantera
200 gramos de guisantes tiernos
200 gramos de habitas tiernas
1 cebolla mediana, 1 tomate maduro
2 dientes de ajo
1/2 tacita generosa de aceite de oliva
Pimienta negra y sal

Trocear el conejo evitando astillarlo. Lavar y escurrir. Pelar la cebolla, tomate y ajos. Picar menudo y por separado.

Calentar el aceite en cazuela de barro honda y rehogar la cebolla, una vez blanda unirle el tomate, ajo y cuando esté confitado incorporar el conejo. Darle unas vueltas, salpimentar y regar con cuatro tazas de agua. Dejar hervir a fuego lento con la cazuela tapada.

Desgranar los guisantes y cortar en aros finos las habas. Lavar y escurrir. Tierno el conejo, unirle guisantes, habitas y los fideos.

Ya todo en su punto de cocción apartar, probar la sazón y servir.

SOPA Y PASTA

SOPA Y PASTA

Fideos de raya

«Fideus de rajada»
Mallorca

Ingredientes para 4 personas:

400 gramos de raya muy fresca, pelada
150 gramos de fideos
1 cebolla mediana
3 tomates de ramillete
1 ñora seca
Unos brotes de perejil fresco
2 dientes de ajo
El zumo de 1/2 limón
1 tacita de aceite de oliva
1 clavo de especia
2 granos de pimienta negra
Sal

Lavada la raya cortar en cuatro trozos, poner en un plato y rociarla con el zumo de limón.

Pelar la cebolla y tomates. Picar menudos y por separado. Lavar el perejil, trocear y reservar en el mortero con las especias.

Calentar el aceite en cazuela algo honda, dorar la ñora, vacía de semillas y los ajos pelados. Evitar tomen color oscuro y reservar en el mortero.

Con el mismo aceite rehogar la cebolla, y antes de que doble los bordes unirle el tomate. Ya confitado, mojar con cuatro tazas de agua y dejar hervir quince minutos a fuego muy dulce. Poner sal. Ahora incorporar los fideos y a los doce minutos la raya.

Machacar lo del mortero hasta que pierda la forma. Recoger con un poco de caldo y regar los fideos en el último hervor. Probar la sazón.

Nota: La raya se cuece en muy poco tiempo.

Macarrones con bechamel y queso

«Macarrons amb bechamel i formatge»
Menorca

Ingredientes para 4 personas:

400 gramos de macarrones de calidad
100 gramos de queso mahonés, mantecoso, recién rallado
1 cebolla grande
2 cucharaditas de harina superior
2 tazas de leche
1 cucharada de mantequilla
1 cucharada de manteca de cerdo
Un poco de nuez moscada y canela molida
Pimienta y sal

Cocer los macarrones en abundante agua hirviendo y un poco de sal.

Mientras, pelar la cebolla y picar menuda. Rehogarla con la manteca en una sartén. En una taza diluir la harina con un poco de leche, incorporar a la fritura y añadir el resto de leche. Remover para evitar grumos y que vaya espesando a fuego lento. Conseguido el punto deseado, sazonar.

Los macarrones, apartados cuando están «al dente» tersos, y bien escurridos. Disponer en fuente refractaria y cubrir con la salsa bechamel. Mezclarlos con sabiduría para que todos queden empapados y no pierdan la forma. Cubrir con el queso rallado y esparcir encima trocitos de mantequilla. Horno precalentado.

Gratinar veinte minutos. Ha de quedar la superficie dorada por un igual.

Servir del horno a la mesa.

Macarrones con picadillo

«Macarrons amb picada»
Ibiza y Formentera

Ingredientes para 4 personas:

200 gramos de macarrones
200 gramos de carne de ternera picada
100 gramos de solomillo de cerdo
100 gramos de sobrasada
1 higadillo de conejo o pollo
1 cebolla hermosa
2 tomates grandes y maduros
1 cucharada de manteca de cerdo
1 1/2 tacita de aceite de oliva
1 pellizco de todas especias
Sal

Sentar una olla con agua abundante sobre fuego vivo. Al hervir meter los macarrones y sal. Conseguido el punto de cocción «al dente» apartar y colar.

Pelar la cebolla, los tomates y picar por separado. Calentar el aceite y manteca en cazuela de barro y rehogar la cebolla a fuego moderado. Remover y antes de que tome color agregar el tomate y jugoso éste, incorporar la carne picada, el solomillo e higadillo cortado menudo y la sobrasada desmigada. Sazonar con un poco de alegría. Evitar pasar el punto de cocción a la carne. Unirle los macarrones y mezclar sobre el fuego.

Probar la sazón y servir en la misma cazuela.

Macarrones con queso y sobrasada

«Macarrons amb formatge i sobrassada»
Menorca

Ingredientes para 4 personas:

200 gramos de macarrones
100 gramos de sobrasada curada
150 gramos de queso mahones curado
1 cebolla hermosa
2 tomates grandes y maduros
2 pimientos verdes
2 dientes de ajo
1 nabo pequeño, 1 zanahoria y 1 chirivía
1 brote de apio y perejil fresco
100 gramos de manteca de cerdo
Sal

Cocer los macarrones con mucha agua y sazonados. Escurrir cuando estén en su punto de cocción «al dente».

Pelar la cebolla, tomate y ajos. Desechar el corazón y semillas a los pimientos. Picar por separado. Pelar la chirivía, nabo y zanahoria. Trocear. Calentar la mitad de manteca en cazuela de barro plana y rehogar todos los ingredientes menos el tomate

SOPA Y PASTA

y ajo. Incorporar éstos cuando la cebolla pierda cuerpo. Continuar rehogando para que el tomate quede jugoso. Agregar el perejil, tomillo y regar con una taza de agua hirviendo. Dejar cocer dulcemente y una vez confitado, pasar por el colador chino. Sazonar discretamente, pensando en el queso.

Mezclar los macarrones con la enjundia del sofrito. Disponer en fuente refractaria. Capas alternas de sobrasada desmigada y queso rallado. Coronar con el resto de manteca y una buena capa de queso.

Introducir la fuente en horno precalentado y gratinar.

Servir cuando esté dorado, evitando oscurezca.

Macarrones de caldo de pava

«Macarrons de brou d´indiota»
Mallorca

Ingredientes para 4 personas:

100 gramos de macarrones
1 cuello y 1 cabeza de pava
Todas las interioridades de la pava, intestinos inclusive
La sangre de la pava, escarbaderas y puntas de ala
La huevera y los huevecitos, si tiene
1 cebolla mediana
1 puerro, un brote de apio
2 tomates de ramillete
Pimienta y sal

Abrir los intestinos con tijera y lavar con agua y zumo de limón. Quitar la hiel al higadillo. Partir la molleja y vaciar. Cortar uñas a las escarbaderas y partir en dos. Escaldar para levantarles la piel. Partir la cabeza a lo largo. El cuello a trozos. Los intestinos y molleja a trocitos. Lavar cuidadosamente. Sentar una olla con agua fría sobre fuego vivo.

Pelar la cebolla, puerro, y lavar junto con el apio y tomates. Incorporar todo a la olla, menos el higadillo, sangre y huevecitos. Al hervir poner sal. Ahora fuego moderado. El caldo sabrá delicioso cuando las escarbaderas y molleja estén tiernas y el caldo lechoso impida ver los tropezones.

Colar el caldo. Poner los tropezones en olla limpia. Unirle el caldo. Sentar sobre fuego alegre y al hervir meter los macarrones troceados. Unos quince minutos de cocción, según calidad de la pasta.

Salpimentar el higadillo y cortar a dados, lo mismo la sangre. Cuando falten dos minutos de cocción a los macarrones, agregar higadillo, sangre y un minuto después meter los huevecitos escamoteándoles tiempo para que salgan a la mesa sin cuajar.

Nota: este sopa Navideña enriquece sabor hirviendo la carcasa de la pava si ésta se destina a fiambre. Y añadiendo un poco de caldo del fiambre, es suculenta.

Macarrones con queso y sobrasada *(página 123)*

SOPA Y PASTA

Sopa de fideos

«Sopa de fideus»
Menorca

Ingredientes para 4 personas:

150 gramos de fideos gruesos
1 kilo de pierna de vaca con hueso
1 nabo pequeño, 1 chirivía y 1 zanahoria
1 cebolla y 1 brote de apio
Unos brotes de tomillo y perejil fresco
Sal

Pelar las hortalizas y lavar las hierbas aromáticas.

Lavar la carne y meter en una olla con agua fría que la cubra. Incorporar las hortalizas. Sentar la olla sobre fuego vivo y al hervir, moderar. Poner sal.

Hecho el caldo, se habrá enturbiado, ofreciendo color casi blanco, colar, volver a olla limpia y recuperado el hervor meter los fideos.

Probar la sazón.

Con la carne puede prepararse «raolas» aromatizadas con mejorana.

Sopa de menudillos de gallina

«Sopa de menudets de gallina»
Ibiza y Formentera

Ingredientes para 4 personas:

2 cucharadas colmadas de pasta menuda
Los menudillos y sangre cuajada de 1 gallina
Cuello y cabezas, alones y escarbaderas
1 tomate grande de ramillete
2 dientes de ajo
1 rama de apio fresco
1/2 tacita de aceite de oliva
1 cucharada de pimentón, pimienta y sal

Abrir los intestinos, molleja y vaciar. Asar las escarbaderas sobre llama y pelar. Cortar uñas y lavar. Cortar a trozos el hígado, limpio, la molleja, cuello y partir la cabeza a lo largo.

Pelar los ajos, tomate, desechar hilos al apio y cortar menudo y por separado.

En una olla calentar el aceite y rehogar tomate, ajos y apio. Ya confitado, unirle el pimentón y mojar enseguida con cuatro tazas de agua fría. Incorporar todos los menudillos menos la sangre y huevecitos si hay. Al hervir sazonar y que cueza lentamente hasta que todo esté tierno. Ahora meter la pasta y a los cinco minutos, incorporar la sangre, cortada a dados y los huevecitos.

Probar la sazón y servir en sopera.

Sopa de sémola con gírgolas

«Sopa de semola amb gírgolas»

Ingredientes para 4 personas:

4 cucharaditas de sémola de trigo
500 gramos de gírgolas
150 gramos de costilleta de cerdo fresca
50 gramos de panceta fresca
2 tomates de ramillete
2 dientes de ajo
1/2 tacita de aceite de oliva
Pimienta y sal

Limpiar las gírgolas cuidadosamente y cortar a trozos la costilleta y panceta a dados.

Pelar los ajos y tomates. Picar menudos.

Calentar el aceite en olla de barro y dorar panceta y costilletas. Incorporar ajos y tomates, continuar rehogando hasta confitar. Ahora unirle las gírgolas, dar unas vueltas y mojar con cuatro tazas de agua. Al hervir, sazonar. A los cinco minutos meter la sémola con sabiduría, evitando forme grumos. Cocer treinta minutos. Si el caldo ha reducido mucho, añadir un poco de agua hirviendo, y dar otro hervor para unir el caldo.

Probar la sazón y servir muy caliente.

Sopa de tallarines

«Sopa de tallarins»
Mallorca

Ingredientes para 4 personas:

1 cuarto delantero de gallina
1 paloma y 1 butifarrón hermoso
300 gramos de paletilla de cordero tierno
1 puerro, 1 zanahoria y apio
1 cebolla mediana y 2 tomates de ramillete
Sal

Vaciar interioridades a la paloma, limpiar, lavar y reservar en una olla. Lavar la gallina y la paletilla, unirla a la olla con todas las hortalizas limpias y enteras. Poner sal. Cubrir con agua fría. Sentar la olla sobre fuego alegre y que hierva hasta que toda la carne haya dado su enjundia.

Ahora colar el caldo, meter en olla limpia, volver al fuego y al hervir meter la pasta, troceada. Conseguido el punto de cocción, menos que más, apartar y servir en sopera.

Presentar la sopera junto a una fuente pequeña con rodajas finas de butifarrón. Cada comensal meterá en la sopa las que le tienten.

Nota: la carne de la sopa puede servirse rehogada con ajos, una hoja de laurel y cubierta con salsa de tomate, salpimentada.

SOPA Y PASTA

SOPA Y PASTA

Sopa magra

«Sopa magra»
Menorca

Ingredientes para 4 personas:

100 gramos de tallarines
100 gramos de judías blancas
2 zanahorias
1 cebolla y dos nabos
2 chirivías y 1 brote grande de apio fresco
Unos brotes de perifollo
Las hojas oscuras de 1 lechuga romana
1 cogollo de col
1 cucharada de manteca de cerdo
1 clavo de especia
Sal

Pelar las hortalizas, lavar y cortar en juliana.

Poner la manteca en una olla, sentar sobre fuego moderado y rehogar todo lo cortado hasta que esté tierno. Ahora mojar con cinco tazas de agua fría, incorporar las judías, clavo y sal. Dejar cocer hasta que las judías estén blandas, pasar todo por el colador chino.

Poner el puré en olla limpia, sentar sobre fuego vivo y al recuperar el hervor, meter los tallarines troceados.

Al fin de la cocción, probar la sazón y servir en sopera.

Tallarines con bacalao

«Tallarins amb bacallá»
Mallorca

Ingredientes para 4 personas:

200 gramos de buen bacalao
250 gramos de tallarines
250 gramos de guisantes tiernos
1 cebolla grande
2 tomates grandes y maduros
1 buen ramo de perejil fresco
2 tacitas de aceite de oliva
1 pizca de todas especias
Sal, si precisa

La víspera, lavar el bacalao y dejar en remojo con agua fría. Por la mañana cambiar el agua muchas veces. Ahora sacar y secarlo con un lienzo. Asar sobre parrilla. Desechar la piel, espinas y desmenuzar.

Cocer los tallarines en abundante agua hirviendo. Conseguido el punto «al dente» apartar y escurrir. Pelar la cebolla, tomates y picar menudos. Desgranar los guisantes y meter en una cacerola con agua hirviendo. Tiernos ya, escurrir.

En cazuela de barro calentar el aceite y meter la cebolla y el bacalao. Rehogar dejando que la cebolla se dore un poco. Incorporar el tomate y rehogar hasta que se confite. Agregar los guisantes, todas especias y mezclar. Ahora unirle los tallarines, el perejil picado y remover para que hagan suyos todos los sabores. Probar la sazón y poner sal si piden.

Servir en fuente caliente acompañados, aparte, con tiras de pimiento rubio, muy tersas por su permanencia en agua.

Calderetas y sopas con pan

Caldereta de langosta (*página 131*)

Caldereta de dátiles

«Caldetera de datils»
Menorca

Ingredientes para 4 personas:

1 kilo de dátiles vivos
12 rebanadas finas de pan blanco sin sal
2 dientes de ajo
1 buen ramo de perejil fresco
1/2 tacita de mantequilla
1/2 tacita de aceite de oliva
1 cucharada de pimentón de calidad
Sal, si precisa

Lavar los dátiles y dejar una hora en agua para que expulsen arena si tienen.

Sin pelar, dar un golpe a los dientes de ajo, chafándoles la nariz. Lavar el perejil y picar menudo.

Calentar el aceite y mantequilla en cazuela de barro. Dorar los ajos y unirles los dátiles bien escurridos. Rehogar a fuego lento y cuando todos están abiertos, poner el perejil, el pimentón y mezclar. Enseguida mojar con cuatro tazas de agua y dejar hervir hasta que den la enjundia y estén tiernos, no blandos. Sacar los ajos y tirar. Probar la sazón y poner sal si el caldo la pide.

Servir hirviendo, en sopera y las rebanadas de pan, cortadas finas, dispuestas en un plato. Los comensales pondrán tres rebanadas de pan en su plato y lo escaldarán a gusto.

Caldereta de langosta

«Caldereta de llangosta»
Menorca

Ingredientes para 4 personas:

1 langosta viva de 1 1/2 kilo
16 rebanadas finas de pan payés de Mahón, blanco y sin sal
1 cebolla grande
3 tomates grandes y maduros
2 dientes de ajo
Unos brotes de perejil fresco
4 tazas del caldo de hervir la langosta
2 cucharadas de buen coñac
2 tacita de aceite de oliva
Pimienta y sal

Doblar la cola a la langosta y atar con sabiduría, evitando romper patas o antenas. Introducirla, con cuidado y sin temor, en una olla con cinco tazas de agua hirviendo. Cocer quince minutos. Apartar del fuego y dejar enfriar.

Ahora trocear la langosta con las manos, de manera que cada comensal participe de un trozo de cola, patas y cuerpo.

Pelar la cebolla, tomate, ajos y lavar el perejil. Cortar todo menudo y por separado.

Calentar el aceite en una «tiá» (cazuela de barro grande), y rehogar la cebolla, sin dejar de remover. Fuego moderado. Antes de que tome color, incorporar un tomate picado y los ajos. Continuar removiendo hasta conseguir una salsa jugosa. Unirle el perejil y los trozos de langosta. A los cinco minutos mojar con cuatro tazas del caldo de haber hervido la langosta. Salpimentar y

CALDERETAS Y SOPAS CON PAN

131

CALDERETAS Y SOPAS CON PAN

dejar cocer veinticinco minutos a fuego vivo.

Mientras, poner el resto de tomate en un cazo, con unas gotas de aceite y que cueza a fuego lento hasta quedar convertida en salsa. Colar y agregar a la cazuela con las dos cucharadas de coñac. Cinco minutos más de cocción, probar la sazón y a la mesa.

Disponer las rebanadas de pan en los platos hondos y cada comensal lo escaldará con el caldo hirviendo, y los trozos de langosta que le correspondan.

Caldereta de morena

«Caldereta de moren»
Menorca

Ingredientes para 4 personas:

1 morena muy fresca de 1 1/2 kilo
12 rebanadas de pan blanco, no barra
1 cebolla mediana
1 tomate maduro grande
2 dientes de ajo
1 buen ramo de perejil fresco
1 tacita generosa de aceite de oliva
1 cucharadita de pimentón superior
1 pizca de pimienta
Sal

Cortar la morena a la altura del ano. Abrir la parte alta y desechar interioridades, menos el hígado. Lavar, cortar la cabeza y el cuerpo en cuatro rodajas, escurrir y poner sal. La parte inferior, lavarla, así como la cabeza, sacadas las agallas.

Poner a hervir con agua y sal, un poco de perejil, la cabeza, hígado y cola. Dada la enjundia, colar el caldo, reservar y ofrecer lo sólido al gato.

Pelar la cebolla, tomate, ajos y lavar el perejil. Cortar todo menudo y por separado.

Calentar el aceite en cazuela de barro y rehogar la cebolla hasta que esté blanda, agregar tomate y ajos. Continuar removiendo para conseguir el confitamiento. Ahora medir el caldo reservado y añadir agua hasta sumar cuatro tazas. Meter en la cazuela y al hervir introducir las rodajas de morena, perejil y pimentón.

Conseguido el punto de cocción de las rodajas de morena, probar la sazón y añadir sal, si pide.

Servir hirviendo, en la misma cazuela, y cada comensal escaldará el pan en su plato, añadiendo la rodaja de pescado.

Caldereta de pescado

«Caldereta de peix»
Mallorca

Ingredientes para 4 personas:

1 kilo de pescado de sopa, muy fresco: escorpora, araña, rata, gallina o «rafel»
250 gramos de caramel muy fresco
150 gramos de pan de sopas mallorquín
6 cebolletas tiernas
2 dientes de ajo
1 tomate grande y maduro o 4 de ramillete
Unos brotes de perejil fresco
1 brote de mejorana y apio fresco
1 tacita de aceite de oliva
1 cucharada de pimentón superior
Sal

Cortar las raíces a las cebolletas, desechar hojas viejas y lavar. Pelar ajos, tomate y lavar las hierbas aromáticas. Picar todo menudo y por separado, incluido las hojas verdes tiernas de las cebolletas.

Escamar el pescado, desechar interioridades y las cabezas del caramel. Reservar los higadillos en el mortero, con un diente de ajo y las hierbas aromáticas. Lavar el pescado, escurrir y poner sal.

Dispone el caramel en un cazo, cubierto con agua fría, unas gotas de aceite crudo y un brote de perejil. Hacer hervir hasta que pierda la forma, y el caldo reduzca. Maltratar el pescado en el colador chino y reservar el caldo.

Calentar el aceite en cazuela de barro honda, rehogar las cebolletas, antes de que ablanden incorporar el tomate y ajo. Dar unas vueltas hasta confitar el tomate. Poner el pimentón. Mojar con cuatro tazas de agua y cuando hierva, meter el pescado grande, primero el de mollas duras, que cueza cinco minutos y unirle los otros. Diez minutos más de cocción.

Sacar el pescado de la cazuela. Colar el caldo con la fritura, haciéndole dar toda la enjundia. Reunir los dos caldos en cazuela limpia y sentar sobre fuego vivo.

Limpiar el pescado grande de espinas.

Machacar todo lo del mortero hasta conseguir una pasta. Recoger con un poco de caldo y regar éste. Dar un hervor corto. Probar la sazón. Meter las rebanadas de pan en la sopera, cubrirlas con las mollas de pescado y escaldar con el caldo hirviendo.

Servir enseguida, el pan se bebe el caldo por lo que hay que servir rápidamente.

Oliaigua con tomates

«Oliaigua amb tomátigas»
Menorca

Ingredientes para 4 personas:

150 gramos de pan payés, blanco y sin sal
1 cebolla grande
6 o 7 tomates de secano (son pequeños)
2 dientes de ajo
1/2 pimiento verde y dulce
1 tacita de aceite de oliva
1 cucharada de pimentón
Sal

Pelar la cebolla, lavar y cortar a medias

CALDERETAS Y SOPAS CON PAN

133

CALDERETAS Y SOPAS CON PAN

lunas finas. Lavar los tomates y partir por la mitad sin pelar. El pimiento, lavado y cortado a rodajas fijas. Pelar los ajos y picar.

Reunir éstos ingredientes en cazuela de barro honda, con una taza de agua y sal. Sentar sobre fuego moderado y dejar cocer hasta que las hortalizas estén tiernas. Si es preciso, añadir un poco de agua evitando se pegue. Cuando esté en su punto de cocción y reducida el agua, mojar con el aceite y dejar rehogar un poco. Ahora incorporar cuatro tazas de agua fría, la sal precisa y el pimentón.

Mantener sobre el fuego hasta que el caldo forme espuma en la superficie, llamada por los menorquines «espumera». Es el momento preciso de apartar la cazuela del fuego evitando que hierva el caldo y se corte.

Cada comensal pondrá en su plato hondo, el pan a voluntad, cortado en rebanadas finas o a trocitos, y lo escaldará a gusto. Dejar reposar un poco, y mejor si se cubre el plato con otro plato, para que no pierda el delicado aroma.

Sopa de Navidad

«Sopa de Nadal»
Mallorca

Ingredientes para 4 personas:

250 gramos de rebanadas de «llonguet» doradas al horno
350 gramos de magro de cerdo picado
350 gramos de pecho de ternera picada
30 gramos de sobrasada casera
200 gramos de tirabeques tiernos
1/4 de gallina hermoso
1 estómago de cordero muy pequeño
3 huevos
2 alcachofas hermosas y tiernas
10 hojas de lechuga romana y 1 diente de ajo
10 hojas de escarola
Unos brotes de apio, hierbabuena y mejorana fresca
1cucharada de manteca
Pimienta
1 pizca de todas especias
Sal

Desmenuzar la sobrasada en un plato, unirle la carne picada. La mejorana, lavada y picada menuda, huevos y todas especies. Mezclar con las manos. Reservar.

Limpio el estómago de cordero, cortar en dos trozos y formar dos saquitos, cosiendo el fondo. Ahora rellenar con la mezcla, coser la boca de los saquitos y disponerlos en una olla con agua fría, gallina, apio e hinojo, y sal. Sentar la olla sobre fuego alegre, moderar al hervir.

Desechar las hojas viejas a las alcachofas

y las puntas. Cortar a dados y dejar en remojo con agua y zumo de limón. Lavar lechuga y escarola y cortar igual. Despuntar los tirabeques, lavar y cortar en tres trozos a lo corto.

Tierno el relleno, una hora generosa de cocción, sacar del caldo. Colar éste, volver a la olla y cocer en él las hortalizas, escurridas con sabiduría. Apartar del fuego cuando las hortalizas consiguen el punto «grenyal»

Fríos los saquitos, cortar a rodajas.

Untar con manteca una cazuela de barro plana. Disponer en ella una capa de «llonguet», encima rodajas de relleno, otra vez «llonguet» y repetir la operación hasta terminar los ingredientes.

Ahora regar con el caldo hirviendo: (unas dos tazas y media), no ha de quedar caldoso. Colocar las hortalizas encima y coronar con la hierbabuena cortada en hilillos. Introducir en horno precalentado, cinco minutos, para que se confite.

Del horno a la mesa.

Sopa de pan para invierno

«Sopa de pa per hivern» Mallorca

Ingredientes para 4 personas:

1 1/2 «llonguet»
100 gramos de buen queso mallorquín
200 gramos de hígado de cordero
50 gramos de avellanas
5 tazas de caldo de carne enjundioso
Unos brotes de perejil fresco
2 clavos de especias
Sal

Cortar los «llonguet» a rebanadas finas y dorar en el horno.

Hervir el hígado con agua y sal. Escurrir y dejar enfriar. Ahora rallarlo. Y rallar el queso.

En cazuela de barro plana disponer una capa de «llonguet», una de hígado, «llonguet» y por último queso rallado. Poner sal y el perejil, lavado y picado menudo.

Machacar las avellanas y clavos de especias. Conseguida una pasta, recogerla con un poco de caldo.

Poner la mitad del caldo en una cacerola, unirle el picadillo y dejar hervir hasta que ambos ingredientes queden unidos y consistentes. Cubrir la preparación con esta salsa y sentar la cazuela sobre fuego muy moderado. Dar unos hervores para que el «llonguet» disfrute la salsa.

Ahora apartar la cazuela del fuego y regar todo con el caldo restante. Hornear la cazuela y gratinar. Ha de quedar dorado.

CALDERETAS Y SOPAS CON PAN

Sopa de pescado variado

«Sopa de peix variat»
Mallorca

Ingredientes para 4 personas:

1 1/2 «llonguet»
1 kilo de pescado vivo y variado
250 gramos de caramel fresquísimo
1 yema de huevo fresca del día
1 cebolla
4 dientes de ajo
1 zanahoria
Unos brotes de perejil fresco
1 brote grande de apio fresco
1 brote de mejorana e hinojo fresco
50 gramos de mantequilla superior
1 taza generosa de aceite de oliva
Pimienta y sal

Limpiar el pescado, escurrir y poner sal. Desechar las cabezas de caramel.

Pelar cebolla, zanahoria, cortar a trozos y lavar.

Calentar una tacita de aceite en cazuela de barro honda y rehogar cebolla, zanahoria y dos ajos partidos por la mitad. Remover hasta que tomen un poco de color.

Ahora unirle todo el pescado, apio, sal y dar unas vueltas. Regar con cinco tazas de agua y dejar cocer. A los diez minutos de hervir, sacar la pieza más grande y sabrosa. Quitarle las espinas. Disponer las mollas en la sopera, junto con la yema de huevo, un poco de pimienta, perejil, mejorana e hinojo lavado y picado menudo.

Cuando el caldo se haya nublado, esté muy sabroso y el pescado cocido y roto, sacarles toda la enjundia en el colador chino. Meter el caldo en cazuela limpia y que se mantenga caliente.

Cortar los «llonguet» a rebanadas, ni finas ni gruesas. Freírlas en aceite caliente, evitando un dorado oscuro. Escurrir del aceite sobre papel y dejar enfriar. Ahora frotar las rebanadas con ajo crudo y después untar con mantequilla. Disponer en pequeña fuente.

Poner el caldo al fuego y al hervir, meter en la sopera, primero un poco, remover para que la yema de huevo se una amorosamente al caldo y después dejar caer todo.

Servir enseguida y aparte la fuente de pan preparado.

Los comensales pondrán unas rebanadas de pan en el plato y lo escaldarán con el contenido de la sopera.

Sopas de matanzas *(página 140)*

Sopa dorada

«Sopa torrada»
Mallorca

Ingredientes para 4 personas:

16 rebanadas de «llonguet» doradas al horno
300 gramos de paletilla de cordero tierno
250 gramos de pecho de ternera
100 gramos de harina
1/4 de pollo delantero
1 huevo muy fresco
1 cebolla y un puerro
4 hojas de lechuga y escarola
1 brote de mejorana fresca
1 brote de hierbabuena fresca
Pimienta y sal

Deshuesar la paletilla. Lavar el hueso, pollo y ternera. Disponer en una olla. Cubrir con agua y sentar sobre fuego vivo. Al hervir poner sal y dejar cocer sin prisas.

Mientras, pelar la cebolla y el puerro. Lavar y picar menudo. Lavar las hojas de ensalada y cortar a trozos pequeños. Incorporar a la olla.

Picar la carne de la paletilla, poner en un plato y salpimentar. Lavar las hierbas aromáticas, picar menudas y unirlas al plato. Poner el huevo y mezclar con las manos. Formar albondiguillas y envolver en harina.

Conseguido un caldo con enjundia, colar y poner en olla limpia. Sentar sobre fuego vivo y al hervir meter las albondiguillas y dejar cocer media hora, moderando el fuego. Reservar la verdura.

Colocar en cazuela de barro plana, capas de «llonguet», de verdura cocida y terminar con las albondiguillas. Regar con cuatro tazas del caldo. Dejar la cazuela sobre fuego lento para que se confite.

Apartar a los cinco minutos y servir sin pérdida de tiempo.

Nota: la carne sobrante del caldo dará unas suculentas «raolas».

Sopa dorada de pescado

«Sopa torrada de peix»
Mallorca

Ingredientes para 4 personas:

16 rebanaditas de «llonguet» doradas al horno
500 gramos de caramel
500 gramos de bacaladillas «mólleras»
250 gramos de tirabeques
100 gramos de harina
1 cebolleta gorda
2 puerros
1 brote de mejorana, hierbabuena y perejil fresco
1 huevo muy fresco
1 tacita de vino blando seco
1 tacita de aceite de oliva
Pimienta y sal

Cortar las hojas viejas a la cebolleta y puerros, lavar y picar menudo. Despuntar los tirabeques, partir en dos, a lo corto, lavar y escurrir.

Limpiar el pescado. Cortar la cabeza a las bacaladillas y quitarle todas las espinas.

Desechar las cabezas del caramel, poner cinco tazas de agua en una olla, incorporar las cabezas y espinas de las bacaladillas y todo el caramel. Sentar sobre fuego vivo y dejar cocer hasta conseguir un caldo muy concentrado. Sazonar. Pasar por el colador chino y reservar el caldo en olla limpia.

Picar las mollas de las bacaladillas y poner en un plato, unirle el huevo, las hierbas aromáticas picadas, salpimentar y mezclar. Dar forma a pequeñas albóndigas, mojándose la mano con el vino. Ahora pasar por harina.

Calentar el aceite en una sartén reducida, rehogar cebolleta y puerros. No ha de tomar color. Meter esta fritura en la olla. Sentarla sobre fuego moderado y al hervir meter los tirabeques, y las albondiguillas. Cinco o siete minutos de cocción y apartar. Probar la sazón.

Disponer una capa de rebanadas de «llonguet» en cazuela de barro plana, sobre ésta todo lo sólido del caldo. Cubrir con rebanadas de «llonguet» y regar con el caldo. Tapar la cazuela, dejarla cinco minutos sobre fuego moderado para que se confite.

Servir.

Sopas de huevo

«Sopes d´ous»
Ibiza y Formentera

Ingredientes para 4 personas:

150 gramos de sopas de pan moreno
3 huevos muy frescos
1 brote generoso de mejorana fresca
1 cucharada de manteca de cerdo
Sal

Poner cuatro tazas de agua en una olla, y la mejorana. Sentar sobre fuego vivo y al hervir agregar la manteca de cerdo y sal.

Batir los huevos, como para tortilla y unirlos al caldo hirviendo. Cinco minutos de cocción. Probar la sazón.

Cada comensal escaldara las sopas que haya dispuesto en su plato hondo.

Sopas de matanzas

«Sopes de matances»
Mallorca

Ingredientes para 4 personas:

300 gramos de pan de sopas
200 gramos de lomo de cerdo
200 gramos de carne magra de cerdo
1 butifarrón
500 gramos de setas («esclata-sangs, picornells, peus de rata»)
1 manojo de cebolletas tiernas
3 tomates de ramillete
3 dientes de ajo
1 col de «cardell» mediana
Unos brotes de coliflor muy blanca
1 manojo de perejil grande
2 tacitas de aceite de oliva
1 cucharadita de pimentón superior
1 pizca de pimentón picante
1 pizca de todas especies
Sal

Lavar cuidadosamente todas las hortalizas y verduras. Cortar las cebolletas a lo largo y después a lo corto, tres centímetros. Desechar los nervios de la col gruesos y romper las hojas con las manos. Cortar la carne a dados generosos, el butifarrón a rodajas, quitada la piel. Las setas en cuatro trozos, incluido pies.

Los tomates y un ajo pelados y picados por separado.

Las setas no se lavaran. Con la parte plana de un cuchillo, sacudir el sombrero para sacar las impurezas que puedan esconder las laminillas. Luego con un lienzo pasar sobre el sombrero, arrastrando agujas de pino... y el mismo procedimiento con los pies.

Calentar el aceite en cazuela de barro. Dorar dos ajos sin pelar, dado un golpe en la nariz. Sacar y tirar. Rehogar la carne. Ahora unirle la cebolleta y antes de que se abarquille meter el tomate y el ajo picado. Trabajar hasta que esté frito. Incorporar las setas y la col. Rehogar hasta que la col pierda volumen. Poner sal, todas las especies y butifarrón. Mojar con tres tazas y media de agua hirviendo. A los cinco minutos de cocción unirle los brotes de coliflor.

Apartar la cazuela cuando las hortalizas consiguen el punto «grenyal». Sacarlas con una espumadera y reservar en un plato grande hondo.

Sentar la cazuela sobre fuego vivo, meter el ramo de perejil, lavado y picado menudo. Al recuperar el hervor, meter las rebanadas de pan, procurando que siempre la última quede debajo de la anterior. El pan ha de beberse todo el caldo de la cazuela. Recoger las hortalizas con la espumadera y cubrir el pan. Dejar unos minutos sobre fuego moderado y apartar. Regar con un hilillo de aceite de oliva y que reposen un poco la manipulación.

Servir acompañadas con rabanitos, alcaparras en vinagre y aceitunas mallorquinas, partidas.

Sopas de rape

«Sopes de rap»
Ibiza y Formentera

Ingredientes para 4 personas:

150 gramos de rebanadas de pan dorado al horno
1 kilo de rape muy fresco
50 gramos de almendras fritas
1 cebolla mediana
2 tomates maduros
Unos brotes de perejil fresco
1 tacita de aceite de oliva
Pimienta y sal

Limpiar el rape. Cortar a trozos y sacar las espinas. Poner sal y reservar en sitio fresco treinta minutos.

Pelar la cebolla, tomates, dientes de ajo y lavar el perejil. Cortar todo menudo y por separado. Meter el perejil, un poco de ajo y las almendras fritas, y bien escurridas, en el mortero.

Calentar el aceite en cazuela de barro honda y rehogar la cebolla. Antes de que tome color agregar el tomate y ajo. Remover y una vez confitado unirle los trozos de rape. Darle unas vueltas, poner pimienta y mojar con cuatro tazas y media de agua.

Machacar todo lo del mortero, recoger con un poco de aceite y unir a la cazuela.

Cocido el rape, probar la sazón, escaldar el pan y servir.

Sopas de relojes

«Sopes de relotges»
Mallorca

Ingredientes para 4 personas:

400 gramos de pan de sopas
2 cebollas blancas de verano, hermosas
1 tomate de ensalada grande y maduro
6 pimientos rubios y gruesos
3 dientes de ajo
1 manojo entero de perejil fresco
6 patatas medianas y redondas
2 tacitas de aceite de oliva
1 cucharada de pimentón superior
Sal

Pelar las cebollas, lavar y cortar a medias lunas finas. Pelar el tomate y un diente de ajo. Picar menudo. Desechar el corazón y semilla a los pimientos, lavar y romper a trozos con las manos. Lavar el perejil y cortar a trocitos.

Pelar las patatas, cortar a rodajas de medio centímetro, lavar y dejar en remojo.

Calentar el aceite en cazuela de barro plana. Chafar la nariz a los ajos, sin pelar, y dorar. Sacar antes de que tomen demasiado color y tirar. Meter la cebolla y rehogar a fuego moderado. Blanda ya incorporar el tomate y ajo. Continuar removiendo hasta confitar.

Escurrir las patatas y unirlas a la cazuela, dar unas vueltas y agregar los pimientos. Rehogar, manejando la cucharada de madera con mucha suavidad.

Cuando los pimientos cambien de color, mojar con cuatro tazas de agua hirviendo, sal y pimentón. Dejar hervir dulcemente,

CALDERETAS Y SOPAS CON PAN

141

CALDERETAS Y SOPAS CON PAN

evitando desfigurar las rodajas de patata (relojes) y conseguido su punto de cocción, meter el perejil, remover y sacar todo lo sólido de la cazuela. Reservar en un plato hondo grande.

Ahora colocar las rebanadas de pan, de manera que la siguiente siempre quede debajo de la anterior. El pan ha de beberse todo el caldo, y si queda pan y falta caldo, en el plato de las hortalizas siempre hay.

Fuego muy lento.

Conseguido el punto: cazuela sin caldo y rebanadas embebidas, no desfiguradas, esparcir por encima lo del plato, recogiéndolo con espumadera, escurriendo la humedad que puedan tener, y procurando dejar encima algunas rodajas de patata. Regar con un hilillo de aceite de oliva crudo.

Apagar el fuego y mantener la cazuela, tapada cinco minutos sobre el calor.

Servir las sopas y cada comensal puede esparcir por encima una cucharadas de alcaparras envinagradas, bien escurridas.

Nota: sopas de verano.

Sopas mallorquinas de otoño

Ingredientes para 4 personas:

400 gramos de pan de sopas cortado
1 cebolla grande y 1 puerro hermoso
2 tomates de ramillete
1 diente de ajo
1 buen ramo de perejil fresco
1 coliflor pequeña y blanca
1 manojo de acelgas y uno de espinacas
1 tacita y media de aceite de oliva
1 cucharada generosa de pimentón superior
Sal

Pelar la cebolla, lavar y cortar a medias lunas finas. El puerro limpio de hojas verdes, lavado y cortado en aros finos. Pelar los tomates y picar. Dar un golpe al diente de ajo, sin pelar. Cortar los tallos a las espinacas y las raíces. Lavar las hojas y escurrir. Cortar las pencas a las acelgas, partir a trozos pequeños después de quitarles los hilos. Lavar las hojas. La coliflor cortada a brotes pequeños, lavar y escurrir. Lavar el perejil, y cortar menudo (ocupará el espacio de una taza colmada).

Calentar el aceite en cazuela de barro y freír el ajo hasta dorarlo, evitar que oscurezca. Sacar y meter la cebolla y los trozos de penca, sabiamente escurridos. Rehogar hasta que cambien de color. Ahora meter la coliflor, dar unas vueltas y agregar las acelgas escurridas y rotas con las manos. Dar unas vueltas hasta que pierdan volumen y hacer lo mismo con las espinacas. Continuar rehogando de forma que la verdura reciba el calor por igual. Dejar un espacio libre y meter el tomate, maltratarle con la cuchara de palo. Una vez frito unirle el pimentón, y la sal, mezclar todo. Regar con cuatro tazas de agua hirviendo. La verdura ha de quedar «grenyal» enterita. En el último hervor meter el perejil, dar unas vueltas y sacar la verdura. Reservar en plato hondo. La cazuela queda sobre el fogón con el caldo hirviendo. Probar la sazón, ha de notarse un poco la sal puesto que el pan la disfrutará. Colocar las rebanadas de sopas de pan con orden y concierto. Meter la primera y siempre la que sigue debajo de la que la precedió. Hacerlo con rapidez. Si falta caldo, coger del plato de las hortalizas que siempre lloran algo. Una vez metidas todas las sopas, y absorbido el caldo, cubrirlas con la hortaliza escurrida. Apartar la cazuela del fuego y regar con un hilillo de aceite de oliva.

Servir acompañadas con aceitunas mallorquinas partidas.

Estas sopas de otoño resultan exquisitas añadiendo setas frescas.

Sopas secas

«Sopes seques»
Ibiza y Formentera

Ingredientes para 4 personas:

1 cebolla grande
2 tomates maduros
2 dientes de ajo
200 gramos de tirabeques
1 manojo hermoso de espárragos trigueros
4 alcachofas grandes y tiernas
1 buen ramo de perejil fresco
1 tacita y media de aceite de oliva
1 cucharada de pimentón de calidad
sal

Pelar la cebolla, lavar y cortar a medias lunas finas. Pelar tomates, ajos, lavar el perejil y picar menudo y por separado.

Desechar las partes duras a los espárragos, romper en cuatro trozos, lavar y escurrir.

Quitar las hojas viejas a las alcachofas y las puntas. Cortar en seis gajos. Lavar y escurrir.

Despuntar los tirabeques, partir en dos a lo corto, lavar y escurrir.

Calentar el aceite en cazuela de barro y rehogar la cebolla. Ya en su punto, sin que tome color, meter tomate y ajos. Remover hasta que se confite. Ahora introducir todas las hortalizas, perejil, pimentón y sal. Dar unas vueltas y regar con tres tazas de agua hirviendo. Dejar hervir dulcemente y sacar las hortalizas en el punto «grenyal», reservar en un plato hondo grande.

Probar la sazón y con el caldo hirviendo,

CALDERETAS Y SOPAS CON PAN

CALDERETAS Y SOPAS CON PAN

colocar las rebanadas de pan, procurando que la última siempre quede bajo la precedente. Bebido todo el caldo, esparcir las hortalizas encima.

Apagar el fuego y mantener la cazuela cinco minutos sobre el calor.

Potajes

Potaje de habas *(página 148)*

Potaje de col y puerros

«Olla de col i porros»
Menorca

Ingredientes para 4 personas:

1 col tierna y prieta
8 puerros hermosos
4 huesos de espinazo de cerdo salados
1 cucharada de pimentón superior

Poner los huesos en remojo la víspera.
Ahora lavar y poner a cocer en olla de barro, cubiertos con agua fría. Dejar hervir hasta que la carne de los huesos esté tierna y el caldo casi blanco.
Lavar la col, hoja por hoja y desechar los tallos. Cortar a tiras y después a lo corto. Desechar raíces y hojas viejas a los puerros, lavar y cortar igual que la col.
Conseguido el punto de cocción del caldo, colar y medir cuatro tazas y añadir agua si falta. Volver a la olla. Reservar los huesos.
Sentar la olla sobre fuego alegre y cuando el caldo recupere el hervor, introducir las hortalizas y que cuezan dulcemente hasta conseguir el punto deseado.
Meter los huesos en la sopera y volcar encima el potaje.
Servir sin demora.

Potaje de garbanzos

«Ciurons cuinats»
Menorca

Ingredientes para 4 personas:

4 tacitas de garbanzos de calidad
1 manojo de acelgas con pencas blancas
2 patatas medianas
1 cebolla hermosa
2 tomates maduros
1 brote de perejil fresco
1/2 tacita de aceite de oliva
1 cucharada de pimentón
Sal

La víspera poner los garbanzos a remojo con agua fría.
Ahora, lavar los garbanzos y meter en olla de barro. Mojar con cinco tazas de agua, mejor de lluvia, a temperatura ambiente. Sentar la olla sobre fuego alegre.
Lavar las hojas de acelga y las pencas. Quitar los hilos a éstas y cortar a trocitos igual que las hojas. Pelar la cebolla y tomate. Picar menudo. Pelar las patatas, lavar y cortar a cantos.
Cuando el agua rompa a hervir introducir las hortalizas y poner sal. Tapar la olla para que recupere el hervor y ya conseguido, moderar el fuego. Cocer dulcemente evitando despellejar los garbanzos.
Tiernos los garbanzos, servir en sopera.

POTAJES

POTAJES

Potaje de habas

«Fava pelada»
Mallorca

Ingredientes para 4 personas:

250 gramos de habas secas sin piel
40 gramos de fideos medianos
25 gramos de sobrasada
1/2 butifarrón
3 tomates de ramillete
1 cebolla mediana
1 diente de ajo
Unos brotes de hierbabuena fresca
1/2 tacita de aceite de oliva
Pimienta y sal

Poner a cocer las habas en olla de barro, cubiertas con cinco tazas de agua fría. Al hervir sazonar.

Pelar la cebolla, tomates y ajo. Picar menudo y por separado. Desmigar la sobrasada y cortar el butifarrón a dados pequeños.

Calentar el aceite en sartén pequeña y rehogar la cebolla, dar unas vueltas y unirle el tomate y ajo. Trabajar hasta que se confite. Incorporar sobrasada y butifarrón, dejar que suelten un poco de grasa y unir a la olla. Hervor acompasado hasta que las habas estén tiernas. Ahora meter los fideos, poner pimienta y en los últimos hervores perfumar con la hierbabuena cortada menuda.

Probar la sazón y servir en sopera acompañada con rodajas de rábano.

Potaje de judías

«Cuinat de monjetas»
Menorca

Ingredientes para 4 personas:

4 tacitas de judías blancas finas
1 nabo tierno
1 chirivía
1 cebolla hermosa
2 zanahorias medianas
1 rama de apio y tomillo fresco
1 tacita de aceite de oliva
Sal

Poner las judías en una olla cubiertas con cinco tazas de agua fría.

Pelar la cebolla, zanahorias, chirivías, nabo y arrancar los hilos al apio. Cortar todo a trocitos, lavar y meter en la olla.

Sentar la olla sobre fuego alegre y al levantar el hervor, incorporar el aceite y la sal.

Moderar el fuego y cocer dulcemente evitando despellejar las judías.

Tiernas ya, probar la sazón y servir en sopera.

Potaje de lentejas *(página 150)*

POTAJES

Potaje de judías pintas

«Cuinat de monjetas de confit»
Mallorca

Ingredientes para 4 personas:

4 tacitas de judías pintas secas
100 gramos de oreja de cerdo salada
100 gramos de morro de cerdo salado
100 gramos de sobrasada
1/2 col de siete semanas
1 cebolla grande
1 tomate maduro
2 patatas medianas
1/2 tacita de aceite de oliva
1 pizca de todas especias
Sal

La víspera dejar oreja y morro en remojo.

Ahora lavar oreja y morro. Cortar a dados. Poner con las judías en olla de barro y cubrir con cinco tazas de agua fría. Sentar sobre fuego vivo y al hervir, moderar y sazonar.

Pelar patatas, cebolla y tomate. Las patatas cortadas a cantos medianos. Cebolla y tomate picados. Las hojas de col lavadas una por una y cortadas a lo largo y corto.

A los diez minutos de cocción, incorporar a la olla el reto de ingredientes y dejar que hierva despacio.

Conseguido el punto cremoso de las judías pintas y resto de hortalizas, probar la sazón y apartar.

Servir en sopera acompañada con un plato de aceitunas negras arrugadas y aliñadas.

Potaje de lentejas

«Cuinat de llentillas»
Ibiza y Formentera

Ingredientes para 4 personas:

4 tacitas de lentejas
1 cebolla hermosa
1 cabeza de ajos
1 tomate grande y maduro
200 gramos de judías tiernas
4 patatas medianas
1 butifarrón
1 tacita de aceite de oliva
1 cucharadita de pimentón
Sal

En olla de barro poner a cocer las lentejas con agua fría. Fuego alegre y cuando empiece a hervir, moderar y poner la sal.

Mientras, pelar la cebolla y tomate. Picar menudas y por separado. Cortar el butifarrón a rodajas. Despuntar las judías, pelar las patatas y cortar ambas a dados. Lavar y escurrir.

Calentar el aceite en sartén reducida y rehogar la cebolla hasta humillarla, ahora unirle el tomate y trabajarlo con la espumadera. Perdida la forma, apartar y reservar.

Tiernas las lentejas, colar y volver a la olla con cuatro tazas de agua fría. Aguardar a que hierva y meter todos los ingredientes restantes. Sal y especias.

Cocer a fuego dulce hasta que las hortalizas estén confitadas.

Potaje de lentejas

«Cuinat de llentillas»
Mallorca

Ingredientes para 4 personas:

4 tacitas de lentejas superiores
1 cebolla hermosa
2 patatas
3 tomates de ramillete
4 dientes de ajo
1 hoja de laurel grande
1 cucharada de vinagre de vino blanco
1 tacita de aceite de oliva
Sal

Poner las lentejas en una olla de barro cubiertas con cinco tazas de agua fría. Sentar sobre buen fuego y al hervir, moderar, poner sal y dejar cocer pausadamente.

Mientras, pelar cebolla, tomate y patatas. Picar las primera menudas y por separado. Las patatas a cantos medianos y dejar en agua.

Calentar el aceite en sartén pequeña y rehogar la cebolla, blanda ya, unirle el tomate y freír hasta desfigurar.

Tiernas las lentejas, unirles la fritura (sin cambiar el agua) poner los ajos enteros y sin pelar, laurel y patatas.

Tierno todo y espeso el caldo, probar el sazón, sacar ajos y laurel.

Poner el potaje en la sopera, regar con el vinagre, mezclar con el cucharón y servir antes de que pierdan el calor.

Potaje de verano

«Escudella fresca»
Ingredientes para 4 personas:

250 gramos de judías pintas frescas
200 gramos de judías tiernas
1 calabacín grande y tierno
1 cebolla hermosa
1 tomate grande y maduro
4 patatas medianas
4 tazas de caldo de ternera o de pollo
Unos brotes de albahaca y mejorana fresca
1/2 tacita de aceite de oliva
Sal

POTAJES

Despuntar las judías y cortar a dados. Desgranar las judías pintas. Pelar las patatas, lavar y cortar a dados. Pelar y picar la cebolla y el tomate. Pelar el calabacín y cortar a dados. Lavar y escurrir.

Calentar el aceite en sartén reducida y rehogar la cebolla hasta humillarla, ahora unirle el tomate. Jugoso ya, recoger la fritura con una taza de caldo y meter en la olla. Añadir cuatro tazas más y al hervir meter las judías pintas y los demás ingredientes, menos las hierbas aromáticas. Fuego dulce.

Cuando el calabacín pierda la forma y el caldo esté lechoso, introducir las hierbas aromáticas cortadas menudas y que dé el último hervor.

Probar la sazón y dejar reposar antes de sacar a la mesa. Servirlo a temperatura ambiente.

Carnes y aves

Lechona asada *(página 166)*

Albóndigas a la menorquina

«Pilotes a la menorquina»
Menorca

Ingredientes para 4 personas:

350 gramos de pecho de ternera picada
50 gramos de sobrasada
50 gramos de tocino fresco
100 gramos de pan rallado
1 huevo fresco
2 zanahorias y unos brotes de perejil fresco
1 cebolla y 1 diente de ajo
1 rebanada de pan blanco tostada
1 tacita de vino blanco seco
1 taza de aceite de oliva
Pimienta negra
8 hebras de azafrán
Sal

Pelar la cebolla, ajo y las zanahorias. Picar en la máquina junto con la carne, tocino y sobrasada. Poner en un plato hondo.

Lavar el perejil y picar, humedecer la rebanada de pan y desmigarla. Incorporar al plato hondo la clara de huevo, cruda, el pan desmigado, perejil, sal y especias. Mezclar bien y dar forma a las albóndigas, mojándose las palmas de la mano con vino. Rebozar con el pan rallado y freírlas en sartén. El aceite bien caliente. Dorar por ambos lados. Disponer en cazuela de barro plana, regar con una taza de agua y dejar hervir dulcemente. Evitar que se peguen y si piden agua, concederla con mesura.

Tiernas ya, apartar del fuego. Batir la yema de huevo con un poco de salsa y esparcir sobre las albóndigas.

Servir sin pérdida de tiempo.

Albóndigas de cordero

«Pilotes de carn de moltó»
Ibiza y Formentera

Ingredientes para 4 personas:

400 gramos de carne de pierna de cordero picada
50 gramos de sobrasada
100 gramos de pan rallado
15 gramos de almendras
15 gramos de piñones
150 gramos de harina fina
4 patatas medianas
1 cebolla hermosa
2 tomates
1 huevo fresco
Unos brotes de perejil y mejorana fresca
1 hoja de laurel
1 taza de aceite de oliva
Pimienta negra y sal

Picar la carne y la sobrasada en la máquina, poner en un plato grande. Pelar los ajos, lavar las hierbas aromáticas, cortar menudas agregar el huevo crudo, pan rallado, salpimentar y mezclar todos los ingredientes para igualar sabor.

Poner sobre la tabla de trabajo tantas porciones iguales como albóndigas quieran hacerse. Meter un poco de harina en una taza y rodar porción por porción hasta conseguir redondearlas.

CARNES Y AVES

CARNES Y AVES

Calentar un poco de aceite en sartén y freírlas sin marearlas mucho. Colocarlas en cazuela de barro plana.

Pelar la cebolla, ajos y tomates. Picar menudo por separado. En el aceite de haber frito las albóndigas, colado, rehogar la cebolla hasta desmoronar, unirle el tomate y que se funda. Mojar con una taza de agua, salpimentar un poco, laurel y dejar cocer treinta minutos a fuego moderado. Cazuela tapada.

Pelar las patatas, cortar a dados y freír con el aceite limpio.

Freír las almendras y meter en el mortero con los piñones. Machacar hasta hacerlas polvo. Recoger con un poco de salsa y regar las albóndigas. Ahora incorporar las patatas fritas y un hervor muy corto.

Servir en la cazuela muy calientes.

Asado húmedo

«Rostit humit»
Mallorca

Ingredientes para 4 personas:

2 paletillas de cordero de 600 gramos cada una
4 cebollas medianas
4 tomates iguales y redondos
2 dientes de ajo
1 rama de apio
El zumo de 1 limón
1 1/2 tacita de aceite de oliva
Pimienta negra y sal

Lavar las paletillas, enteras y secar cuidadosamente.

En un cuenco batir el aceite con los ajos pelados machacados, el zumo de limón, una tacita de agua, sal y pimienta, puesta con alegría. Cuando deje de cantar la sal y todo esté unido, disponer las paletillas, en fuente refractaria con espacio sobrante.

Pelar las cebollas y cortar en cuatro gajos cada una. Lavar los tomates y dejar enteros. Quitar los hilos al apio y cortar a trozos, lavar y escurrir.

Colocar toda la hortaliza en el centro, entre las dos paletillas. Ahora regar todo con la salsa y meter en horno precalentado. Y algo alegre.

Regar el asado repetidas veces con su propia salsa.

Cincuenta minutos de cocción, sin conceder uno más.

La carne del interior ha de quedar sonrosada.

Servir del horno a la mesa. Cada comensal disfrutará un tomate, algo arrugado y cuatro gajos de cebolla entre dorada y transparente, más los bastoncitos de apio.

Borret

Mallorca

Ingredientes para 4 personas:

600 gramos de contra de ternera
100 gramos de cerezas
100 gramos de albaricoques
1 manojo de garbanzos tiernos
2 cabezas de ajos
1 hoja de laurel
1 brote de mejorana fresca
1 taza de caldo de gallina
1 tacita de aceite de oliva
Pimienta y sal

Cortar la carne en ocho trozos. Desgranar los garbanzos. Sacar los huesos a la fruta.

Freír los trozos de carne, salpimentar e incorporar los garbanzos, fruta, las cabezas de ajos, laurel y coronar con la mejorana cortada a tijera. Mojar con el caldo y dejar cocer a fuego lento, cazuela tapada hasta que la carne esté melosa y la salsa confitada.

Si es preciso, quitar la tapadera y la salsa reducirá.

Servir muy caliente y que se noten las especias, sin molestar.

Capirotada de gallina faraona

Mallorca

Ingredientes para 4 personas:

1 gallina faraona tierna
250 gramos de almendras crudas
4 rebanadas de pan blanco fritas
1 tacita de aceite
1 palito de canela
Pimienta y sal

Limpia la gallina, untarla por dentro con aceite y después salpimentar. Colocar sobre la parrilla del horno y que se dore, sudando la grasa. Debajo colocar una fuente para recoger la enjundia.

Sesenta minutos de horno medio. Ha de quedar tierna y dorada, no seca.

Escaldar las almendras con agua hirviendo, pelar y machacar en mortero grande y con una maza que no añada sabor a picadillos de ajo y azafrán. Hecha una pasta, mojar con un poco de agua y continuar trabajándola. Añadir un poco más de agua y colar por un lienzo impecable. Poner esta leche de almendra en cazuela de barro con la canela en rama y un poco de sal. Meter en el horno caliente y sacar cuando haya reducido la mitad y quede espesa. Reservar sin que pierda el calor. Freír las rebanadas de pan y colocar en fuente caliente. Partir la gallina en ocho trozos y colocar uno sobre cada rebanada. Regarlas con la enjundia que haya podido sudar en el horno y cubrirla con la salsa de almendra hirviendo.

Servir muy caliente.

CARNES Y AVES

CARNES Y AVES

Cazuela campanera

«Cassolla campanera»
Mallorca

Ingredientes para 4 personas:

4 lonchas de lomo de cerdo
4 tordos
4 trozos de pollo de grano
4 trozos de conejo de monte
400 gramos de «esclata-sangs» (lactarius sanguifluus)
400 gramos de «girgolas de card» (pleurotus eryngii)
4 dientes de ajo
1 cebolla mediana
1 tomate grande
2 patatas medianas
150 gramos de sopas de pan mallorquín
1 cucharada de manteca
2 tacitas de aceite de oliva
Un buen pellizco de todas especias y sal

Limpiar todas las carnes. Pelar cebolla y tomate. Picar menudo. Sentar una cazuela de barro honda sobre fuego alegre y calentar el aceite y manteca. Rehogar toda la carne con la cebolla. Más alegría al fuego y agregar el tomate y los ajos sin pelar. Continuar rehogando hasta que la carne tome bonito color. Mientras, pelar las patatas y cortar a dados. Lavar y escurrir. Limpiar las setas sin mojar y partir en dos.

Conseguido el punto de la fritura, sal y todas especias. Meter las patatas y mojar con una taza generosa de agua. Dejar cocer dulcemente y con cazuela cubierta. Cuando falten quince minutos para que la carne consiga su punto, poner las setas. Si los ingredientes beben salsa, añadir agua y probar la sazón, ha de ser valiente y el caldo muy rico.

Colocar el pan de sopas en un gran plato de cerámica y escaldarlas con lo de la cazuela.

Servir sin pérdida de tiempo.

Chuletas a la reina

«Costelles a la reina»
Mallorca

Ingredientes para 4 personas:

8 chuletas de cordero tiernas
100 gramos de jamón
200 gramos de galleta picada
1 pechuga de pollo pequeña
1 sesada de cordero
2 huevos muy frescos
1 cebolla
Unos brotes de perejil fresco
2 cucharadas de harina superior
1 taza generosa de leche
2 cucharadas de manteca
1 taza de aceite de oliva
Pimienta y sal

Cocer la pechuga con agua y sal. Escurrir y picar menuda. Poner en un plato con el jamón y la sesada, cortados muy pequeños.

Pelar la cebolla y picar diminutas. Calentar un poco de aceite y rehogar hasta que esté blanda. Incorporarle la harina, remover rápido, mojar con la leche, seguir removiendo hasta que espese sin formar ni un grumo. Fuego muy moderado. Ya en su punto salpimentar, apartar, meter el jamón, pollo, sesada y perejil, lavado y picado. Batir los huevos.

Calentar un poco de aceite en sartén y freír las chuletas, rápido; vuelta y vuelta. Salpimentar.

Fría la pasta, cubrir las chuletas, una a una y sin prisas. Rebozar con huevo y echarles galleta picada para dejarlas bien tapadas.

Freír enseguida con aceite caliente. Hasta que se dore la parte de abajo no dar la vuelta. Escurrir el aceite con sabiduría.

Servir muy calientes acompañadas con patatas recién fritas.

Chuletas de corderito con galleta d´Inca

«Costelles de anyellet amb galleta d´Inca» Mallorca

Ingredientes para 4 personas:

| 12 chuletas de corderito |
| 300 gramos de galleta d´Inca picada |
| El zumo de 1 limón |
| Unos brotes de perejil fresco |
| 100 gramos de manteca superior |
| 1 tacita de aceite de oliva |
| Pimienta y sal |

Poner las chuletas en un plato grande y embadurnar con la manteca. Salpimentar y regar con el zumo de limón. Mantener sesenta minutos en sitio fresco.

Lavar el perejil y picar menudo.

Ahora presionar las chuletas, por ambos lados sobre la galleta picada y el perejil. Envolver en papel blanco y asar a la parrilla.

Servir en fuente caliente, una vez levantado el papel.

Chuletas de cordero

«Costelles de molto» Menorca

Ingredientes para 4 personas:

| 8 chuletas de cordero joven |
| 125 gramos de pan rallado |
| 8 patatas medianas |
| 4 dientes de ajo |
| Unos brotes generosos de perejil fresco |
| 1 1/2 taza de aceite de oliva |
| 1 cucharada de pimentón |
| Pimienta negra y sal |

Pelar las patatas, cortar a rodajas finas, lavar y escurrir. Untar una fuente refractaria con aceite y colocar las patatas.

Lavar las chuletas y secar con un lienzo impecable. Salpimentar.

Pelar los dientes de ajo, lavar el perejil y cortar menudos. Poner en un plato con el pan rallado y pimentón. Mezclar y envolver las chuletas. Colocar sobre las patatas y regar con un hilillo de aceite.

Meter treinta minutos en horno precalentado. Servir del horno a la mesa. Recalentarlas, arruina el plato.

CARNES Y AVES

Chuletas de cordero con setas

«Costelles de molto amb pabrassos»
Ibiza y Formentera

Ingredientes para 4 personas:

8 chuletas de cordero muy tierno
800 gramos de «cogomas» (russula delica)
4 dientes de ajo
Unos brotes generosos de perejil fresco
1 1/2 tacita de aceite de oliva
Pimienta y sal

Limpiar las setas cuidadosamente, dando golpes suaves contra el sombrero para sacar las impurezas que pueden tener las laminillas. Pasar un lienzo impecable por el sombrero y pie.

Pelar los dientes de ajo, lavar el perejil y picar por separado.

Calentar la mitad del aceite en sartén y saltear las setas, cuando estén en su punto, salpimentar y esparcir por encima la mitad de ajo. dar unas vueltas, incorporar la mitad del perejil y reservar en fuente caliente.

Asar las chuletas a la brasa, vuelta y vuelta. Salpimentar. Mezclar el aceite crudo con el ajo y perejil, remover y cubrir las chuletas. Colocar con las setas y servir antes de que pierdan el calor.

Escaldums de pavo negro

«Escaldums d´indiot negre»
Mallorca

Ingredientes para 4 personas:

1/2 pavo: el cuatro delantero y el trasero
100 gramos de almendras
25 gramos de piñones muy blancos
25 gramos de sobrasada, 1 cebolla
3 tomates de ramillete
1 cabeza de ajos pequeña
500 gramos de «patato» (patatas del tamaño de una avellana)
Unos brotes de perejil y mejorana fresca
1 tacita de leche
1 tacita de jerez seco de calidad
1 taza de aceite de oliva
1 pizca de todas especias
1 pizca de canela
Pimienta y sal

Cortar el cuarto delantero en cuatro trozos y lo mismo el cuarto trasero. Lavar, escurrir. Pelar la cebolla y cortar a rodajas finas, lavar y escurrir.

Calentar la manteca y media tacita de aceite en una cazuela de barro. Rehogar el pavo junto con la cebolla. Cuando esté un poco dorado, poner la cabeza de ajos, perejil picado, laurel y los tomates pelados. Una vez fundidos, mojar con una taza de agua. Poner los piñones enteros, sal y especias.

Las almendras, escaldadas y peladas, escurrir y freír en sartén reducida con un poco de aceite. Cuando se enfaden (empiezan a saltar fuera de la sartén) apartar y escurrir. Machacarlas en el mortero con la sobrasada y la mejorana. Ha de quedar hecho una pasta. Recogerla con el vino y la leche. Remover y regar cuando el pavo esté tierno. Un hervor de confitamiento y a la mesa, en fuente hermosa y rodeado el «escaldum» con patatitas fritas enteras, doradas, procurado no se humedezcan con la salsa antes de llegar al comedor.

Fricandó de ternera

«Fricandó»
Mallorca

Ingredientes para 4 personas:

500 gramos de pecho de ternera
100 gramos de panceta fresca
Sal y pimienta

Golpear el trozo de carne con el mazo. Cortar la panceta a tiras finísimas. Repartirlas sobre la carne. Salpimentar.

Enrollar la carne con gracia. Atar con un hilo grueso y disponer en cacerola esmaltada. Mojarla con agua hasta que la cubra.

Sentar la cacerola, tapada, sobre fuego vivo y al hervir, moderar.

Dejar cocer lentamente hasta reducir totalmente el agua.

Cortar la carne a rodajas bonitas y servir con champiñones salteados con un poco de perejil.

Frita pagesa

«Frita pagesa»
Ibiza y Formentera

Ingredientes para 4 personas:

800 gramos de costilleta de cerdo
4 rodajas de solomillo de cerdo
4 rodajas de hígado muy rubio de cerdo
4 pimientos verde-rojos
400 gramos de «girgolas de card»
(pleurotus eryngii)
8 dientes de ajo
4 patatas
1 cucharada de manteca
1 taza de aceite de oliva
Pimienta y sal

Limpiar las setas sin mojar. Pelar las patatas, cortar a cantos, lavar y dejar en agua.

Lavar los pimientos, desechar corazón y semillas y romper a trozos con las manos. Chafar la nariz a los ajos.

Calentar la manteca y una tacita de aceite. Dar unas vueltas a los trozos de costilleta, ahora hacer lo mismo con el solomillo y después con el hígado. Salpimentar. Incorporar los pimientos, las setas y los dientes de ajo.

Frito ya, en un punto jugoso, meter las patatas recién fritas y escurridas del aceite.

Mezclar y servir en fuente caliente.

CARNES Y AVES

CARNES Y AVES

Frito variado

«Frit variat»
Mallorca

Ingredientes para 4 personas:

4 filetes de lomo de cerdo
4 chuletas reina
4 croquetas de pollo
2 tordos asados a la brasa de leña
4 riñones de cordero salteados
Los menudillos de 2 pollos, fritos
1 sesada de cordero frita en 4 trozos
4 filetes de criadillas fritas
4 «raolas» de chanquete
4 brotes de coliflor rebozados y fritos
4 rodajas de alcachofa frita
4 «esclata-sangs» (lactarius sanguifluus) salteados
4 croquetas de langosta
2 patatas fritas

Me disgusta mandar al lector a otra página, en busca de las preparaciones. Estas recetas, que se reúnen en una sola fuente antigua, de piedra, usadas aún en las casas de abolengo, precisan numerosas páginas por lo que el amable lector encontrará en los capitulillos diversos, como llevar a cabo este viejo plato isleño, evitando repeticiones. He de advertir que preparar el frito variado impone temple y varias personas trabajando en la cocina para que la fuente llegue al comedor, con las frituras recién sacadas de la sartén.

La coliflor rebozada, no tiene misterio, hervir brotes al punto «greyal», escurrir y rebozar con huevo batido y harina superior. Freír en abundante aceite caliente. Escurrir y salpimentar.

Un poco de aceite caliente en sartén, dará el salteado, corto a los riñones, que saldrán a la mesa jugosos por dentro y dorados fuera.

La alcachofa frita, sin más, en como freír patatas, en un abrir y cerrar de ojos.

Los menudillos de pollo fritos, el lector encontrará detallada explicación en el capítulo de despojos. Es un plato delicioso.

La pasta de croqueta se detalla en la Granada de berenjenas, la misma pasta sirve para las croquetas de pollo y las de langosta, aunque éstas últimas salen a la mesa con un trozo de pata de langosta colocado en un extremo.

Hoy, este sabrosísimo plato, principia y termina una comida.

Gallina con acederas

«Gallina amb vinagrella»
Menorca

Ingredientes para 4 personas:

1 gallina joven
1 manojo de acederas
400 gramos de judías tiernas
4 cebollitas menudas
2 tomates grandes y maduros
1 cabeza de ajos
1 piel de naranja
1 brote de tomillo fresco
1 tacita de aceite de oliva
1 pizca de vainilla en polvo
Pimienta y sal

Frita pagesa *(página 161)*

CARNES Y AVES

Despuntar las judías, lavar y poner a cocer en cacerola esmaltada con agua hirviendo. Sal.

Limpia la gallina, cortar a cuartos, lavar y secar. Pelar los tomates y picar menudos.

Calentar el aceite en cazuela de barro y dorar la gallina, despacio. Conseguido el punto, salpimentar, incorporar el tomate, la vainilla, hierbas aromáticas, piel de naranja. Tapar la cazuela y dejar cocer sin prisas. La tapadera que ajuste, aunque prive del aroma delicioso a la persona que guisa.

Lavar las acederas, cocer en agua y sal. Escurrir y picarlas menudas. Machacarlas en el mortero.

Tierna y confitada la gallina, sacar la salsa de la cazuela y pasar por el colador chino. Disponer en cacerola esmaltada, incorporar las judías cocidas y sabiamente escurridas. Dar un hervor corto. Disponer en fuente caliente. Esparcir por encima el picadillo de acederas. En el centro poner los cuartos de gallina, calientes, procurando devolverle la forma.

Servir muy caliente.

Gallina faraona reina Violanta

«Gallina faraona reina Violant»
Mallorca

Ingredientes para 4 personas:

1 gallina pintada joven y gorda como una pera
100 gramos de tocino fresco
250 gramos de almendras crudas
300 gramos de patata de Málaga o en su lugar boniatos amarillos
La miga de 1/2 «llonguet»
25 gramos de sobrasada
2 huevos muy frescos
1 cebolla hermosa
2 tomates grandes y maduros
2 tacitas de aceite de oliva
1 pellizco de canela
Pimienta negra y sal

Limpia la gallina. Lavar y escurrir.

Cocer las patatas de Málaga, sin pelar, con agua y sal. Escurrir y quitar la piel.

Machacar las almendras en el mortero, incorporar las patatas de Málaga, la miga de pan, humedecida con agua y trabajar hasta conseguir una pasta. Volcarla en un plato grande y agregar canela, sobrasada desmigada y los huevos crudos.

Poner una tacita de aceite y el tocino picado menudo en cazuela de barro. Sentar sobre fuego alegre y fundir el tocino, sin que tome color. Dejar enfriar y echar a la mezcla anterior. Remover uniendo sabores. Probar la sazón.

Coser el corte del cuello de la gallina y

rellenar toda la cavidad. Coser, evitando salga el relleno.

Calentar en cazuela el aceite y dorar la gallina sin prisas. Tomará bonito color por un igual.

Mientras, pelar la cebolla y tomates, picar menudos y por separado. Calentar aceite en sartén y rehogar la cebolla hasta dorar un poco, incorporar el tomate y remover hasta que funda. Salpimentar. Mojar con una taza de agua, dar un hervor de cinco minutos y volcar sobre la gallina. Tapar la cazuela y que se confite.

Conseguido el punto de ternura, sacar la salsa, pasar por el colador, chino, disponer la gallina en fuente caliente y cubrirla con la salsa.

La gallina la cortara la persona que mejor maneje el cuchillo y tenedor sin manchar el mantel.

Hoy, este plato, pide verdolaga aliñada con aceite y vinagre, como entrante, y evita postre de cocina, terminando con fruta de la estación.

Grasera de cordero

«Graixera de moltó»
Mallorca

Ingredientes para 4 personas:

600 gramos de aguja de cordero
1/2 butifarrón
40 gramos de longaniza
250 gramos de habas tiernas
250 gramos de guisantes tiernos
2 alcachofas tiernas y hermosas
2 patatas medianas
8 hojas de lechuga verdes
1 cebolla grande
1 tomate grande y maduro
1 brote de mejorana fresca
2 tacitas de aceite de oliva
1 pizca de todas especias
Un poco de canela en polvo y sal

Cortar la aguja en ocho costilletas. Pelar la cebolla, lavar y cortar a dados pequeños. Pelar el tomate y picar.

Pelar las patatas, cortar a cantos, lavar y dejar en remojo. Despuntar las habas, cortar a trozos iguales, lavar y escurrir. Desechar hojas viejas y puntas a las alcachofas. Cortar en cuatro gajos, lavar y dejar en agua. Lavar las hojas de lechuga, cortar menudas, la mitad y las otras dejar enteras. Trocear el butifarrón y desmigar la sobrasada. Desgranar los guisantes.

Calentar el aceite en cazuela de barro y rehogar la carne y la cebolla. Fuego un poco alegre, sin dejar de mover los ingredientes. Cuando la cebolla se dore, agregar el tomate y remover hasta que se funda.

CARNES Y AVES

165

Poner sal, especias y mejorana. Regar con una taza y media de agua hirviendo.

Meter todos los ingredientes restantes, menos las hojas de lechuga.

Cuando el hervor de la cazuela sea muy bullicioso, cubrir el guiso con las hojas de lechuga entera.

Horno precalentado. Entrar la cazuela en el horno a temperatura media y sacar a los cuarenta y cinco minutos, más o menos.

Las hortalizas deberán estar tiernas, la salsa reducida y el sabor muy enjundioso. Probar la sazón y servir muy calientes.

Lechona asada

«Porcelleta rostida»
Mallorca

Ingredientes para 4 personas:

1/2 lechoncita en canal, sobre 1 1/2 kilo
2 limones
500 gramos de boniatos pequeños amarillos
1 cebolla grande
4 dientes de ajo
1 trozo de guindilla
2 hojas de laurel
1 tacita de manteca superior
1 1/2 tacita de aceite de oliva
Pimienta negra y sal en cantidad

Limpia la lechona, lavar y secar. Poner agua en un lebrillo con cabida para la media lechona, sin tener que partirla. Echar sal, dos o tres cucharadas y remover hasta que no cante. Probar el agua, ha de notarse fuerte de sal. Ahora meter la lechona, el pimiento picante y las hojas de laurel. Cubrir el lebrillo con un lienzo impecable y reservar en sitio fresco doce horas.

Ahora, sacar la lechona, secar y poner pimienta por dentro y por fuera.

Pelar la cebolla y tomate y cortar a cantos. Chafar la nariz a los ajos sin pelar. Introducir estos ingredientes en el asador, con el aceite, manteca, zumo de limón y dos hojas de laurel. Colocar la parrilla y disponer encima la lechona por la parte abierta. Meter en horno precalentado y alegre.

Pelar los boniatos y partir por la mitad a lo largo. Cocer en tres tazas del agua del adobo del lechón. Tiernos ya, no blandos, apartar y escurrir.

A los quince minutos abrir el horno y mojar la lechona con la salsa del asador. Quince minutos más y colocar los boniatos con la salsa, debajo la rejilla. Dar la vuelta a la lechona y mojar con la salsa. A los quince minutos más de horno dar otra vez la vuelta y, mojar con la salsa del asador. Y ahora otra vuelta, quedando la piel hacia arriba. Mojar con la salsa y dejar hasta que la piel quede dorada y crujiente.

Servir entera en una fuente hermosa, rodeada con los boniatos cubiertos con toda la enjundia del asador, pasada por el colador chino.

Le acompaña muy bien una ensalada aparte de escarola, perfumada con cebolleta tierna y aliñada con aceite de oliva, unas gotas de limón y sal.

Ofogat

«Ofogat»
Mallorca

Ingredientes para 4 personas:

600 gramos de pecho de ternera
150 almendras crudas
4 naranjas hermosas
1 tacita de aceite de oliva
1 cucharada de pimentón superior
1 pizca de todas especias
Pimienta y sal

Calentar el aceite en cazuela de barro y dorar el trozo de carne por un igual. Salpimentar y demás especias.

Machacar las almendras en el mortero hasta hacerlas polvo. Recoger con el zumo de las naranjas y regar la carne. Tapar la cazuela con sabiduría evitando salga vapor.

Dejar cocer dulcemente hasta que se confite.

De vez en cuando sacudir la cazuela, cambiando la carne de sitio, sin destapar.

Pato con garbanzos tiernos

«Pato amb ciurons tendres»
Mallorca

Ingredientes para 4 personas:

1 pato gordo de 3 meses
2 manojos de garbanzos tiernos
2 cebollas medianas iguales
1 brote de ajedrea fresca
1 cucharada de azúcar moreno
1/2 tacita de vino blanco seco
1/2 tacita de aceite de oliva
Pimienta y sal

Limpio el pato, lavar y escurrir. Partir en cuartos y éstos en dos para que los cuatro comensales participen de la tentadora pechuga.

Pelar las cebollas, cortar en aros que no se rompan, lavar y escurrir. Desgranar los garbanzos, lavar y reservar.

Calentar el aceite en sartén y freír los trozos de pato colocados con la piel abajo. Dejar que se dore. Sacar, escurriendo la grasa.

Disponer los trozos de pato en cazuela de barro, salpimentar y reservar. En la sartén rehogar los aros de cebolla hasta que tomen un poco de color. Unir la cebolla a la cazuela y la mitad de la grasa de freír. Sentar la cazuela sobre fuego alegre y mojar con dos tazas de agua. Al hervir incorporar los garbanzos, ajedrea y dejar cocer despacio con la cazuela destapada para que se reduzca la salsa.

Tierna la carne y los garbanzos, sacar el brote de ajedrea, mojar con el vino y confi-

CARNES Y AVES

CARNES Y AVES

tar con el azúcar. Remover y dar un hervor corto. Servir en fuente caliente.

Pato mudo con aceitunas mallorquinas

«Pato mut amb olives mallorquinas»
Mallorca

Ingredientes para 4 personas:

2 pechugas de pato mudo hermosas
25 gramos de piñones muy blancos
200 gramos de aceitunas mallorquinas curadas enteras
El hígado del pato
1 cebolla grande
1 tomate grande y maduro
2 dientes de ajo
1 brote de tomillo fresco
Unos brotes generosos de perejil fresco
1/2 tacita de buen coñac
1 tacita de aceite de oliva
2 clavos de especia
1 pizca de todas especias
Pimienta y sal

Lavar las pechugas, partir por la mitad y secar.

Calentar el aceite en sartén y dorar las pechugas colocadas con la piel abajo. Conseguido el punto, dar la vuelta y dorar. Sacar, escurrir la grasa y disponer los trozos en cazuela de barro. Salpimentar.

Pelar la cebolla, tomate y dientes de ajo. Cortar menudo y por separado. Reservar un ajo en el mortero con los piñones y un poco de perejil. Colar la grasa de la sartén y calentar media tacita. Rehogar la cebolla hasta humillarla, agregar el tomate, ajo y perejil cortado. Remover hasta fundir el tomate. Mojar con una taza de agua y cubrir el pato. Poner el tomillo, clavos de especia y todas especias.

Sentar la cazuela sobre fuego moderado y que hierva sin prisas. Cazuela tapada.

Quitar el hueso a las aceitunas cortándolas en espiral.

Machacar lo del mortero hasta conseguir una pasta. Recoger con el coñac.

Cuando al pato le falten cinco minutos de cocción, incorporar las aceitunas y dos minutos después lo del mortero. Remover, probar la sazón y que se confite. Salsa espesa y reducida.

Pechugas de pava negra

«Pitera d'indiota negre»
Mallorca

Ingredientes para 4 personas:

2 pechugas hermosas de pava
200 gramos de almendras tostadas
15 gramos de sobrasada
2 tomates grandes asados
2 cabezas de ajos asadas
El zumo de 1/2 limón maduro
1 1/2 tacita de aceite de oliva
Pimienta negra y sal

Cortar las dos pechugas por la mitad a lo corto. Lavar y secar.

Calentar el aceite en sartén y dorar las

pechugas a fuego moderado. Conseguido el punto, disponerlas en cazuela de barro con el aceite de freírlas y la enjundia que hayan dado.

Machacar en el colador chino los tomates asados y los ajos, éstos levantada la piel para facilitar la salida de la pulpa. Recoger lo del colador en cazo esmaltado, mojar con una taza de agua, remover y cubrir las pechugas con la salsa y enriquecer con la sobrasada desmigada.

Sentar la cazuela sobre fuego moderado y dejar enternecer sin sobresaltos.

Mientras, levantar el velillo a las almendras tostadas y machacarlas en el mortero. Recoger con el zumo de limón y regar las pechugas en el último hervor.

Servir en fuente caliente acompañadas con patatas fritas o setas salteadas.

Pichones escabechados

«Colimins escabexats»
Mallorca

Ingredientes para 4 personas:

12 pichones hermosos que ya templen amores
3 dientes de ajo por pichón por 1 taza de vinagre de vino
2 tazas de aceite de oliva
2 clavos de especia por pichón
1 palo de canela
Sal

Limpios los pichones, lavar, escurrir y secar. Untar por fuera y dentro con aceite. Sal dentro. Envolver en papel grueso blanco y asar sobre brasa moderada. Su punto es jugoso, no sanguinoliento y tampoco seco. Dejar enfriar dentro del papel.

Mientras, colocar los ajos, canela y clavos de especia en cazuela esmaltada. Sacar los pichones del papel y meter en la cazuela. Mojar con el vinagre y aceite correspondiente. Quedaran cubiertos.

Sentar la cazuela sobre fuego moderado y que hierva hasta que la punta del cuchillo penetre en la pechuga del pichón.

Apartar la cazuela, dejar enfriar y colocar en tarros de vidrio. Poner una hoja de laurel y tapar. Reservar en despensa fresca y oscura. Se mantienen un año sin perder gustosidad.

Pierna de lechona al horno

«Cuixa de porcella al forn»
Ibiza y Formentera

Ingredientes para 4 personas:

1 pierna de lechona de 1 1/2 kilo
750 gramos de «patato» (patatas nuevas muy pequeñas)
2 cabezas de ajos
El zumo de 3 limones
3 hojas de laurel
10 granos de pimienta
100 gramos de manteca
1 1/2 tacita de aceite de oliva
Pimienta negra y molida y sal

Lavar la pierna y secar. Con la punta de un cuchillo muy fino introducir los granos

CARNES Y AVES

169

de pimienta bastante profundos. Espolvorear la pierna con sal, presionando.

Disponer en cazuela de barro. Untarla toda con manteca. Regar con zumo de limón y embadurnar con pimienta en polvo. Agregar el laurel, las cabezas de ajo, enteras y sin pelar.

Levantar la piel del patato (es muy fina). Lavar, repetidas veces y dejar en remojo con un poco de sal.

Horno precalentado. Introducir la pierna. Temperatura alegre. A los treinta minutos regarla con la salsa. Treinta minutos más, dar la vuelta e incorporar el «patato», rodeando la pierna. Regarla con la salsa. Cuarenta y cinco minutos más de horno. Ha de quedar la piel dorada y crujiente.

El «patato» dorado y jugoso, por lo que es preciso removerlo para evitar que la parte alta esté correosa.

En Ibiza este asado se sirve a temperatura ambiente.

Pollo con ostras vivas

«Pollastre amb ostras vives» Mallorca

Ingredientes para 4 personas:

1 pollo de 1 1/4 kilo
100 gramos de manteca de cerdo
3 docenas de ostras vivas
1 huevo duro
1 tacita de nata líquida
Unos brotes de ajedrea, tomillo, mejorana y perejil
Pimienta y sal

Limpio el pollo, lavar, secar y frotar con sal y pimienta. Abrir las ostras y meter dentro el pollo, sin desperdiciar ni una gota de su agua. Coser el pollo evitado pierda sabor.

Colocar el pollo en una cacerola pequeña, que no pueda moverse. Tapar herméticamente la cacerola y sentar en una olla mayor con agua. Colocar ésta sobre el fuego y dejar cocer dulcemente.

A los treinta y cinco minutos de cocción apartar la olla del fuego y dejar enfriar tal como ha cocido.

Mientras, pelar el huevo duro. Derretir la manteca en un cazo esmaltado.

Sacar el pollo de la cacerola y ponerlo en fuente refractaria, caliente. Incorporar la enjundia que ha sudado el pollo al cazo con la manteca derretida, huevo duro y hierbas aromáticas. Sentar sobre fuego moderado y que hierva dulcemente hasta reducir la salsa. Probar la sazón. Apartar el cazo del fuego, incorporar la nata, remover y cubrir el pollo (después de quitar el cosido y haberlo dispuesto en una fuente). Desechar las hierbas aromáticas y servir muy caliente.

Puede adornarse con ramos de perejil recién frito.

Pollo de grano asado

«Pollastre de gra rustit»
Mallorca

Ingredientes para 4 personas:

1 pollo de grano joven
50 gramos de panceta
50 gramos de pasas
El zumo de 2 limones
1 cucharada colmada de azúcar
1 taza de caldo de las interioridades del pollo, cuello, pata y cabeza
1 tacita de aceite de oliva
Pimienta negra, canela y sal

Limpias todas las interioridades del pollo, hervirlas con agua y sal hasta que den toda la enjundia. Reducir a una taza.

Limpio el pollo, lavado y seco, meterlo en cacerola con el aceite, la panceta cortada menuda. Sentar sobre fuego vivo y dorar si que se queme. Ya con buen color, especiar, sal y mojar con la taza de caldo. Continuar cociendo a borbotones.

Cuando le falten diez minutos para estar en su punto de ternura, colocar en plato refractario con toda la enjundia, las pasas, el zumo de limón y el azúcar.

Horno precalentado. Mantener hasta que reduzca la salsa y quede meloso. Mojar por encima antes de servir en fuente caliente.

Le acompañan muy bien los boniatos amarillos fritos.

Caracoles, caza y setas

Conejo estofado *(página 181)*

Becada en salmi

«Cegas amb salmi»
Menorca

Ingredientes para 4 personas:

4 becadas tiernas
70 gramos de mantequilla superior
8 lonchas finas de panceta fresca
4 panecillos blancos
Unos brotes de perejil y tomillo fresco
1 taza de leche
2 cucharadas de manteca de cerdo
1 taza de aceite de oliva
Pimienta negra y sal

Desplumar las becadas sin romper la piel. Lavar sin abrir. Dejar veinte minutos sumergidas en agua y sal.

Sacar las becadas, escurrir, quitarles los ojos y clavar el pico de la becada en la parte baja del cuello. Recoger las alas y muslos y envolver con la panceta, de modo que la piel del ave no toque la cazuela al rehogarlas. Atar, para más seguridad y disponer en cazuela de barro plana con la manteca de cerdo. Dorarlas sin prisas y por un igual. Ahora salpimentar, mojar con una tacita de agua. Tapar muy bien la cazuela y dejar cocer despacio.

Para no pinchar las becadas, fijarse en sus patas, si están tiernas, lo estará todo el cuerpo. Apartar del fuego.

Poner la leche y un poco de sal en un plato hondo y mojar los panecillos, partidos por la mitad a lo largo.

Freír los panecillos en aceite caliente y escurrir la grasa.

Quitar las ligaduras a las becadas, introducir, envuelta en la panceta, en la base de un panecillo, enriquecer con enjundia si hay en la cazuela, y cubrir con la otra mitad del panecillo. Sujetar el panecillo con palillos, evitando salga la becada.

Esparcir la mantequilla en el fondo de una fuente refractaria, colocar encima los panecillos rellenos.

Recoger toda la enjundia de la cazuela donde se han dorado, con una taza de agua, remover para unir sabores y meter en la fuente refractaria. Hornear a temperatura muy fuerte durante treinta minutos. Continuar a temperatura moderada hasta que estén confitadas. Darles la vuelta una vez, procurando no deformarlas.

Servir del horno a la mesa.

Cada comensal abrirá la becada, disfrutando las interioridades untadas en el pan frito.

Becadas a la parrilla

«Cegas a las graelles»
Mallorca

Ingredientes para 4 personas:

4 becadas tiernas
4 rebanadas de pan blanco
Pimienta y sal

Las becadas solo precisan desplumarse, procurando no romper la piel del ave. Lavar sin abrir. En un lebrillo dejarlas cubiertas con agua y sal. Treinta minutos. Ahora secar con lienzo impecable y disponer las becadas sobre la parrilla del horno, precalentado con alegría.

Bajo la parrilla colocar una fuente refractaria con las rebanadas de pan cubriendo el fondo.

Cerrar el horno y las becadas sudaran todo lo que el calor les echará fuera y el pan de abajo, recogerá la enjundia.

Han de quedar doradas por un igual.

Servirlas ordenadas sobre el pan, del horno a la mesa.

Según los comensales sazonaran con sal y pimienta.

La becada hay que saber recibirla, y también comerla. Es cuestión de costumbre y paladar.

Cuando empiece a tomar color esparcir por encima el jamón y tocino, cortado a dados menudos.

A los diez minutos agregar los ajos sin pelar, chafada la nariz, el zumo de limón y las hierbas aromáticas, colocadas de forma que no reciban demasiado calor.

Al dorarse los ajos, mojar todo con el vino y salpimentar. Dar la vuelta y más sal y pimienta.

Moderar el calor para que la carne quede jugosa.

Tierna la carne servir en la misma fuente y aparte una ensalada de achicorias silvestres.

Cabrito salvaje asado

«Cabrit salvatge rustit»
Mallorca

Ingredientes para 4 personas:

1/4 de cabrito por comensal (muy joven y gordo)
100 gramos de tocino salado
100 gramos de jamón
8 dientes de ajo
Unos brotes de perejil fresco
Unos brotes de ajedrea fresca
El zumo de 4 limones
2 tazas de vino blanco de calidad
1 tacita de manteca de cerdo
1 taza de aceite de oliva
Pimienta negra y sal

Lavar el cabrito repetidas veces y secar sin prisa. Disponer en fuente refractaria, colocando los trozos sobre la manteca y aceite crudo. Meter en horno precalentado y darle la vuelta repetidas veces.

Caracoles con leche

«Caragols amb llet»
Mallorca

Ingredientes para 4 personas:

1 1/2 kilo de caracoles hermosos
25 gramos de sobrasada
200 gramos de costilleta de cerdo fresca
1 cebolla hermosa
1 tomate grande y maduro
Unos brotes de perejil fresco
1 ramo de hinojo silvestre
Unos brotes de hierbabuena
Unos brotes de mejorana
2 hojas de laurel
Unos aritos de guindilla
1 yema de huevo muy fresca
2 dientes de ajo
1 taza de leche
1 tacita de coñac de calidad
1 1/2 tacita de aceite de oliva
1 pizca de todas especias
1 pizca de canela
Un poco de nuez moscada, recién rallada
Pimienta y sal

Lavar los caracoles con agua y sal, repetidas veces. Aclarar hasta que el agua quede limpia.

Aguardar a que los caracoles demuestren que están vivos.

Colocar todas las hierbas aromáticas en el fondo de una olla, y meter los caracoles vivos. Sentar la olla sobre fuego moderado y dejar hasta que los caracoles queden fuera, como desmayados. Aguardar quince minutos para animar el fuego. Pelar la cebolla, ajos y tomate. Picar menudo y por separado. Cortar la costilleta y desmigar la sobrasada.

Calentar en sartén el aceite y rehogar la cebolla con la costilleta. Jugosa la cebolla, incorporar el tomate y trabajarlo hasta que pierda la forma. Poner el sofrito en olla limpia.

Ya en su punto de cocción los caracoles, sacarlos con espumadera y unirlos a la olla del sofrito. Mojar con una taza del caldo que han hervido. Agregar la sobrasada, leche y sentar de nuevo sobre fuego medio, evitando pasen su punto de cocción.

Machacar en el mortero un ajo, perejil y mezclar la yema de huevo. Recoger con el coñac y regar los caracoles. Un hervor de abrir y cerrar los ojos y a la mesa. Aparte servir el «allioli» en cuatro cuencos para que cada comensal pueda untar los caracoles a su gusto.

CARACOLES, CAZA Y SETAS

Caracoles guisados

«Caragols cuinats»
Ibiza y Formentera

Ingredientes para 4 personas:

1 1/2 kilo de viudas grandes
50 gramos de tocino fresco
25 gramos de sobrasada
50 gramos de butifarra
50 gramos de almendras tostadas
200 gramos de guisantes tiernos
4 patatas pequeñas
El cogollo de 1 lechuga
4 dientes de ajo
1 buen ramo de hinojo silvestre fresco
Unos brotes de mejorana, hierbabuena y tomillo fresco
1/2 guindilla
1 tacita de aceite de oliva
1 cucharada de pimentón
2 clavos de especia
Pimienta y sal

Lavar los caracoles repetidas veces con agua y sal. Aclarar hasta que el agua quede limpia. Poner la mitad de hierbas en una olla y meter todos los caracoles que anden, tirar los que no se mueven y los dudosos.

Sentar la olla sobre fuego muy moderado y dejar que salgan confiados. No aumentar el volumen del fuego hasta ver que todos han caído en el «engaño». Dejar hervir despacio treinta minutos y sacarlos de la olla.

Poner el resto de hierbas aromáticas en olla limpia, unirles los caracoles y cubrir con agua. Incorporar la guindilla, clavos, pimienta y sal. Animar el fuego. Pelar las patatas, cortar a cantos, lavar y unir a la olla. Desgranar los guisantes, lavar y cortar la lechuga. Meter en la olla.

Calentar el aceite en sartén y rehogar la cebolla picada, incorporar el tomate, sobrasada desmigada, tocino y butifarra a trocitos. Jugosa la fritura, unir a los caracoles. Que sigan hirviendo.

Machacar las almendras, ajos y perejil. Cuando falten cinco minutos para conseguir el punto gustoso de los caracoles, enriquecerlos con el picadillo y dar el hervor corto del confitamiento.

Caracolillos blancos

«Caragolins blancs»
Menorca

Ingredientes para 4 personas:

1 kilo de caracolillos blancos vivos
1 buen ramo de orégano fresco
1 trocito de guindilla
4 cucharadas de vinagre de vino
2 tacitas de aceite de oliva
Pimienta negra y sal

Poner los caracolillos treinta minutos en agua fría para reblandecer el velo que los mantiene en letargo.

Ahora levantar el velillo y lavarlos solo con agua. Dejar de nuevo en remojo. Reservar los que han sacado los cuernos, y meter en un lebrillo con agua limpia.

Comprobado que todos están vivos, poner el orégano en una olla de barro, agregar los caracoles y mojar con agua fría que apenas los cubra. Sentar la olla sobre fuego moderadísimo para invitarles a salir o asomar de sus conchas. Cuando quieran cambiar de idea, el calor les ha «engañado» y no pueden esconderse. Dejar el fuego igual durante quince minutos y después aumentar un poco. A los quince minutos más, poner la guindilla y sal. Continuar la cocción cuarenta y cinco minutos y apartar del fuego.

En un cuenco grande batir la sal, pimienta y vinagre. Cuando la sal no cante, agregar el aceite en hilillo y continuar removiendo para que la salsa quede amorosamente unida.

Repartir la salsa en cuatro cuencos pequeños, uno para cada comensal. Sacar el caracolillo y untar en la salsa para disfrutarlo con todo su sabor.

Los caracolillos saldrán a la mesa, en fuente humeante y mojados por un cucharón de su propio caldo.

Codornices asadas

«Guatllas rustidas»
Mallorca

Ingredientes para 4 personas:

| 8 codornices muy gordas |
| El zumo de 1 limón |
| 1 cucharada de semillas de hinojo silvestre |
| 1 tacita de aceite de oliva |
| Pimienta negra y nuez moscada |
| Sal |

Desplumar las codornices, lavar sin abrir, colocar sobre la rejilla del horno caliente.

Debajo poner una fuente refractaria con una taza de agua.

Las codornices se asarán a fuego moderado, dejando caer lo que suden en la fuente. Sacarlas cuando estén doradas por un igual.

En la fuente, agregar un diente de ajo machacado en el mortero con las semillas de hinojo, sal, aceite y todas las especias, más zumo de limón. Remover para que se mezcle, probar la sazón, y pasar por el colador chino. Volver la salsa a la fuente.

Sacar el buche y la molleja a las codornices, desechar. Introducir las codornices en la fuente refractaria y empaparlas repetidas veces con la salsa. Hornear y dejarlas confitar veinte minutos.

Servir en la misma fuente y aparte rebanadas de «llonguet» frito.

Conejo con cebolla

«Conill amb ceba»
Mallorca

Ingredientes para 4 personas:

| 800 gramos de conejo |
| 1 kilo de cebollas |
| 2 tomates grandes y maduros |
| 1 hoja de laurel |
| 1 buen ramo de perejil fresco |
| Unos brotes de mejorana fresca |
| 1 1/2 tacita de aceite de oliva |
| 1 cucharada de pimentón superior |
| 1 pizca de todas especias |
| Pimienta negra y sal |

CARACOLES, CAZA Y SETAS

Cortar el conejo en ocho trozos. Pelar las cebollas, lavar y cortar a medias lunas finas. Pelar los tomates y picar menudos. Lavar las hierbas aromáticas y picar.

Calentar el aceite en cazuela de barro plana y meter el conejo, dar unas vueltas, salpimentar y agregar la cebolla. Remover evitando se pegue y cuando tome color dorado, incorporar el tomate, hoja de laurel y las hierbas aromáticas. Levantar la moral con un pellizco de todas especias, el pimentón y continuar rehogando hasta que el tomate se funda. Ahora tapar la cazuela, moderar el fuego y dejar confitar casi sin hervir. Desechar la hoja de laurel. Servir en fuente caliente y aparte, acompaña muy bien otra fuente con patatas fritas a cantos.

Conejo con patatas

«Conill amb patatas»
Ibiza y Formentera

Ingredientes para 4 personas:

800 gramos de conejo
1 cebolla grande
4 patatas medianas
2 tomates maduros
6 dientes de ajo, 1 ñora
1 brote de mejorana, hinojo, tomillo y orégano fresco
1 tacita de vino rancio
1 tacita y media de aceite de oliva
7 hebras de azafrán
1 cucharadita de pimentón
Nuez moscada recién rallada
Pimienta y sal

Limpio el conejo, cortar en ocho trozos.

Pelar la cebolla, tomates y ajos. Cortar la cebolla en seis trozos, los tomates en cuatro y los ajos, menudos. Lavar las hierbas aromáticas.

Poner a calentar el aceite en sartén y rehogar la ñora y el higadillo, evitando tomen color. Apartar y reservar en el mortero con el azafrán y un diente de ajo.

Dorar el conejo en la misma sartén, sacar y colocar en cazuela de barro. Salpimentar.

En la grasa de la sartén rehogar la cebolla hasta que ablande, ahora poner tomate y ajos. Remover y cuando esté jugoso, apartar la sartén del fuego y mojar la fritura con una taza de agua. Mezclar y cubrir el conejo. Sal, especias, hierbas aromáticas y tapar la cazuela. Dejar hervir dulcemente.

Pelar las patatas, cortar a cantos grandes, lavar, escurrir y meter en la cazuela.

Machacar todo lo del mortero (desechar semillas de la ñora) y conseguida una pasta, recogerla con el vino rancio.

Conseguido el punto de cocción de las patatas, regar con lo del mortero y dar un hervor corto de confitamiento.

Conejo en escabeche

«Conill escabexat»
Mallorca

Ingredientes para 4 personas:

800 gramos de conejo
1 cebolla grande
3 tomates
1 cabeza de ajos
1 brote grande de ajedrea fresca
1/2 tacita de vino blanco seco
1/2 tacita de vinagre de vino blanco
1 taza de aceite de oliva
8 granos de pimienta negra
1 pizca de canela

Limpio el conejo y partido en ocho trozos, disponer en cazuela de barro con todos los ingredientes.

Sentar la cazuela sobre fuego manso y que hierva con pereza.

Ya en su punto de cocción y sazón, servir caliente y aparte una fuente con patatas cortadas a cantos, fritas con ajos.

Conejo estofado

«Conill ofegat»
Menorca

Ingredientes para 4 personas:

800 gramos de conejo
100 gramos de tocino fresco
1 yema de huevo cocido, duro
3 tomates grandes y maduros
3 dientes de ajo
1 tallo de apio fresco
1 brote de mejorana y tomillo fresco
1 1/2 tacita de aceite de oliva
1 clavo de especia
Pimienta y sal

Limpiar el conejo, cortar en ocho trozos y el tocino en dados.

Pelar los tomates y picar.

En cazuela de barro poner el aceite y tocino. Dejar que éste fría, y al cambiar de color agregar el conejo y dorarlo un poco. Salpimentar. Unirle el tomate y trabajar hasta que se funda. Poner los ajos enteros, sin pelar, laurel, apio, las hierbas aromáticas y el clavo de especia. Tapar la cazuela, moderar el fuego y dejar cocer dulcemente para conseguir el punto meloso de cocción.

Sacar los ajos, laurel, apio y clavo de especia. Y esparcir por encima la yema de huevo duro machacada. Incorporar, removiendo.

Servir el conejo en fuente caliente, cubierto con la salsa, que será: poco abundante y confitada.

CARACOLES, CAZA Y SETAS

CARACOLES, CAZA Y SETAS

Gazapos con salsa

«Llondrigons amb salsa»
Mallorca

Ingredientes para 4 personas:

4 gazapos
100 gramos de tocino salado
25 gramos de avellanas tostadas
25 gramos de almendras crudas
25 gramos de piñones muy blancos
4 dientes de ajo
1 buen ramo de perejil fresco
1/2 tacita de vino blanco seco
1 1/2 taza de aceite de oliva
1 pellizco de todas especias
Pimienta y sal

Limpios los gazapos, cortar por la mitad a lo largo, cabeza incluida y después por la mitad a lo corto. Lavar y escurrir.

Cortar el tocino a dados y poner en cazuela de barro con el aceite. Sentar sobre fuego alegre y cuando el tocino esté casi transparente, unir los gazapos y dorar poco a poco.

Machacar en el mortero avellanas, sin piel, almendras, piñones, ajos pelados y perejil lavado. Conseguido una pasta, recoger con el vino y media tacita de agua.

Ya en su punto de cocción salpimentar los gazapos, todas especias. Regar con lo del mortero y que den un hervor de enriquecimiento de sabores.

Servir muy calientes, acompañados aparte con una ensalada de berros.

Liebre al hígado

«Llebre amb fetge»
Mallorca

Ingredientes para 4 personas:

800 gramos de lomo y parte trasera de la liebre
1 brote grande de tomillo fresco
El hígado de la liebre
1 cucharada de harina superior
1 taza de vino blanco bueno
2 tacitas de aceite de oliva
1 buen pellizco de todas especias
Pimienta y sal

Limpia la liebre y el hígado, desechada la hiel, cortar los muslos en dos trozos cada uno, y el lomo en cuatro rodajas. El hígado entero.

Reunir los trozos de liebre e hígado en cazuela de barro con el aceite caliente y dorar, despacio. Ahora mojar con dos tazas de agua. Poner sal, aromatizar con el tomillo y dejar cocer dulcemente hasta que la liebre relaje su dureza.

Diluir la harina en un cazo esmaltado con dos cucharadas de agua fría. Cremosa y sin grumos, incorporar el vino, el caldo que le queda a la liebre, todas especias, el hígado machacado en el mortero y un poco de sal. Sentar el cazo sobre fuego moderado y sin dejar de remover dar el punto de cocción a la salsa. Ha de quedar como un bechamel clarita. Probar la sazón.

Desechar el ramo de tomillo y colocar la liebre, muy caliente, en la fuente. Cubrirla con la salsa hirviendo.

Caracoles con leche *(página 177)*

CARACOLES, CAZA Y SETAS

Liebre con vino

«Llebre amb vi»
Mallorca

Ingredientes para 4 personas:

800 gramos de liebre
100 gramos de panceta fresca
1 cebolla hermosa
2 dientes de ajo
2 tazas de vino blanco de calidad
2 tacitas de aceite de oliva
4 clavos de especia
1 poco de canela en polvo
Pimienta y sal

Limpia la liebre, cortar en cuatro trozos y sin lavar meter en un lebrillo con el vino para que suelte parte de sangre.

A la mañana siguiente, sacar la liebre, escurrir bien.

Calentar el aceite y rehogar la panceta junto con los trozos de liebre. Conseguido un poco de color, sacar y disponer en cazuela de barro.

En la grasa de freír la liebre, rehogar la cebolla picada menuda hasta desmayarla. Cubrir la liebre con la fritura. Mojar con el vino donde estuvo la liebre en maceración. Sazonar con sal, canela y clavos de especia. Machacar los ajos pelados en el mortero, recogerlos con un poco de vino y meter en la cazuela. Tapar y sentarla sobre fuego lento. Ha de cocer dulcemente una hora y media. Probar y servir en fuente caliente.

Palomas torcaces guisadas

«Tudons aguiats»
Mallorca

Ingredientes para 4 personas:

4 palomas torcaces jóvenes
8 lonchas finísimas de tocino fresco
400 gramos «picornells»
(cantarellus cibarius)
Unos brotes de perejil fresco
2 limones
1 1/2 tacita de aceite de oliva
Pimienta y sal

Limpiar las setas sin mojar, sacudiéndolas con sabiduría para sacar todas las impurezas de las láminas. Desechar la parte de abajo, del pie.

Limpias las palomas torcaces, frotar con medio limón cada una. Reservar dentro higadillos, corazón y molleja una vez vacía y lavada.

Calentar el aceite en cazuela de barro y dorar despacio las palomas. Conseguido el punto, salpimentar. Envolver cada una con la loncha de tocino. Tapar la cazuela y dejar que suden. A media cocción, mojar con dos tazas de agua, incorporar las setas, mezcladas con el perejil picado. Tapar de nuevo la cazuela y cocción lenta hasta conseguir el punto.

Servir en fuente caliente, desechando el tocino y rodeándolas con las setas.

Perdices con col

«Perdius amb col»
Ibiza y Formentera

Ingredientes para 4 personas:

4 perdices jóvenes
12 hojas de col de «cardell» blancas
8 cebollas pequeñas
1 tomate grande y maduro
1 cabeza de ajos pequeña
Unos brotes de perejil fresco
1 brote de tomillo fresco
1 cucharada de manteca de cerdo
1 1/2 tacita de aceite de oliva
1 clavo de especia
1/2 tacita de jerez seco
Pimienta negra y sal

Limpias las perdices, reservar corazón, higadillos y mollejas vacías y lavadas. Pelar las cebollitas y tomate. Dejar enteras las primeras y muy picado el tomate. Lavar las hierbas aromáticas. Limpiar las hojas de col, quitando el nervio grueso.

Calentar el aceite y manteca en cazuela de barro y rehogar las perdices, interioridades (menos higadillo), cebollas y cabeza de ajos. Ya un poco dorado, salpimentar y clavo de especia. Incorporar el tomate y rehogarlo hasta que funda. Meter las hojas de col, rehogar cinco minutos y tapar la cazuela. Fuego muy lento para que empiece a hervir en su propio jugo. Ahora mojar con una taza de agua hirviendo. Poner sobre la col las hierbas aromáticas.

Tiernas las perdices, sacar las hierbas aromáticas, interioridades de las perdices, la cabeza de ajos. Machacar en el mortero agregando los higadillos. Recoger con el jerez y pasar por el colador chino. Regar el guiso. Probar la sazón y dar un hervor corto. Disponer las perdices en fuente caliente y cubrirlas con la col.

Perdices con col

«Perdius amb col»
Mallorca

Ingredientes para 4 personas:

4 perdices jóvenes
100 gramos de harina
4 limones
4 cogollos de col prietos y blancos
1 taza de aceite de oliva
Pimienta negra y sal

Limpiar las perdices, partir por el pecho a lo largo, de arriba a abajo. Poner sal por el pecho.

Batir el zumo de los limones con dos tacitas de aceite y pimienta. Untar las perdices y asar con brasa de leña, colocadas sobre rejilla. Cuando tomen un poco de color, disponer en cazuela y cubrirlas con agua y dejar cocer a fuego lento.

Lavar los cogollos de col, abriéndolos y meter en una cacerola con agua hirviendo y un poco de sal. Cuando pierdan tersura, apartar y dejar enfriar escurriendo.

Ahora envolver las hojas de col con harina y dorarlas en sartén con aceite caliente.

Escurrir la grasa y colocar junto a las perdices. Regar con la mezcla sobrante de zumo de limón y aceite batido. Dar un her-

CARACOLES, CAZA Y SETAS

vor corto y servir en fuente caliente. Las perdices rodeadas de col frita.

Perdices con salsa

«Perdius amb salsa»
Mallorca

Ingredientes para 4 personas:

| 4 perdices jóvenes |
| La piel de 1/2 limón |
| 4 hojas de laurel |
| 1 buen ramo de perejil fresco |
| 6 dientes de ajo |
| 2 tacitas de aceite de oliva |
| Pimienta y sal |

Limpias las perdices, cortar a cuartos y asar sobre rejilla y brasa de leña. Ya doradas, disponer en cazuela de barro plana, salpimentar, mojar con el aceite. Machacar los dientes de ajo, pelados, en el mortero, perejil, lavado y cortado y la piel de limón. Reunidos todos los ingredientes, tapar la cazuela y sentar sobre fuego moderado. Cocerá dulcemente hasta confitarse.

Hay que sacudir la cazuela, cogiéndola por las asas, evitándo se pegue el contenido.

Servir en la misma cazuela y muy caliente.

Setas a la brasa

«Pabrassos a la graella»
Ibiza y Formentera

Ingredientes para 4 personas:

| 800 gramos de setas de cazoleta |
| 25 gramos de sobrasada desmigada |
| 3 dientes de ajo |
| 1 tacita de aceite de oliva |
| Pimienta y sal |

Limpiar las setas sin mojar, con sabiduría.

Colocar la rejilla sobre las brasas con las setas sentadas por el sombrero y el pie hacia arriba. Los ajos pelados y picados diminutos. Colocar en cada seta un poco de sobrasada, ajo, sal y pimienta. Dejar caer unas gotas de aceite.

Se asan en muy poco tiempo.

Setas a la brasa

«Esclatap-sangs a la graella»
Mallorca»

Ingredientes para 4 personas:

| 800 gramos de «esclata-sangs» de cazoleta («Lactarius Sanguifluus») |
| 2 dientes de ajo |
| Unos brotes de perejil fresco |
| 1 tacita de aceite de oliva |
| Sal |

CARACOLES, CAZA Y SETAS

Limpiar las setas sin mojar. Sacudir el sombrero con la hoja plana de un cuchillo, para que caigan las impurezas o tierra de las laminillas. Cortar la parte oxidada del pie y pasar un lienzo impecable sobre el sombrero.

Colocar sobre la rejilla con el pie hacia abajo: el calor de las brasas, moderado.

A los dos minutos ponerlos con el pie hacia arriba. Una gota de aceite en cada uno. Y a media cocción rellenar con el perejil, ajo, picado diminuto, mezclado con sal y pimienta. Un minuto más y apartar. Colocar en fuente caliente, regar con un hilillo de aceite y a la mesa evitando pierdan calor.

Setas al horno

«Esclata-sangs al forn»
Mallorca

Ingredientes para 4 personas:

1 kilo de setas grandes y sanas (lactarius sanguifluus)
El zumo de 1 limón
1 tacita de aceite de oliva
Pimienta y sal

Limpiar las setas, sacudiendo el sombrero para que caigan las impurezas de las laminas, cortar la parte baja del pie. Partir los pies por la mitad a lo largo. Los sombreros, según tamaño en dos o cuatro trozos.

Untar una placa de hornear con aceite. Disponer encima las setas, evitando se amontonen. Salpimentar. Poner un hilillo de aceite por encima y meter diez minutos a horno medio. Sacar, disponer en fuente caliente y servir. Cada comensal pondrá el zumo de limón.

Los buenos comedores de setas evitan el limón para no perder el aroma a bosque.

Setas con manteca de la tierra

«Esclata-sangs amb mantega de la terra»
Menorca

Ingredientes para 4 personas:

1 kilo de setas pequeñas: (lactarius sanguifluus)
25 gramos de manteca superior
Sal

Limpiar las setas sin mojar.

Disponer las setas y la manteca en cazuela de barro. Sentar sobre fuego vivo y rehogarlas, poner sal. Han de quedar más enteritas que desmayadas.

Servir del fuego a la mesa evitando pierdan calor.

CARACOLES, CAZA Y SETAS

Tordos con salmi

«Tordos amb salmi»
Mallorca

Ingredientes para 4 personas:

8 tordos gordos (reservar interioridades, cabezas y cuellos)
8 rebanadas de pan blanco fritas
La miga de 1/2 «llonguet»
2 dientes de ajo
1 trocito de piel de limón
1 brote de ajedrea fresca
2 tazas del caldo
1 taza de vino blanco de calidad
1 taza de aceite de oliva
8 granos de pimienta y sal

Limpios los tordos de plumas, abrir, sacar la molleja, vaciarla, lavarla y meterla de nuevo en el tordo. Las demás interioridades se quedan donde el Creador las colocó. Pasar los tordos por agua fría y escurrir. Cortarles los pies.

Disponer los tordos en cacerola y cubrirlos con agua fría. Sentar sobre fuego alegre y al hervir, poner sal y los granos de pimienta.

Tiernos los tordos, sacar de la cazuela, y reservar en un plato. Vaciar todas las interioridades, cabeza y cuello. Poner en la tabla y cortar menudo, junto con la miga de «llonguet», piel de limón y ajos pelados.

Reducir, hirviendo, el caldo de la cacerola a dos tazas. Incorporar el picadillo de la tabla, el vino y ajedrea. Hacer hervir hasta confitar. Apartar la cazuela y pasar el contenido por el colador chino, procurando chafar bien todo para que dé enjundiosa y espesa salsa. Reservar la salsa en cazo esmaltado a baño maría junto al fuego.

Calentar el aceite y freír las rebanadas de pan. Escurrir del aceite y disponer en fuente caliente.

Introducir los tordos en el cazo con la salsa y calentar hasta que levante el hervor. Apartar, colocar un tordo sobre cada rebanada y cubrirlo con salsa.

Servir volando para que no pierda el calor.

Tordos con salsa de granada

«Tords amb salsa de magrana»
Ibiza y Formentera

Ingredientes para 4 personas:

8 tordos gordos
4 granadas bien maduras
1 ramo de finas hierbas
1 cebolla grande
1 tomate de ramillete
1 taza de caldo de ave
1 cucharada de manteca
1 tacita generosa de aceite de oliva
Pimienta y sal

Abrir las granadas y sacar los granos, desechando el velillo amarillo, es muy amargo.

Limpios los tordos, calentar en sartén, el aceite y manteca y rehogarlos para que se doren. Sacar y disponer en cazuela de barro.

Pelar la cebolla y tomates, picar menudo y por separado. Rehogar la cebolla en la grasa de la sartén, de haber dorado los tordos. Una vez jugosa, agregar el tomate y las finas hierbas. Ahora recoger la fritura con el caldo y verter sobre los tordos. Incorporar los granos de granada y dejar hervir despacio. Salpimentar.

Tiernos los tordos y los granos de granada. Sacar los tordos y colocar en cazuela limpia. Pasar por el colador chino toda la salsa y la fruta. Probar la sazón y cubrir los tordos.

Dar un hervor corto y servir muy calientes.

Tordos con setas

«Tords amb pebrasso»
Ibiza y Formentera

Ingredientes para 4 personas:

8 tordos
600 gramos de «girgolas de poll» (pholiota aegerita)
50 gramos de manteca de cerdo
1 cebolla grande
2 tomates maduros
4 dientes de ajo
1 ramo de perejil fresco
1 tacita de vino blanco
1 tacita de aceite de oliva
1 clavo de especia
Pimienta y sal

Limpios los tordos, reservar higadillos en el mortero con un diente de ajo pelado y un poco de perejil.

Limpiar las setas sin mojar, con un lienzo impecable y sacudiendo el sombrero para sacar las impurezas.

Pelar la cebolla, tomates y dientes de ajo. Picar menudo y por separado. Calentar el aceite y manteca en cazuela de barro y dorar los tordos por un igual. Han de quedar casi tiernos. Salpimentar. Incorporar la cebolla y rehogar hasta humillarla. Unirle tres ajos y el tomate. Continuar rehogando hasta fundir el tomate. Agregar el perejil y las setas partidas en dos, pies incluidos. Dar unas vueltas para que se empapen de enjundia, mojar con una taza de agua hirviendo y el clavo de especia. Dejar cocer dulcemente.

Machacar el contenido del mortero hasta convertir en pasta. Recoger con el vino y cuando las setas estén en su punto de cocción, regar con el picadillo y dar un hervor de confitamiento. Servir en la misma cazuela, borboteando.

Tripitas de tordo

«Butzas de tords»
Mallorca

Ingredientes para 4 personas:

Las tripas de 8 tordos
4 tomates de ramillete
8 rebanadas de «llonguet»
1 cucharada de manteca
2 cucharadas de aceite de oliva
Pimienta y sal

Presionar las tripitas de tordo para que saquen lo más gordo. Lavar un par de veces y escurrir.

Calentar manteca y aceite en sartén y

CARACOLES, CAZA Y SETAS

freír las tripas. Sacar y reservar. En la misma grasa freír el tomate pelado y picado. Remover hasta fundirlo, ahora unirle las tripitas fritas, cortadas, salpimentar alegremente y dejar confitar.

Freír las rebanadas de «llonguet» con abundante aceite de oliva, escurrir y colocar una cucharada de fritura en cada una. Ha de servirse muy calientes.

Cocarrois, empanadas, pastelones y cocas

Empanadas dulces *(página 204)*

Coca con pimientos

«Coca amb pebres»
Mallorca

Ingredientes para 4 personas:

Para el relleno:
3 pimientos rojos muy gruesos
2 tomates grandes maduros
4 dientes de ajo
1/2 tacita de aceite y sal
Para la masa:
Harina floja, la que tome
1 tacita de zumo de naranja
1 huevo
1 tacita de aceite de oliva

Asar los pimientos en el horno y no dejar deshidratar. Pelar y quitar corazón y semillas. Romper a tiras con los dedos y disponer en un plato. Pelar los dientes de ajo y machacar en el mortero. Pelar los tomates y picar menudísimos. Meter en el mortero y sazonar.

Poner el huevo en el lebrillo, con el zumo de naranja, aceite y batir hasta emulsionar. Incorporar harina, poco a poco, removiendo con espátula. Cuando la masa no mancha, aunque está blanda, extender en molde bajo untado con aceite. Colocar las tiras de pimiento siempre en la misma dirección. Remover lo del mortero y esparcir sobre los pimientos. Ahora regar con el aceite. Meter en horno precalentado. Treinta minutos de cocción a temperatura media.

Siempre la parte baja de las cocas, llamada «suela» debe quedar dorada, no mucho.

Coca con sardinas frescas

«Coca amb sardines frescas»
Menorca

Ingredientes para 4 personas:

Para el relleno:
800 gramos de sardinas muy frescas
1 buen manojo de perejil fresco
5 dientes de ajo
Aceite para aliñar
2 cucharadas de pimentón
Sal
Para la masa:
Harina, si precisa
1 pan de 400 gramos crudo
1 tacita de aceite de oliva

Limpiar las sardinas, fuera cabeza e interioridades. Lavar y escurrir con sabiduría. Pelar los dientes de ajo. Lavar el perejil y picar ambos muy menudos.

Meter el pan crudo en un lebrillo con el aceite y amasar hasta que beba la grasa. Si es preciso, poner un poco de harina. Formar cuatro bolas. Sentar en dos placas untadas con aceite. Presionar las bolas hasta bajarles altura. Ahora repartir las sardinas por un igual. Cubrirlas con el pimentón, sal y el picadillo. Regar con un hilillo de aceite y meter en horno precalentado. Cuarenta y cinco minutos de cocción a temperatura media.

Coca con sofrito

«Coca amb sofrit»
Mallorca

Ingredientes para 4 personas:

Para el relleno:
3 manojos de cebollitas tiernas
1 manojo grande de perejil fresco
8 tomates de ramillete del mismo tamaño
4 dientes de ajo
1/2 tacita de aceite de oliva
1 cucharada de pimentón
Sal
Para la masa:
Un poco de harina
1 panecillo crudo
3 huevos frescos
2 cucharadas de agua
2 cucharadas colmadas de aceite de oliva

Quitar hojas viejas a las cebollitas y raíces. Lavar y escurrir. Pelar los dientes de ajo y cortar a rebanadas finas y redondas. Las cebollitas cortadas en aros, verde tierno incluido. Perejil lavado, escurrido y cortado a trocitos no pequeños. Meter en un plato, poner sal, pimentón y aceite. Remover.

En un lebrillo reunir el panecillo crudo, los huevos agua y aceite. Trabajar hasta mezclar bien todos los ingredientes. Amasar y si precisa un poco de harina, ponerla. Ha de quedar la masa muy manejable sin ser dura. Extender sobre placa untada con aceite y cubrirla toda con lo del plato. Ahora cortar los tomates de ramillete por la mitad y colocar encima, respetando idénticos espacios. Un poco de sal en cada uno. Meter en horno precalentado. Cocer veinticinco minutos a temperatura media.

No dejar enfriar metidas en el horno. Pierden jugosidad y el calor puede deteriorar los tomates.

Coca con tocino y sobrasada

«Coca amb tocino i sobrassada»
Ibiza y Formentera

Ingredientes para 4 personas:

Para el relleno:
200 gramos de sobrasada
200 gramos de tocino fresco
Sal
Para la masa:
Harina floja la que tome
1 tacita de agua
1 cucharada de manteca
1 tacita de aceite de oliva

Cortar igual la sobrasada que el tocino, a trozos medianos. Poner sal al tocino.

Mezclar en un lebrillo el agua, aceite y manteca. Cuando esté cremoso, incorporar harina, poco a poco, trabajar muy poco. Ha de quedar la masa suave. Extender sobre placa untada con aceite de oliva y repartir el tocino y la sobrasada, alternando. Meter en horno precalentado. Treinta minutos de cocción a temperatura media.

Coca con trempó

«Coca amb trempó»
Mallorca

Ingredientes para 4 personas:

Para el relleno:
3 tomates de ensalada maduros y tersos
4 pimientos rubios tiernos
1 cebolla blanca de verano, hermosa
Aceite y sal
Para la masa:
Harina floja la que tome
1 cucharadita de levadura en polvo
1 cucharadita de azúcar
1 huevo
1 tacita de agua
1 tacita de aceite de oliva

Pelar los tomates y cebolla. Sacar corazones a los pimientos y lavar con la cebolla. Escurrir. Cortar todo a dados muy menudos, sin picar. Meter en un plato hondo y poner sal y aceite. Mezclar.

En un lebrillo meter el agua y azúcar, remover hasta que el azúcar no cante. Unirle aceite y el huevo y trabajar con la espátula hasta emulsionar.

Incorporar harina, mezclada con la levadura, remover, más harina y así hasta que adquiere el punto de masa suave. No ha de manchar, pero tampoco ha de perder el brillo de la masa fina. Extender sobre molde untado con aceite. Levantar una orilla, y esparcir el trempó por encima. No ha de quedar un trozo de masa sin cubrir.

Meter en horno precalentado. Treinta minutos de cocción a temperatura media.

Caliente está riquísima.

Coca de acelgas y arenques

«Coca amb bledas i arengadas»
Mallorca

Ingredientes para 4 personas:

Para el relleno:
1 manojo de acelgas tiernas
1 cebolla hermosa
2 dientes de ajo
4 arenques muy plateados
2 cucharadas de aceite de oliva
Para la masa:
Harina fuerte la que tome
1 trozo de levadura cortada del tamaño de una avellana
1 tacita de agua
1 tacita de aceite de oliva

Quitar las pencas gordas a las acelgas, lavar las hojas y cortar a trozos. Escurrir sin prisas. Pelar dientes de ajo y cebolla. Picar muy menudo disponer en un plato y regar con el aceite. Mezclar y reservar.

Escamar los arenques, desechar cabeza e interioridades y cortar por la mitad a lo corto.

En un lebrillo diluir la levadura con una cucharada de agua tibia. Unirle el aceite, agua y batir. Incorporar harina, poco a poco. Trabajar un poco la masa y disponerla sobre molde bajo untado con aceite. Levantarle un orillo a gusto. Reservar al socaire para que laude.

Cuando la masa ha subido, colocar las medias sardinas de manera que al cortar ocho porciones de coca, cada una tenga

COCARROIS, EMPANADAS, PASTELONES Y COCAS

195

pescado. Cubrir con las hortalizas preparadas y meter a horno precalentado. Treinta minutos a temperatura media.

Servir calientes, aunque a temperatura ambiente está buena.

Coca de pimientos

«Coca amb pebres»
Ibiza y Formentera

Ingredientes para 4 personas:

Para el relleno:
2 pimientos rojos muy gruesos
4 dientes de ajo
1 buen manojo de perejil fresco
Aceite de oliva para aliñar
Sal
Para la masa:
Harina floja, la que tome
1 tacita de agua
1 tacita de aceite de oliva
Un poco de sal

Asar los pimientos, pelar, desechar corazón y semillas. Romper a tiras con los dedos y dejar en un plato. Pelar los dientes de ajo, lavar el perejil y picar ambos menudos.

Poner el aceite, sal y agua en un lebrillo. Mezclar bien. Incorporar harina, poco a poco. Trabajar hasta que tenga consistencia y extender sobre molde bajo untado con aceite. Colocar las tiras de pimiento siempre en la misma dirección, hasta cubrir toda la masa. Poner un poco de sal. Esparcir el picadillo de ajo y perejil y regar generosamente con aceite de oliva.

Meter en horno precalentado. Treinta minutos de cocción a temperatura media.

Cocarrois de acelgas

«Cocarrois de bledas»
Menorca

Ingredientes para 4 personas:

Para el relleno:
1 manojo de acelgas grande
1 cebolla grande
50 gramos de pasas
25 gramos de piñones
1/2 tacita de aceite de oliva
Sal
Para la masa:
Harina floja la que tome
1 cucharada de matalahuva
1 tacita de agua
2 tacitas de aceite de oliva

Poner la matalahuva en la tacita de agua y dejar dos horas en remojo.

Pelar la cebolla, picar muy menuda, lavar y escurrir. Lavar las acelgas quitar los hilos y velillo a las pencas más tiernas, lavar y cortar a trozos. Escurrir.

Calentar el aceite en sartén y rehogar la cebolla sin llegar a humillarla. Incorporar las pencas, dar unas vueltas y ahora poner las hojas cortadas. Remover y cuando pierdan volumen, apartar y dejar en un plato escurridor.

Colar el agua con matalahuva, desechar ésta y meter el agua perfumada en un lebrillo con el aceite. Batir y emulsionar. Ahora incorporar harina, poco a poco. Mezclar sin llegar a trabajar la masa. Ha de quedar manejable y suave. Romper la masa a trozos iguales y darles forma de bola. Enharinar la mesa de trabajo y con el rodillo de madera convertir las bolas en cilindros delgados de quince centímetros.

Poner sal, piñones y pasas a la fritura que escurre. Repartirla sobre los cilindros y levantar la masa, por dos lados, cubriendo el relleno. Empezar a cerrar desde abajo, dando forma de pezón y continuar uniendo la masa retorciéndola con gracia, terminando con un pezón igual al del principio.

Disponer los cocarrois sobre placa untada con aceite. Meter en horno precalentado y cocer treinta minutos a temperatura media. Han de tomar un poco de color.

Cocarrois de coliflor

«Cocarrois de pinya»
Ibiza y Formentera

Ingredientes para 4 personas:

Para el relleno:
1 coliflor pequeña y muy blanca
2 manojos de espinacas tiernas
1 manojo de cebollitas tiernas
2 dientes de ajo
50 gramos de pasas
20 gramos de piñones muy blancos
1/2 tacita de aceite de oliva
1 cucharadita de pimentón
Pimienta y sal
Para la masa:
Harina floja la que tome
1 tacita de manteca
1/2 tacita de agua
1/2 tacita de aceite de oliva

Cortar la coliflor a pequeños brotes. Quitar las hojas viejas y raíces a las cebollitas. Quitar los tallos y raíces a las espinacas. Lavar todo con agua abundante y repetidas veces. Escurrir. Cortar las cebollitas y hojas en aros, las espinacas, cortadas a lo largo y después a lo corto. Ajos pelados y picados.

Calentar en sartén la media tacita de aceite y rehogar toda la hortaliza, sin abatirla. Sacar y dejar en un plato escurridor.

Unir en un lebrillo la manteca, agua y aceite, trabajar con un tenedor de palo hasta que esté cremoso. Ahora poner harina, poco a poco, mezclar. Ha de quedar la masa manejable y muy suave. Romper la masa a trozos iguales. Hacer tantas bolas como cocarrois se desean. Espolvorear la mesa de trabajo con harina. Aplastar las bolas y adelgazar con el rodillo, formando cilindros de quince centímetros.

Escurrida la hortaliza rehogada, salpimentar, pimentón, pasas y piñones. Mezclar bien. Repartir el relleno colocándolo sobre los cilindros. Levantar la masa de ambos lados y cerrarla sobre el relleno formando cordón y dejando en cada extremo como un pezón.

Disponer sobre placa de hornear, untada con aceite. Evitar que los cocarrois se toquen. Meter en horno precalentado. Treinta minutos a temperatura media. Han de quedar un poco dorados.

Pueden servirse fríos o calientes.

Cocarrois de espinacas

«Cocarrois de espinacs»
Mallorca

Ingredientes para 4 personas:

Para el relleno:
3 manojos de espinacas muy tiernas
4 cebollitas tiernas
1 diente de ajo
60 gramos de pasas
25 gramos de piñones muy blancos
1 cucharadita de pimentón de calidad
1/2 tacita escasa de aceite de oliva
Para la masa:
Harina floja, la que tome
1 huevo muy fresco
2 cucharadas de azúcar
1/2 tacita de zumo de naranja
1/2 tacita de manteca
1/2 tacita de aceite de oliva

Quitar tallos y raíces a las espinacas. Desechar las hojas viejas a las cebollitas. Lavar todo cuidadosamente y cortar, no picar. Dejar escurrir con sabiduría.

Calentar el aceite en sartén y rehogar toda la hortaliza junta. Ha de quedar reducida, no frita. Poner sal, pasas, piñones y pimentón. Remover, apartar y dejar en plato escurridor.

En un lebrillo pone el huevo, zumo de naranja, manteca, azúcar, agua y aceite. Batir hasta que el azúcar no cante y el contenido esté cremoso. Incorporar harina, despacio y amasar casi pellizcándola. Ha de quedar la masa consistente, no dura.

Romperla a trozos iguales y formar bolas. Espolvorear la mesa de trabajo con harina. Con el rodillo de madera, chafar las bolas, dar forma de cilindros delgados. Repartir el relleno en el centro de cada uno. Levantar la masa de dos lados, empezar a soldarla desde abajo, subiendo formando cordón. Al principio y al final queda como un pezón.

Disponer los cocarrois sobre placa untada con aceite, separados unos de otros. Horno precalentado. Veinticinco minutos de cocción a temperatura media.

Estos cocarrois quedaran completamente dorados por el efecto del azúcar.

Duquesas de mero

«Duquesas de amfós»
Mallorca

Ingredientes para 4 personas:

Para el relleno:
500 gramos de mero (mollas grandes)
1 manojo de espinacas
1 manojo entero de perejil
El zumo de 1/2 limón
1 diente de ajo
1 cebolla grande
2 cucharadas de harina floja superior
2 huevos
1 cucharada de mantequilla
Pimienta, nuez moscada y sal
Para la masa:
Harina floja la que tome
1 tacita de agua
1 tacita de manteca
1 tacita de aceite de oliva

Quitar tallos y raíces a las espinacas. Cortar tallos al perejil, lavar todo cuidadosamente y escurrir. Lavar las mollas del mero, quitar las espinas y poner sobre la parrilla caliente, dos minutos por cada lado. Apartar y colocar en un plato con zumo de limón, ajo picado, sal y pimienta. Poner a hervir un huevo, ocho minutos con agua y un poco de sal.

Pelar la cebolla, picar muy menuda, lavar, escurrir y rehogar en sartén con la mantequilla. No dejar que tome color. Incorporar las espinacas y la mitad del perejil picado. Dar unas vueltas. Sal y especias. Diluir dos cucharadas de harina con un poco de leche fría y agregar a la fritura. Remover evitando grumos y mojar con el resto de leche y que hierva a fuego muy lento, siempre removiendo. Ya cremoso, probar la sazón y apartar del fuego. Una vez frío agregar las mollas de pescado con el adobo, el huevo duro, pelado y picado menudo. Remover.

Poner en un lebrillo el huevo, aceite, agua y remover hasta emulsionar. Ahora unirles la harina, poco a poco, sin trabajar la masa, ha de quedar muy suave, aunque manejable. Romperla en trozos iguales, dándoles forma de bola. Espolvorear la mesa de trabajo con harina. Hundir el dedo pulgar en las bolas y convertir en tazas de café algo mayores y sin asas. Base y paredes finas. Repartir el relleno y coronarlas con abundante perejil picado.

Disponerlas en placa untada con aceite, precalentar el horno y meter las duquesas veinte minutos a temperatura moderada. Si es preciso, cubrir las duquesas con papel de aluminio evitando demasiado calor al perejil.

Servir calientes o a temperatura ambiente.

Duquesas de pollo

«Duquesas de pollastre»
Mallorca

Ingredientes para 4 personas:

Para el relleno:
2 pechugas de pollo
2 cucharadas de harina floja superior
1 cebolla
1 cucharada de mantequilla
1 cucharada de aceite
Pimienta negra, canela
Nuez moscada y sal
Para la masa:
Harina floja, la que tome
2 yemas de huevo muy frescas
1 tacita de zumo de naranja
1/2 tacita de aguardiente
(que no sepa a anís)
50 gramos de azúcar
50 gramos de manteca

Cocer las pechugas con agua y sal. Escurrir, reducir el caldo a una tacita. Reservar. Picar la pechuga.

Pelar la cebolla, lavar y picar menuda. Calentar la manteca y aceite y rehogarla sin que tome color. Diluir la harina con un poco de leche fría. Unirla a la cebolla, remover y mojar con el resto de leche y la tacita de caldo. Sal y especias. Cocción lenta sin dejar de remover hasta conseguir cremosidad y no espesor. Probar la sazón, ha de notarse. Ahora incorporar el pollo picado, mezclar y reservar.

En un lebrillo trabajar las yemas con el azúcar y manteca hasta que emulsione. Unirle el zumo de naranja y aguardiente. Conseguida la unión de todos los ingredientes, meter harina, poco a poco. No amasarla, darle pellizcos y cuando esté suave y moldeable, dividir la masa en cuatro trozos iguales. Darles forma redonda. Espolvorear la mesa de trabajo y conseguir la forma de duquesa (taza algo mayor a la de café, sin asas). Paredes y fondo delgado.

Repartir el relleno en las duquesas. Disponerlas en placa untada con aceite y por precaución fajarlas con una tira de folio, sujetado con un palillo.

Horno precalentado. Cocción veinticinco minutos.

Servir calientes o a temperatura ambiente. La ensalada de lechuga muy blanca las acompaña con sabrosidad.

Empanadas de cordero

«Panades d'ayell»
Menorca

Ingredientes para 4 personas:

Para el relleno:
800 gramos de pierna de cordero, joven limpia de huesos
100 gramos de tocino fresco
100 gramos de sobrasada superior
8 hebras de azafrán
Pimienta negra y sal
Para la masa:
750 gramos de harina de empanada
10 gramos de levadura
1 taza de agua tibia
250 gramos de manteca

Coca de trempó *(página 195)*

Lavar la carne, secar y cortar a dados. Salpimentar con generosidad y desmigar el azafrán, un poco tostado, por encima. Remover para que la carne reciba la sazón por un igual. Cubrir con un lienzo impecable.

Cortar a dados pequeños el tocino y la sobrasada. Dejar en un plato sin mezclar.

En un lebrillo, fundir la levadura con un poco de agua caliente, incorporar la manteca, el resto del agua y harina. Trabajar hasta que la masa tenga cuerpo. Cubrirla con un lienzo impecable. Guardar lejos de corrientes asegurando que la masa laude sin sobresaltos.

Una hora después dividir la masa en ocho trozos, y de cada uno quitar un poco para hacer la tapadera. Cortar ocho cuadrados de papel blanco de once centímetros. Sentar la masa encima y levantar la empanada como si fuera una taza grande sin asas. La base fina y las paredes igual, siempre que no se desmoronen. Han de quedar redondas y hermosas, nueve centímetros de altura. Repartir el relleno, incorporar unos dados de tocino y sobrasada en cada una. Hacer la tapadera, adelgazando la masa con los dedos. Cubrir la empanada y soldar la masa de las paredes a la tapadera formando cordoncillo. Pinchar en el centro con un tenedor. Colocar las empanadas con su base de papel, sobre placa untada de aceite.

Horno precalentado. Veinticinco minutos de cocción a temperatura media.

Servir calientes o a temperatura ambiente. Pueden recalentarse.

Empanadas de cordero dulces

«Panades d`anyel dolces»
Mallorca

Ingredientes para 4 personas:

Para el relleno:
800 gramos de pierna de cordero ya deshuesada
150 gramos de sobrasada casera
100 gramos de tocino fresco
Pimienta negra superior y sal
Para la masa:
650 gramos de harina de empanada superior
200 gramos de azúcar
2 yemas de huevo muy frescas
1 1/2 tacita de zumo de naranja
1 1/2 tacita de leche
200 gramos de manteca de cerdo dura y blanca

La víspera cortar a dados la carne. Poner en un plato hondo grande, salpimentar con alegría. Cubrir con un lienzo impecable y que se sazone hasta la mañana siguiente. Reservar en sitio fresco.

Cortar a dados menudos el tocino y la sobrasada. En un lebrillo poner la manteca, azúcar, yemas de huevo y zumo de naranja. Trabajar hasta que deje de cantar el azúcar. Mojar con la leche y unirla removiendo. Cremoso todo, incorporar harina, poco a poco, mezclando con los dedos. No amasar, ni añadir líquido. A pellizcos ha de conseguirse la masa en su punto, manejable y muy fina.

Dividir la masa en nueve trozos de 50 gramos cada uno, más los trozos pequeños para las tapaderas. Dar forma de bola a las porciones grandes. Cortar nueve cuadrados de papel blanco. Poner las bolas de masa encima y convertir en tasas anchas carentes de asa. Base y paredes delgadas. Llenar con la carne y repartir por un igual, tocino y sobrasada. Hacer un cilindro delgado como tapa. Cubrir la carne y soldar a las paredes dando pellizcos suaves, dejando espacios idénticos. Quedan como hermosas coronas. Fajar las empanadas con una tira de papel blanco sujetado con un palillo.

Disponer las empanadas con el papel de soporte sobre placa. Meter en horno precalentado. Veinticinco minutos de cocción a temperatura media. Han de salir del horno doradas.

Empanadas de guisantes

«Panades de pesols»
Mallorca

Ingredientes para 4 personas:

Para el relleno:
1 kilo de guisantes tiernos
2 manojos de cebolletas
1 buen brote de mejorana fresca
Unos brotes de perejil fresco
100 gramos de panceta fresca
200 gramos de jamón
50 gramos de sobrasada
1/2 tacita de aceite de oliva
Pimienta, todas especias y sal
Para la masa:
900 gramos de harina de empanada superior
El zumo de 2 naranjas medianas
2 yemas de huevo muy frescas
El agua que pida
80 gramos de manteca de cerdo
3 tacitas de aceite de oliva

Limpiar las cebolletas y picar menudas. Picar la panceta, tocino y sobrasada. Lavar hierbas aromáticas y cortar menudas desechando tallos gruesos. Desgranar los guisantes, lavar y escurrir. Calentar el aceite en cazuela de barro y rehogarlos con todo lo picado. Fuego lento. Sal, especias y hierbas aromáticas. Tiernos los guisantes, no deformados, apartar y dejar enfriar. Probar la sazón.

Batir en un lebrillo, manteca, aceite, yemas y zumo de naranja. Todo unido y cremoso, pide harina, puesta despacio. Remover con la espátula. Si queda la masa muy seca, mojar con un poquito de agua, poca. Recoger la harina seca incorporándola con suavidad.

Hacer bolas de 100 gramos, quitar un trozo de masa para hacer las tapaderas. Espolvorear con harina la mesa de trabajo. Dar forma a las empanadas (como tazas anchas sin asas). Base y paredes delgada. Repartir el relleno, coronándolo con el jamón picado. Dar forma a las tapas, cubrir las empanadas, soldar tapa con paredes dando pellizcos suaves, respetando los espacios. Presionar un grano de guisante crudo en el centro de la empanadas.

Disponer sobre placa untada con aceite y meter en horno precalentado. Quince minutos de cocción a temperatura media.

Servir calientes.

Empanadas dulces

«Panades dolces»
Menorca

Ingredientes para 4 personas:

Para el relleno:
600 gramos de pierna de cordero deshuesada
150 gramos de tocino fresco
150 gramos de sobrasada
Pimienta y sal
Para la masa:
800 gramos de harina de empanada superior
10 gramos de levadura cortada (se vende en panaderías)
250 gramos de azúcar
6 huevos frescos
100 gramos de mantequilla
100 gramos de manteca de cerdo

Lavar el cordero, secar y cortar a dados iguales. Salpimentar generosamente. Cortar a dados pequeños el tocino y la sobrasada.

Poner en un lebrillo un huevo, levadura, dos cucharadas de azúcar y un poco de agua. Mezclar y dejar reposar hasta que fermente.

Mientras, batir cinco huevos con el azúcar manteca y mantequilla (dejar un poco para untar la placa). Incorporar la mezcla fermentada y harina, cuando el azúcar no cante y forme cremosidad con las mantecas y huevos. Reunir los ingredientes sin amasar, tratando la mezcla con respeto, evitando endurecer la masa.

Formar tantas bolas como empanadas

quieran hacerse, reservando un trozo de cada una para la tapa. Poner las bolas sobre papel blanco. Hundir los pulgares en la masa y formar una taza sin asas. Paredes y base delgadas. Repartir el relleno y los trozos de tocino y sobrasada. Formar las tapas, cubrir la carne y soldar la masa, retorciendo, hasta conseguir un cordón fino.

Fajar las empanadas con una tira de papel, sujeto con un palillo. Evitará se abran o deformen por la riqueza de la masa.

Disponer las empanadas con el papel de soporte sobre placa untada con mantequilla. Horno precalentado. Veinticinco minutos de cocción a temperatura media.

Empanadas lisas

«Panades llisas»
Mallorca

Ingredientes para 4 personas:

Para el relleno:
500 gramos de pierna de cordero deshuesada
100 gramos de tocino
50 gramos de sobrasada
Pimienta y sal
Para la masa:
500 gramos de harina de empanada superior
El zumo de 1 1/2 naranja
El agua que pida
50 gramos de manteca blanca y dura
1/2 taza de aceite de oliva

Cortar a dados el cordero, poner en un plato y salpimentar con alegría. Cortar a dados menores el tocino y sobrasada.

Reservar cubierto y en sitio fresco.

Batir en un lebrillo la manteca, aceite y zumo de naranja. Ahora meter harina poco a poco, mezclando sin amasar. Poner el agua precisa evitando restos de harina seca. Incorporarla sin presionar y dar forma a las empanadas (tazas sin asas, anchas). Base y paredes delgadas.

Rellenar con la carne, repartir el tocino y sobrasada. Dar forma a las tapaderas y unirlas a las paredes, doblando un poco y dando un bonito pellizco, calculando distancias iguales.

Disponer sobre placas untadas con aceite y meter en horno precalentado. Treinta minutos de cocción a temperatura media.

Nota: no precisan fajar, la ausencia de azúcar y huevos les crean rigidez y carencia de dorados. No por ello dejan de ser muy ricas para los que les disgusta el agridulce.

Espinaga

«Espinagada»
Mallorca

Ingredientes para 4 personas:

Para el relleno:
500 gramos de anguilas vivas y limpias
1 manojo de acelgas
1 manojo de cebollitas tiernas
1 manojo de espinacas
200 gramos de guisantes tiernos, desgranados
Pimentón picante a gusto
Pimienta y sal
Para la masa:
500 gramos de harina floja
2 tacitas de agua
1 tacita de aceite

Lavar las anguilas repetidas veces y cortar a trozos iguales. Quitar la espina central. Poner en un plato salpimentar y pimentón.

Limpiar todas las hortalizas y cortar a trozos. Lavar y escurrir con sabiduría. Meter en un lebrillo, con los guisantes (previamente hervidos) y salpimentar. Aceite y remover.

En un lebrillo batir el aceite y el agua. Agregar harina y trabajar hasta que pueda manejarse. Espolvorear con harina la mesa de trabajo y con el rodillo extender la masa, que pueda manejarse, aunque no debe quedar gruesa. Dividir la masa en dos. Untar un molde rectangular con aceite de oliva y extender un trozo de masa encima. Cubrir con la hortaliza y coronar con los trozos de anguila. Con el rodillo envolver el trozo de masa restante y desplegar sobre el relleno. Soldar base y tapa dando pellizcos. Pinchar la tapa con un tenedor para que no se abra. Meter en horno precalentado. Sesenta minutos de cocción a temperatura media.

Suele sazonarse con alegría.

Pastelón de bacalao

«Pastis de bacallá»
Menorca

Ingredientes para 4 personas:

Para el relleno:
400 gramos de bacalao superior
2 cebollas
2 huevos muy frescos
1 taza de leche
Unos brotes generosos de perejil fresco
1 brote de mejorana y tomillo seco
1 1/2 tacita de aceite de oliva
100 gramos de queso mahonés recién rallado
Para la masa:
300 gramos de harina superior
150 gramos de manteca superior
1/2 tacita de agua
Un poco de sal

Veinticuatro horas antes de preparar el bacalao, lavar y dejar en remojo, cambiando el agua muchas veces.

Pelar las cebollas y cocer en agua y un poco de sal.

Ahora disponer el bacalao en cacerola esmaltada con la piel hacia arriba, cubrir con agua fría y sentar sobre fuego alegre.

Retirar del fuego cuando forma espuma gruesa y no ha empezado a hervir. Enfriar en el agua, quitarle piel y espinas. Lavar el perejil y picar junto con las mollas de bacalao. Unirle las hierbas aromáticas secas y desmigadas y pimienta negra. Rehogar en sartén con el aceite caliente, uniéndole las cebollas cocidas, escurridas y picadas.

Ahora meter la fritura en cazo esmaltado con una taza de leche y sentar sobre fuego moderado, cocer cinco minutos. Apartar del fuego. Batir los huevos con media tacita de leche, incorporar al cazo con el queso rallado. Mezclar y reservar.

Colocar la harina sobre el mármol de trabajo, formar un hoyo en el centro, poner el agua y la sal. Remover con el índice procurando desmoronar las paredes de harina hasta recogerlas y poder trabajar la pasta. Espolvorear el mármol y estirar la masa con el rodillo, esparcir por encima trocitos de manteca dura. Doblar la masa como un pañuelo y adelgazarla con el rodillo, evitando agujerearla. Repetir tres veces lo mismo y adelgazar toda la masa. Forrar un molde de pastelón, untado con aceite, llenar con el relleno. Tapar con la porción de masa precisa, soldar con gracia y pintar la superficie con yema de huevo.

Meter en horno precalentado. Cuarenta minutos de cocción a temperatura media. Ha de quedar dorado.

Servir caliente.

Pastelón de conejo o liebre

«Pastis de conill o llebre»
Mallorca

Ingredientes para 4 personas:

Para el relleno:
Lomos y muslos de un conejo o liebre
100 gramos de tocino fresco
2 yemas de huevos frescos
1 clara de huevo
1 cucharada de harina superior
1 tacita de jerez de calidad
1 tacita generosa de aceite
Nuez moscada recién rallada
Pimienta negra y sal
Para la masa:
250 gramos de harina floja superior
50 gramos de azúcar
1 huevo muy fresco
1/2 tacita de leche
50 gramos de manteca superior
2 cucharaditas de aceite de oliva

Limpio el conejo, cortar lomos, hígado y muslos. Quitar la hiel al hígado y lavar todo, secar. Calentar el aceite en cazuela de barro y dorar. Salpimentar. Sacar el hígado y reservar en el mortero. Mojar la carne con agua, que la cubra, y dejar cocer a fuego lento hasta que esté tierna, no blanda. Ahora sacar la carne, reducir el caldo a dos tazas. Machacar el hígado, recoger con el jerez, meter en el caldo. Poner nuez moscada y la harina diluida con un poco de agua, evitando grumos. Cocer a fuego lento, removiendo hasta que esté cremoso. Moderar el fuego. Incorporar las yemas de huevo, y batir con fuerza impidiendo que hierva. Apartar del fuego. Cuando esté tibio meter la clara de huevo sin batir y mezclar. Probar la sazón. Deshuesar lomos y muslos, procurando queden los trozos como lonchas. Cortar el tocino a lonchas finísimas.

En un lebrillo mezclar el azúcar con la leche, manteca, huevo y aceite. Cuando el azúcar no cante, incorporar la harina y trabajar la masa, doblando sobre si como queriendo hacer hojaldre. Espolvorear con harina la mesa de trabajo y extender la masa dejándolo lo más delgada posible, sin que se rompa. Forrar el molde del pastelón, una vez untado con aceite. Disponer una capa de salsa, una de conejo y tocino, hasta terminar con salsa. Tapar el molde con el resto de masa. Adornar con recortes y untarla con yema de huevo batida con agua.

Horno precalentado. Cuarenta y cinco minutos de cocción a temperatura media. Ha de quedar dorado.

Puede servirse caliente o frío, siempre acompañado con ensalada o setas salteadas.

Pastelón de espinacas

«Pastis de espinacs»
Mallorca

Ingredientes para 4 personas:

Para el relleno:
4 manojos de espinacas tiernas
2 manojos de cebollitas tiernas
1 manojo de perejil fresco
100 gramos de pasas
35 gramos de piñones
1/2 tacita de aceite de oliva
Una pizca de todas especias, pimienta
Sal
Para la masa:
250 gramos de harina superior
150 gramos de azúcar
3 yemas de huevo muy frescos
Leche la que pida
1/2 limón rallado

Quitar el tallo a las espinacas, cebollitas y perejil. Lavar todo con detenimiento y escurrir con sabiduría.

Picar todas las hortalizas y meter en un lebrillo con pasas, piñones, sal, especias y el aceite. Remover con las manos, castigando un poco las hojas de espinacas. Reservar en sitio fresco.

Meter harina en un lebrillo, el azúcar, yemas de huevo, limón rallado y canela. Trabajar hasta que pida leche. Ponerla despacio, evitando convertir la masa en pasta.

Untar un molde de pastelón desmontable con aceite.

Espolvorear la mesa de trabajo con harina y extender la masa, adelgazándola lo más posible con el rodillo. Cubrir el fondo del molde y paredes con las masas y cortar al borde del molde.

Rellenar el molde con la mezcla de las hortalizas y frutos secos.

Extender la masa restante y dar forma a un cilindro del tamaño de la boca del molde. Cubrir las hortalizas. Soldar la tapa con las paredes y con los recortes de masa adornar el pastelón.

Meter en horno precalentado y cocer treinta minutos a fuego moderado. Diez minutos antes de sacarlo pintar la tapa con huevo batido con azúcar.

Servir muy caliente.

Pastelón de pescado

«Pastis de peix»
Mallorca

Ingredientes para 4 personas:

Para el relleno:
800 gramos de cabracho limpio de espinas
1 cebolla hermosa
100 gramos de jamón
Unos brotes de perejil fresco
2 yemas de huevo
1 cucharada de harina
1 taza de leche
1 tacita generosa de aceite de oliva
Nuez moscada
Pimienta y sal
Para la masa:
Harina floja superior, la que tome
3 huevos muy frescos
1 tacita de leche
40 gramos de azúcar
40 gramos de manteca superior

Limpio el pescado y sin espinas, disponer las mollas en un plato, salpimentar y reservar en sitio fresco.

Pelar la cebolla, picar menuda y rehogar en cazuela de barro con el aceite. Ha de quedar humillada y sin color. Diluir la harina con un poco de leche, meter en la fritura, mezclar y mojar con el resto de leche. Fuego muy lento y remover hasta conseguir un poco de cremosidad. Apartar del fuego y unirle las yemas de huevo, sal, nuez moscada, el perejil lavado y picado y el jamón cortado menudo. Mezclar muy bien y probar la sazón. Reservar en sitio fresco.

En un lebrillo mezclar los huevos batidos con la manteca, azúcar y leche. Cuando el azúcar no cante, incorporar harina poco a poco hasta que la masa no se pegue a las manos. Trabajarla un rato, doblando y desdoblando. Espolvorear con harina la mesa de trabajo y con el rodillo formar una hoja grande y delgada, que no se rompa al manejarla. Cortar lo preciso para forrar el molde, untado con aceite. Ahora poner una capa de salsa y una de mollas de pescado, hasta terminar con salsa. Colocar la masa y soldar la tapadera. Adornar con los recortes de masa.

Pintar la tapa con yema de huevo batida con un poco de agua. Meter en horno precalentado. Sesenta minutos de cocción a temperatura media.

Ha de quedar dorado.

Servir con ensalada de berros.

Despojos

Frito de cordero *(página 214)*

Cabeza de cordero al horno

«Cap d´ayell al forn»
Mallorca

Ingredientes para 4 personas:

4 cabezas con sesada y lengua
8 cebollas pequeñas
4 tomates de ramillete
4 aritos de guindilla
4 dientes de ajo
2 hojas de laurel verde
1 buen ramo de perejil fresco
El zumo de 2 limones
1 tacita de jerez seco
1 tacita generosa de aceite de oliva
Pimienta y sal

Rogar al carnicero parta por la mitad las cabezas, dejando media lengua y sesada en cada porción.

Lavar cuidadosamente las cabezas y desechar lo que molesta a la vista.

Pelar las cebollas. Lavar los tomates, pelar los dientes de ajo y cortar por la mitad a lo largo. Colocar medio debajo de las sesadas con un trozo de laurel.

Cubrir el fondo de la fuente refractaria con el perejil lavado.

Introducir los aritos de guindilla bajo las lenguas, colocar las cabezas sobre el lecho de perejil, por la parte abierta. Rodearlas, por un lado con las cebollas y por el otro con los tomates. Sal y pimienta. Regar con zumo de limón. Poner el aceite y jerez en la fuente y meter en horno precalentado. Sesenta minutos de cocción a temperatura media. A los treinta minutos darles la vuelta, con cuidado, para que se dore la parte exterior.

Servir del horno a la mesa y aparte ensalada de escarola.

Callos de cordero

«Butza de molto»
Mallorca

Ingredientes para 4 personas:

2 estómagos enteros de cordero y 8 manos
25 gramos de almendras crudas
5 dientes de ajo
1 kilo generoso de tomates de ensalada maduros
1 rama hermosa de apio fresco
1 brote de mejorana fresca
1 buen ramo de perejil fresco
1 trocito de guindilla
1 tacita de jerez seco
1 tacita generosa de aceite de oliva
Nuez moscada, pimienta
8 hebras de azafrán
Sal

Limpios los callos con agua y zumo de limón, partir a trozos y las manitas por la mitad a lo corto. Meter en una olla con agua fría, que cubra todo y dejar hervir hasta que enternezca.

Pelar los tomates y picar menudos. Reservar en el mortero el azafrán, almendras y un trozo de ajo. Lavar apio, perejil y mejorana. Picar el perejil.

Tiernos los callos escurrir.

DESPOJOS

DESPOJOS

En cazuela esmaltada calentar el aceite, dorar un diente de ajo, sin pelar, sacar y meter el tomate. Darle unas vueltas y agregar los callos y manitas, apio y mejorana. Rehogar a fuego muy moderado. Salpimentar, nuez moscada y guindilla. Incorporar el perejil y cuando el tomate esté muy confitado, mojar con una tacita de agua. Tapar la cazuela y que cueza muy despacio.

Machacar lo del mortero hasta conseguir una pasta. Recoger con el jerez y sabrosos los callos, esparcir el picadillo y dar el último hervor. Apartar del fuego, sacar el apio y mejorana.

Servir en fuente caliente.

Criadillas

«Senyals»

Ingredientes para 4 personas:

4 criadillas de ración
El zumo de 3 limones
3 dientes de ajo
Unos brotes de perejil fresco
1 tacita de vino blanco seco
1 tacita de aceite de oliva
Nuez moscada, pimienta y sal

Limpias las criadillas, partir por la mitad a lo largo, lavar y dejar en agua y zumo de limón veinte minutos. Lavar y escurrir.

Calentar el aceite en cazuela de barro plana. Dorar los dientes de ajo, sin pelar, chafada la nariz. Sacar y freír las criadillas, dorar por ambos lados. Salpimentar y un poco de nuez moscada recién rallada. Mojar con el vino. Quitar la piel a los ajos fritos, machacar en el mortero y recoger con el zumo de un limón. Regar las criadillas y dejar confitar a fuego muy moderado y con la cazuela tapada. Evitar que se peguen, zarandeando la cazuela.

Lavar el perejil, cortar menudo.

En el último hervor esparcir el perejil por encima y servir antes de que pierdan el calor.

Frito de cordero

«Frit de d'anyell»
Ibiza y Formentera

Ingredientes para 4 personas:

1 asadura entera de cordero lechal
500 gramos de «patato»
4 pimientos verdes
1 cebolla mediana
8 dientes de ajo
1 taza de vino blanco seco
1 taza de aceite de oliva
Pimienta y sal

Cortar la asadura a trocitos, dejando aparte el pulmón. Lavar y escurrir. Pelar la cebolla, lavar y cortar a medias lunas finas. Desechar corazón y semillas a los pimientos, lavar, trocear y escurrir. Pelar las patatitas y lavar.

Calentar muy poco aceite en cazuela de barro y rehogar los trocitos de pulmón diez minutos. Ahora incorporar toda la asadura. Salpimentar. Unirle la cebolla, dar unas vueltas, y regar con el vino y media tacita de agua. Agregar los pimientos, ajos enteros, sin pelar, chafada la nariz. Dejar cocer hasta secar la salsa.

Mientras, freír el «patato», dorado y sazonado. Unirlo a la cazuela en el momento de sacar a la mesa.

Servir muy caliente.

Frito de cordero lechal

«Frit d´anyell»
Mallorca

Ingredientes para 4 personas:

1 asadura entera
100 gramos de sangre, horneada
200 gramos de habitas tiernas
2 manojos de cebollitas tiernas
2 alcachofas tiernas
2 manojos de espárragos trigueros
2 patatas medianas
4 dientes de ajo
Unos brotes generosos de hinojo fresco, la parte más tierna
2 aritos de guindilla
4 tacitas de aceite de oliva
1 pellizco de todas especias
Pimienta y sal

Pelar patatas, cebollitas (reservando las hojas verdes tiernas). Despuntar las habitas. Desechar hojas viejas a las alcachofas y las puntas.

Lavar y escurrir. Cortar, por separado a trozos pequeños. Chafar la nariz a los dientes de ajo, sin pelar.

Cortar toda la asadura a trozos iguales que las hortalizas. Lavar repetidas veces y escurrir con sabiduría.

Calentar dos tacitas de aceite y dorar los ajos. Sin sacarlos incorporar la asadura y las habitas. Rehogar a fuego alegre, al principio, evitando suden los ingredientes. A los diez minutos agregar las alcachofas y cebollitas, salpimentar, guindilla y todas especias. Diez minutos más de cocción, removiendo para que todos los ingredientes participen del fuego por un igual. Moderar el fuego, meter los espárragos, la sangre (cortada menuda), cinco minutos de cocción. Ahora cortar con tijera el hinojo, lavado y mezclar. Una vuelta y la cazuela retirada del fuego.

Mientras, se habrán frito las patatas con los ajos, ambos doraditos y se unen a la cazuela en el momento de servir.

El frito pierde encanto recalentado.

Pide vino tinto mallorquín, que lo hay de calidad. El pan, indiscutiblemente, payes, moreno. Y las aceitunas, negras o verdes, mallorquinas.

DESPOJOS

Frito de lechona

«Frit de porcella»
Mallorca

Ingredientes para 4 personas:

1 asadura de lechona pequeña
150 gramos de sangre de lechona cuajada al horno
3 pimientos rojos gruesos
2 cebollas medianas
4 patatas medianas
5 dientes de ajo
1 ramo de hinojo silvestre fresco
1 hoja de laurel
Unos aros de guindilla
1 taza de aceite de oliva
Todas especias, pimienta y sal

Cortar a dados pequeños toda la asadura. Lavar y escurrir sin prisas. Pelar las patatas y cebollas, cortar por separado a dados igual que la asadura, lavar y escurrir. Desechar corazón y semillas a los pimientos, cortar a dados, lavar y escurrir. Chafar la nariz a los ajos, sin pelar.

Calentar una tacita generosa de aceite en cazuela de barro plana. Dorar tres ajos. Incorporar la asadura, cebolla y pimientos, guindilla, laurel, salpimentar y todas especias. Rehogar con el fuego alegre, evitando suden los ingredientes, aunque no debe secarse. Remover sin parar y sin deformar los ingredientes. Cuando falta poco para conseguir el punto de cocción, moderar el fuego, meter la sangre cortada a dados y el hinojo, lavado y cortado con tijera. Mezclar sin dejar que el frito pierda jugosidad.

Mientras se habrán frito las patatas con los ajos, dejándolas dorar un poco. Incorporar a la cazuela, escurridas del aceite, mezclar y probar la sazón, tiene que ser alegre. Servir del fuego a la mesa. El frito no admite reposo.

Aceitunas mallorquinas, pan moreno payés y vino tinto de la isla.

Frito de menudillos de gallina

«Frit de menudats de gallina»
Mallorca

Ingredientes para 4 personas:

Los menudillos de 4 gallinas
La huevera, los huevecitos, y los intestinos
La sangre de las 4 gallinas, cuajada al horno
500 gramos de «esclata-sang» (lactarius sanguifluus) grandes y muy sanos
2 manojitos de cebollitas tiernas
4 dientes de ajo
Unos brotes de perejil
1 brote de hinojo silvestre fresco
1 hoja de laurel
1 limón, 1 arito de guindilla
2 tacitas de aceite de oliva
Pimienta y sal

Con la tijera abrir los intestinos, vaciar, lavar con sal y zumo de limón. Dejar en remojo con agua y zumo de limón.

Abrir las mollejas, arrancar el pellejo y lavar cuidadosamente. Quitar la hiel a los higadillos, lavar y escurrir. Lavar huevera, higadillos, lavar y escurrir. Lavar huevera, corazones, riñones y las crestas.

Poner en un cazo esmaltado las tripas, bien limpias, mollejas, huevera, corazones, riñones y crestas. Cubrir con agua fría y sentar sobre fuego alegre. Al hervir poner sal. Tierno ya, escurrir y cortar todo a trocitos.

Cortar los higadillos crudos siguiendo la misma medida.

Desechar hojas viejas a las cebollitas. Lavar y cortar a pequeños aros.

Calentar el aceite en cazuela de barro plana y dorar los ajos, incorporar todo lo cortado, menos los higadillos. Rehogar a fuego lento. Salpimentar, todas especias y guindilla.

Limpias las setas, cortar a trozos y unirlas a la cazuela. Rehogar, salpimentar un poco. Cuando les falte un poco, agregar los higadillos, salpimentados, dar unas vueltas y meter la sangre cortada a dados pequeños. Remover.

Probar la sazón, introducir los huevos pequeños, dar una vuelta evitando se cuajen y esparcir el hinojo, cortado con tijera por encima.

Servir en fuente caliente, ha de estar muy jugoso. Y puede rodearse de patatas cortadas menudas, doradas, recién fritas.

Nota: la sangre se pone en cazuelita de barro, una hoja de laurel, sal, pimienta, un ajo troceado y un hilillo de aceite. Cuajarla en horno moderado.

Hígado de ternera con salsa

«Fetge de vedella amb salsa»
Ibiza y Formentera

Ingredientes para 4 personas:

400 gramos de hígado de ternera muy rubio cortado en ocho filetes
2 cebolletas tiernas
3 dientes de ajo
Unos brotes generosos de perejil fresco
1 cucharadita de harina floja
1 tacita de vino blanco seco
1 cucharadita de manteca
1/2 tacita de aceite de oliva
1 cucharadita de pimentón
Nuez moscada
Pimienta y sal

Lavar el hígado y escurrir.

Pelar las cebolletas, ajos, picar, lavar el perejil, cortar menudo. Machacar estos tres ingredientes en el mortero hasta conseguir una pasta.

Calentar el aceite y manteca en cazuela de barro plana. Saltear el hígado con rapidez y fuego vivo. Salpimentar, nuez moscada. Recoger lo del mortero con el vino y regar el hígado, incorporar el pimentón, harina y remover deprisa evitando formar grumos. Dar un hervor corto y servir, del fuego a la mesa.

Lengua de ternera con espinacas

«Llengua de vadella amb espinacs»
Menorca

Ingredientes para 4 personas:

1 lengua de ternera de 700 gramos
50 gramos de tocino
3 manojos de espinacas
Unos brotes de perejil fresco
2 cebollas y dos ajos
2 tomates maduros
1 hoja de laurel
1 brote de tomillo fresco
25 gramos de manteca
1/2 tacita generosa de aceite de oliva
1 pizca de clavo de especia molida
Pimienta y sal

Lavar la lengua. Cocer cubierta de agua. Escurrir y quitarle la piel. Reservar dos tazas de su caldo.

Cortar el tocino a tiras muy finas. Pelar un tomate, lavar el perejil y machacar en el mortero con un poco de pimienta y sal. Meter las tiras de tocino en el mortero, empaparlas bien. Mechar la lengua a lo largo con las tiras de tocino.

Ahora colocar la lengua en cazuela de barro con el sobrante del mortero, el caldo reservado, cebollas, tomate y ajos pelados. Tomillo, laurel y clavo. Dejar cocer dulcemente.

Lavar las espinacas y escurrir muy bien. Rehogarlas con manteca caliente en sartén. Apartar cuando se desmaye. Sacar de la sartén y cubrir la lengua. Mojar las espinacas con la salsa, tapar la cazuela y dejar que se confite a fuego lento. Conseguido el punto sabroso, sacar la lengua, y las espinacas. Colar todo lo de la cazuela por el chino y recoger en un cazo. Poner al calor.

Cortar la lengua a rodajas tres por comensal. Disponer en fuente caliente, rodear con las espinacas. Calentar la salsa y cubrir las rodajas de lengua.

Lenguas de cerdo con alcaparras

«Llenguas de porc amb táperas»
Mallorca

Ingredientes para 4 personas:

4 lenguas de cerdo
1 cebolla grande
50 gramos de alcaparras en vinagre pequeñas
1 cucharadita de harina floja
1 taza de caldo de gallina
1 tacita de vino blanco seco
1 tacita de aceite de oliva
1 cucharadita de pimentón
Pimienta negra y sal

Escaldar las lenguas con agua hirviendo, levantarles la piel con un cuchillo. Lavarlas y escurrir. Pelar la cebolla, lavar y picar muy menuda.

Calentar el aceite en cazuela de barro plana y rehogar las lenguas hasta dorar por un igual, salpimentar, incorporar la cebolla y darle vueltas hasta que tome un poco de color. Poner la harina, remover deprisa y mojar con el caldo. Meter el pimentón y

Lengua de ternera con espinacas *(página 218)*

dejar hervir a fuego moderado. Si es preciso añadir agua para que las lenguas queden tiernas. Conseguido éste punto de cocción, mojar con el vino y que hierva despacio para reducir la salsa. En los últimos hervores poner las alcaparras.

Probar la sazón y servir en fuente caliente rodeadas con patatas recién fritas.

Papada de pavo

«Papo d´indiot»
Mallorca

Ingredientes para 4 personas:

La papada de 1 pavo negro grande
25 gramos de sobrasada superior
1 cebolla, 1 tomate de ramillete
1/2 rebanada de «bescuit» (bizcocho cortado y dorado en el horno)
20 gramos de avellanas crudas
20 gramos de piñones muy blancos
1 rama de apio fresca
Unos brotes de perejil y mejorana fresca
1 tacita de aceite de oliva
Pimienta negra, nuez moscada recién rallada
Sal, 1 barquillo dulce

Sacar el papo entero, lavar y secar. Calentar el aceite en cazuela plana y dorar el papo por un igual. Sacar, cortar a dados salpimentar y nuez moscada. Reservar. Si al dorarse ha soltado agua, reducir la cantidad: aceite-grasa.

Pelar la cebolla y tomate, picar menudo y por separado. Rehogar la cebolla en la grasa de la cazuela. Fuego moderado.

Agregar el tomate cuando la cebolla esté blanda y trabajar hasta que se confite. Unirle el papo y mojar con agua hirviendo.

Lavar las hierbas aromáticas y picar menudas. Desmigar la sobrasada. Incorporar estos ingredientes a la cazuela y dejar hervir dulcemente.

Machacar en el mortero los piñones, avellanas, «bescuit» y barquillo.

Tierno el papo y la salsa enjundiosa, agregar lo del mortero y dejar hervir muy dulcemente hasta que se confite.

Probar la sazón y servir en la misma cazuela muy caliente.

Le hacen buena compañía las patatas recién fritas y servidas en fuente aparte.

Raolas de manitas de cordero

«Raolas de peus de molto»
Menorca

Ingredientes para 4 personas:

8 manitas de cordero tierno
4 huevos muy frescos
100 gramos de queso mahones recién rallado
La miga de 1 rebanada de pan blanco
1/2 tacita de leche
150 gramos de pan rallado
Perejil, mejorana y hierbabuena fresca
1 taza de aceite de oliva
Pimienta y sal

Limpias las manitas, colocar en cazuela esmaltada, cubrir con agua fría y sentar sobre fuego vivo. Al hervir poner sal. Siempre cubiertas de agua. Tiernas ya, escurrir, deshuesar y picar menudas.

Cocer un huevo ocho minutos, pelar y picar. Mojar la miga de pan con la leche. Lavar las hierbas aromáticas y picar. Reunir estos ingredientes en un lebrillo. Salpimentar y remover hasta conseguir una pasta bien unida. Ahora incorporar el queso, mezclar bien y dar forma de bola, aplastándola entre las manos. Pasar por huevo batido, pan rallado y freírlas en abundante aceite caliente.

Servir en fuente caliente, escurridas del aceite. Les acompaña bien el perejil recién frito en ramos.

Riñones de buey

«Ronyons de bou»
Menorca

Ingredientes para 4 personas:

1 riñón de buey
2 limones
1 taza de rabo de buey
4 «echalotes» (cebollas, escalonias)
1 cucharada de vinagre (de un tarro de alcaparras)
1 cucharada de mostaza
1 cucharadita de pimentón superior
Unos brotes de perejil fresco
2 cucharadas de manteca
1/2 tacita de aceite de oliva
Pimienta negra y sal

Cortar el riñón a lonchas de medio centímetro, lavar y dejar veinte minutos en agua y el zumo de un limón.

Ahora pasar por agua y escurrir con sabiduría. Mientras, pelar las «echalotes» (o cebollitas tiernas), en su lugar. Lavar y picar muy menudas. Regar con el vinagre de las alcaparras, salpimentar, mostaza, pimentón y el perejil, lavado y cortado muy menudo. Reservar.

Colocar los trozos de riñón en un plato, untar con manteca y salpimentar. Regar con el zumo de un limón. Mantener con el adobo quince minutos.

Untar un papel de estraza con aceite de oliva, disponer las rodajas de riñón encima y sentar sobre parrilla caliente.

Mientras desengrasar el caldo de rabo de buey, incorporarle todo lo reservado y mezclar para unir los ingredientes evitando grumos. Probar la sazón. Ha de resultar un poco ácida.

Dorados los riñones (dentro estarán rojos) colocar en fuente caliente y servir la salsa aparte.

Riñones salteados

«Ronyons saltexats»
Mallorca

Ingredientes para 4 personas:

2 riñones de ternera muy rubios y sin manchas
El zumo de 3 limones
2 dientes de ajo
1 buen manojo de perejil fresco
1/2 cucharadita de mostaza a las finas hierbas
1/2 tacita de aceite de oliva
Pimienta en grano y sal

DESPOJOS

DESPOJOS

Cortar los riñones a rodajas de un centímetro. Meter en agua con el zumo de un limón. Veinte minutos.

Lavar otra vez y secar con un lienzo impecable. Pelar los ajos, lavar el perejil y picar menudo.

Calentar el aceite en sartén grande. Fuego muy vivo. Saltear los riñones, vuelta y vuelta, dorados fuera y rosados dentro. Disponer en fuente caliente. Poner sal.

Meter el zumo de un limón y la mostaza en la enjundia de la sartén, remover. Regar los riñones y cubrir con el picadillo.

Servir muy calientes, nunca recalentados. Cada comensal dará dos rodadas al molinillo de pimienta sobre su ración.

Tacons

«Tacons»
Mallorca

Ingredientes para 8 personas:

Los intestinos de 1 cordero lechal
200 gramos de jamón
25 gramos de sobrasada
100 gramos de carne magra de cerdo picada
2 sesadas de cordero
1 criadilla de ternero
4 huevos muy frescos
1 buen brote de mejorana fresca
1 brote de tomillo fresco
4 tazas de caldo de ternera
2 tacitas de aceite de oliva
Nuez moscada
Todas especias
Pimienta y sal

Limpios los intestinos con agua, sal y zumo de limón, dejar el mas grueso aparte. Con los otros hacer una trenza. Meter la trenza en una cacerola con agua fría y el tomillo. Hervir hasta que los intestinos estén tiernos. Sacar, escurrir y picar muy menudos.

Lavar la criadilla con agua y zumo de limón. Picar menudo. Levantar el velillo a la sesada, lavar y picar menuda. Cortar el jamón muy pequeño. Desmigar la sobrasada. Lavar la mejorana y picar.

Reunir todos los ingredientes picados, carne magra, en un lebrillo. Salpimentar, todas especias y huevos crudos. Mezclar bien y rellenar el intestino reservado. Cerrar atando con un hilo a cada lado. Si se quieren hacer pequeños, atar a distancias más cortas.

Calentar un poco el aceite en cazuela de barro y dorar los «tacons» a fuego lento. Ahora mojar con el caldo y dejar cocer sin tapar hasta que la salsa esté espesita. Hay que pinchar los «tacons» con una aguja de coser evitando se abran.

Servir cortados a rodajas y cubiertos con la salsa.

Para la despensa

Despensa mallorquina

Aceitunas enteras

«Olivas senceres»

Se preparan con aceitunas maduras, aunque de color verde.

Mantenerlas en tarros cubiertas de agua durante un mes. Cambiar el agua cada diez días.

Se colocan en los tarros, añadiendo algo más de pimiento picante y si gusta algunas hojas de algarrobo (ver la preparación de las aceitunas partidas).

La cantidad de sal por la de agua es la misma que en las aceitunas partidas.

Recordar sacarlas siempre con cucharón de palo.

Nota muy importante: No tocar las aceitunas, una vez lavadas y preparadas, evitando meter un dedo en el agua sal. Al poco tiempo, el olor y sabor advertirá haberlas estropeado. En Mallorca se las denomina: aceitunas zapateras. Incomestibles.

Aceitunas enteras

«Olives senceres»
Ibiza

Poner las aceitunas, casi maduras, grandes, en agua y dejarlas ocho días.

Ahora escurrirlas y cambiarles el agua tres veces. Escurrir, sin tocarlas con las manos.

Cubrir el fondo de la tinaja de vidrio con ramas de hinojo fresco, guindilla, tomillo y laurel. Colocar una capa gruesa de aceitunas y repetir con los ingredientes de sazón. Repetir hasta terminar con ramas gruesas de hinojo formando tapadera. Diluir 120 gramos de sal en un litro y tres cuartos de agua y meter en la tinaja. Las aceitunas han de quedar cubiertas, si necesitan más líquido, repetir la proporción de agua y sal, tantas veces sea preciso.

Aceitunas negras arrugadas

«Olivas negres pansides»

Son las aceitunas negras que caen del árbol y el sol las arruga. Están tan maduros que pueden comerse con sólo lavarlas y poner sal.

Lavar 500 gramos de aceitunas negras y bien escurridas, disponer en un cuenco mediano. Salpimentar generosamente. Una cucharada de pimentón, un poco de pimienta y una hoja de laurel cortada en palitos. Dos ajos machacados en el mortero. Aliñar con aceite de oliva y un poco de vinagre. Remover con cuchara de palo.

Se pueden comer a la media hora.

Estas aceitunas suelen prepararse en pequeñas cantidades.

Aceitunas partidas

«Olives trencadas»
Ibiza

Con un mazo de madera dar un golpe suave a las aceitunas para que se abran un poco. Ponerlas en un lebrillo con agua. Después escurrirlas, sin tocar, y colocar en una tinaja de vidrio forrada de caña. Lecho de ramas de hinojo silvestres y hojas de limonero. Guindillas a gusto. Formar capas de aceitunas y sazonamiento, hasta terminar con ramas de hinojo más gruesas, evitando floten las aceitunas. Diluir 200 gramos de sal en un litro y tres cuartos de agua. Llenar la tinaja hasta arriba y tapar con un plato.

A los quince días ya se pueden comer. Manipularlas siempre con cucharón de palo con agujeros.

Aceitunas partidas

«Olivas trencades»
Mallorca

Esta aceitunas son las primeras que aparecen en los mercados mallorquines.

Las aceitunas se parten con un canto rodado sobre pilón de madera, cuidando que el corte no desfigure la aceituna. Meter en un lebrillo con agua.

Partidas todas, sacar del lebrillo con cucharón de palo agujereado y bien escurridas meter en tarro de vidrio sobre lecho de troncos de hinojo fresco, lavados. Una capa de aceitunas, un trozo de guindilla verde y otra capa de hinojo, así hasta terminar con hinojo, cruzando dos troncos más gruesos para mantener a raya las aceitunas que intentan salir a flote.

Ahora poner en un jarro 120 gramos de sal por un litro y tres cuartos de agua. Diluir la sal con una espátula de madera poner en el tarro de aceitunas hasta llenar.

Las aceitunas partidas podrán comerse a los quince días. Tienen un sabor fresco al mismo tiempo que bravo.

Sacar del tarro con cucharón de palo.

Alcaparras en vinagre

«Táperas envinagrades»
Mallorca

Coger las alcaparras menudas, son las más sabrosas. Lavar, escurrir, poner un pellizco de sal en el fondo del tarro de cristal, limpio, meter las alcaparras y cubrirlas con vinagre de vino blanco superior. Tapar con tapa que no se oxide, etiquetar con la fecha de envasado y ordenar en despensa fresca y oscura.

Alcaparrones envinagrados

«Taperots envinagrats»
Menorca

Tener dos días los alcaparrones al sol.

En olla de barro cocido poner dos tazas de agua de lluvia por cada cuatro litros de vinagre de vino, un buen ramo de tomillo fresco, un pellizco generoso de sal, pimienta en grano, diez clavos de especia, una hoja de laurel y sentar la olla sobre fuego dulce. Hacer hervir treinta minutos. Levantar la olla del fuego.

Una vez fría la mezcla. Poner los alcaparrones en tarros de vidrio y rellenar con la mezcla. Tapar.

Ordenar en despensa fresca y oscura. A los quince días podrán comerse.

Nota: el agua procedente de las lluvias se recoge en cisternas y se reserva así para su consumo.

Despensa típica mallorquina

Conserva de tomate frito

«Conserva de tomátiga frita»
Mallorca

Lavar tomates de ensalada grandes y carnosos. Cortar como se quiera. Chafar unos ajos. Calentar una taza de aceite de oliva en una cazuela de barro grande, como para cinco kilos de tomate y dorar los ajos. Incorporar el tomate, salpimentar y un buen ramo de perejil lavado. Rehogar hasta reducir a la mitad. Pasar por el colador chino. Dejar enfriar y, poner en tarros de vidrio limpios como soles. Cubrir el tomate con un poco de aceite de oliva crudo, cerrar con tapa hermética y meter en caldero con agua fría que cubra los tarros. Dar un hervor de veinte minutos y dejar enfriar dentro del caldero.

Sacar, escurrir y secar cuidadosamente. Poner etiqueta con el contenido y fecha de envasado.

Ordenar en despensa fresca y oscura.

Conserva de tomate hervido

«Conserva de tomátiga bullida»
Mallorca

Pelar tomates grandes y maduros, no blandos. Cortar en cuatro gajos. Colocar en tarros (limpios y secos) de vidrio con cierra hermético. Coronar el tomate con un brote de perejil fresco lavado. Diluir cinco gramos de sal en un litro de agua. Rellenar el tarro con el agua sazonada. Ha de cubrir el contenido. Cerrar el tarro y meter en caldero. Cubrir con agua fría y cocer veinte minutos, contando desde que hierve declaradamente. Dejar los tarros en el caldero hasta que el agua este fría. Sacar y secar. Poner etiqueta con el nombre del contenido y fecha de envase. Ordenar en, despensa fresca y oscura.

Conserva de tomates en aceite

«Conserva de tomátiga amb oli»
Menorca

Pelar los tomates, partir en cuatro gajos, sacar las semillas, dando un pellizco a la pulpa. Colocar sobre un lienzo impecable y dejar todo el día escurriendo el suero.

Ahora colocar los tomates en tarros de vidrio (cuidadosamente lavados y secos) y rellenar el tarro con aceite de oliva. Tapar, etiquetar y ordenar en despensa fresca y oscura.

Conserva de tomates en salmuera

«Conserva de tomátiga emb salmorra»
Menorca

Los tomates irán de la mata a un lebrillo con agua fría. Lavar y partir por la mitad a lo largo. Colocar en tarros de vidrio limpios. Diluir 130 gramos de sal en un litro y tres cuartos de agua. Remover con espátula de madera. Rellenar los tarros, cubriendo bien los tomates. Tapar. Poner etiquetas con fecha de envasado. Ordenar en despensa fresca y oscura.

Hinojo marino envinagrado

«Fonoll mari envinagrat»
Mallorca

Coger los brotes hermosos y tiernos de hinojo marino lavar y escurrir al sol. Poner un pellizco de sal y un clavo de especia en los tarros de vidrio, incorporar el hinojo, presionando un poco. Rellenar con vinagre de vino blanco de calidad. Tapar con tapadera que no pueda oxidarse, poner etiqueta con fecha de envasado. Ordenar en despensa fresca y oscura.

Olivó

Menorca

Poner el «olivó» en remojo dentro de un lebrillo grande y cambiarle el agua a diario durante ocho días.

Poner en un tarro de vidrio grande, sobre lecho de tallos gruesos de hinojo marino, pimientos picantes a gusto y algarrobas maduras, partidas a trozos. Formar capas: sazonamiento, aceitunas, y terminar con el sazonamiento. Poner 120 gramos de sal por un litro y tres cuartos de agua. Diluir la sal con espátula de madera antes de meter en el tarro.

Tomates de ramillete

«Tomátigas de ramell»
Mallorca

Se conservan todo el año, colgando los tomates recién cosechados, enhebrándolos por el rabito y sujetándolos a un cordel grueso, al que se le hace una asa para colgar bajo porche, fresco y seco. Los tomates con una mancha oscura, acaban pudriéndose. Los sanos se mantienen todo el año.

Tomates de ramillete

«Tomátigas de ramell»
Menorca

Los tomates irán de las matas, directamente a enhebrarse en ristras que se cuelgan bajo porche y se mantienen jugosos todo el invierno.

Tomate de ramillete de secano

«Tomátiga de ramell de secá»
Ibiza y Formentera

Recién cortados los tomates, a ramos, se cuelgan en ramas secas, dispuestas bajo porche para tener reserva todo el invierno.

PARA LA DESPENSA

Tomates secos

«Tomátigas secas»
Ibiza

Coger tomates muy sanos, partir por la mitad. Colocar sobre cañizos y exponerlos al sol los días que sea preciso. Guardarlos de la humedad de la noche. Ya en su punto, conservarlos en despensa fresca.

Tomates secos

«Tomátigas secas»
Mallorca

Escoger tomates de ensalada grandes y carnosos. Partir en dos, como para rellenar. Disponerlos sobre un cañizo. Poner sal sobre cada mitad. Cuando el sol caliente, ofrecerle los tomates, que sombra alguna los incordie.

Antes de la caída del sol, retirar dándoles cobijo bajo porche seco. Sacar al día siguiente y los días que haga falta para que el sol los cure de todo mal. Han de quedar secos por ambos lados.

Recoger en un «peneret» (cesto de caña) y colgar en sitio fresco.

Se conservan deliciosos en tarros de vidrio cubiertos con aceite de oliva.

Tomates secos

«Tomátigas secas»
Menorca

Partir los tomates en tres rodajas gruesas, poner sal y ordenar sobre cañizos evitando se toquen.

Sacar al sol y antes de que se ponga, preservarlos de la humedad, bajo porche. Repetir lo mismo hasta conseguir el punto de sequedad. Guardar en despensa fresca metidos en cestos de caña.

Cremas y salsas

Crema de yemas (*página 233*)

Crema de yemas

«Crema de vermells d´ou»
Mallorca

Ingredientes para 4 personas:

3 tazas de leche
8 yemas de huevo muy frescas
90 gramos de azúcar
La corteza de 1/2 limón maduro
1 trocito de canela en rama
30 gramos de azúcar para quemar

Poner la leche, azúcar, canela y corteza de limón en cazo esmaltado. Sentar sobre fuego alegre y dejar hervir cinco minutos para que tome el aroma del limón y canela. Apartar del fuego, colar y dejar enfriar en cazo limpio.

Ahora batir las yemas en un cuenco, recoger con un poco de leche aromatizada y unir al cazo. Batir con espátula de madera. Sentar el cazo sobre fuego moderado. Remover constantemente, espantando el hervor que cortaría la crema.

Remover siempre barriendo el fondo del cazo con la espátula, evitando se pegue la crema. Conseguido el punto de espesor, apartar y disponer en fuente bonita. Dejar enfriar.

Ahora calentar el hierro, esparcir el azúcar sobre la crema y quemar el azúcar apoyando el hierro suavemente.

Crema de yemas

«Crema de vermells d´ous»
Menorca

Ingredientes para 4 personas:

3 tazas de leche
6 yemas de huevo muy frescas
90 gramos de azúcar
1 cucharadita de harina fina de maíz
La corteza de 1 limón maduro
1 trocito de canela en rama
30 gramos de azúcar para quemar

En cazo esmaltado diluir la harina con un poco de leche fría. Incorporar toda la leche, el azúcar, canela, corteza de limón y las yemas bien batidas.

Sentar el cazo sobre fuego moderado y remover la mezcla con espátula de madera, procuran barrer el fondo del cazo evitando se pegue.

Cuando la espuma anuncia el hervor, moderar el fuego al mínimo removiendo hasta que la mezcla esté cremosa. Apartar el cazo del fuego y disponer la crema en fuente bonita. Desechar el palo de canela y corteza de limón.

Dejar enfriar.

Ahora calentar el hierro, esparcir el azúcar sobre la crema y quemar, apoyando el hierro dulcemente.

CREMAS Y SALSAS

CREMAS Y SALSAS

Crema dulce de espinacas

«Crema dolce d´espinacs»
Menorca

Ingredientes para 4 personas:

1 manojo de espinacas tiernas
3 tazas de leche
4 yemas de huevo muy frescas
1 cucharada generosa de harina fina de maíz
1 corteza de limón
125 gramos de azúcar
20 gramos de mantequilla
1 trozo de canela en rama

Lavar las espinacas cuidadosamente. Darles un hervor de tres minutos, sacar y escurrir con sabiduría. Picar sobre la tabla.

Calentar la mantequilla en cazuela de barro y rehogar las espinacas. Reservar.

Poner las yemas y harina en un cazo esmaltado con un poco de leche. Remover hasta diluir la harina. Incorporar el resto de leche, corteza de limón, canela y azúcar. Remover y cuando el azúcar no cante, sentar el cazo sobre fuego moderado. Remover con espátula de madera, procurando barrer el fondo del cazo evitando pegar el contenido.

Ha de conseguirse el punto de crema sin dejar que hierva.

Ahora unirle las espinacas, mezclar bien, disponer en fuente y servir caliente.

Los más lamineros suelen coronar la crema con azúcar en polvo.

Farinetas

«Farinetas»
Ibiza y Formentera

Ingredientes para 4 personas:

100 gramos de harina floja superior
100 gramos de azúcar
2 tazas de leche recién ordeñada
La corteza de 1 limón maduro
1/2 palito de canela

Diluir la harina con un poco de leche en una taza. Meter en cazo esmaltado incorporando toda la leche, corteza de limón, azúcar y canela.

Sentar el cazo sobre fuego moderado y removiendo con espátula de madera, conseguir el punto cremoso

Desechar canela y corteza.

Disponer en fuente bonita y dejar enfriar.

Servir muy frío.

Leche de higuera

«Llet de figuera»
Mallorca

Ingredientes para 4 personas:

4 tazas de leche recién ordeñada
4 tallos de higuera tiernos de 4 centímetros de largo
20 gramos de azúcar para cada ración

Recuites *(página 237)*

CREMAS Y SALSAS

Hacer un corte en la parte alta del tallo de higuera, justo en la mitad y después cortar de nuevo. Ha de quedar abierto en cuatro.

Hervir la leche y repartir en cuatro platos hondos. Coger el tallo por abajo y presionar en el plato de leche hirviendo, dando vueltas para que la leche de higuera se desprenda. Ahora cubrir el plato con otro y colocar encima una servilleta limpia evitando salga el calor. Ha de quedar cuajado.

Servir frío. Cada comensal le pone azúcar por encima, bastante.

Manjar blanco

«Menja-blanc»
Ibiza y Formentera

Ingredientes para 4 personas:

4 tazas de leche
75 gramos de harina fina de maíz
40 gramos de fécula de patata
70 gramos de azúcar
1 yema de huevo muy fresco
10 gotas de agua de rosas

En cazo esmaltado poner tres tazas de leche y el azúcar. Sentar sobre fuego alegre y dejar hervir hasta que funda el azúcar.

Diluir harina y fécula de patata en un cuenco con la taza de leche fría. Ahora unir la mezcla al cazo, moderar el fuego y que hierva dulcemente. Remover con espátula de madera, barriendo el fondo, impidiendo se pegue la parte sólida.

Conseguido el punto de espesor, apartar el cazo del fuego y unirle la yema batida. Volver el cazo al fuego, removiendo constantemente para espantar el hervor. Cinco minutos y apartar.

Bañar una fuente con el agua de rosas y verter la crema encima. Servir a temperatura ambiente.

Manjar blanco

«Menja-blanc»
Mallorca

Ingredientes para 4 personas:

125 gramos de harina de arroz o de maíz, fina
200 gramos de almendras crudas
200 gramos de azúcar
5 tazas de agua
El zumo de 1/2 limón

Las almendras se habrán escaldado, quitado el pellejo interior y molido lo más finas posibles.

Poner el agua en un cazo esmaltado, agregar azúcar y almendra molida. Sentar sobre fuego moderado y que hierva hasta reducir una taza de agua. Remover constantemente con espátula de madera.

Diluir la harina con un poco de agua fría, incorporar al cazo, sin dejar de remover. Hervor muy lento.

Conseguido el punto de espesor deseado, regar una fuente con zumo de limón y verter la crema encima.

Dejar enfriar a temperatura ambiente.

Manjar blanco

«Menja-blanc»
Menorca

Ingredientes para 4 personas:

4 1/2 tazas de leche
130 gramos de harina de arroz o de harina fina de maíz
130 gramos de azúcar
1 corteza de limón
1 trocito de canela en rama
2 cucharadas de agua de rosas

Poner cuatro tazas de leche en cazo esmaltado, con el azúcar, canela y corteza de limón. Sentar sobre fuego alegre.

Diluir la harina en la media taza de leche fría, y al hervir lo del cazo incorporarla removiendo deprisa con espátula de madera. Hervirá dulcemente hasta que tome cuerpo. No dejar de remover.

Regar una fuente con el agua de rosas y verter la crema encima.

Servir a temperatura ambiente.

Miel y mantequilla

«Mel i mantega»
Menorca

Ingredientes para 4 personas:

200 gramos de miel
400 gramos de trocitos de panecillo blanco
100 gramos de mantequilla

Poner la miel y mantequilla en cazuela de barro. Sentar sobre fuego moderado. Remover ayudando a los dos ingredientes a unirse dulcemente.

Cuando levante el hervor, apartar del fuego.

Ahora disponer en la cazuela los trozos de panecillo, removiéndoles para que se empapen. Volver la cazuela al fuego, dar un hervor corto y servir del fuego a la mesa.

Recuites

«Recuites»
Ibiza y Formentera

Ingredientes para 4 personas:

4 tazas de leche de cabra o de oveja
4 brotes de higuera tiernos, recién cortados
1 cucharadita de canela en polvo de calidad

CREMAS Y SALSAS

Hervir la leche y repartir en cuatro escudillas de barro cocido. Meter el brote, por la parte partida en cruz y remover despacio. Cubrir la escudilla y dejar reposar hasta que se cuaje.

Cada comensal lo aromatizará con canela y endulzará a gusto.

Se come frío.

Salsa de Navidad

«Salsa de Nadal»
Ibiza y Formentera

Ingredientes para 10 personas:

1 kilo de almendra cruda
500 gramos de lechona
500 gramos de pecho de ternera
50 gramos de sobrasada
50 gramos de tocino fresco
400 gramos de azúcar
1/2 gallina
10 huevos muy frescos
1 cucharadita de canela en polvo
2 clavos de especia
10 hebras de azafrán
Pimienta y sal

Escaldar la almendra y quitar el pellejo interior. Meter en el horno hasta que tomen un poquito de color. Sacar y moler. Meter en un lebrillo, agregar los huevos y mezclar hasta conseguir una masa dura.

En cacerola grande poner a cocer toda la carne, pimienta, sal y azafrán. Ha de conseguirse un caldo muy enjundioso.

Meter el caldo, colado, en una olla de barro nueva, incorporar la mezcla de almendra, desmigándola con las manos. Poner el azúcar a gusto, canela y clavos. Remover y sentar la olla sobre fuego alegre. Remover con cucharón de palo, siempre en la misma dirección. Sesenta minutos de cocción alegre.

Servir en tazones donde cada comensal pone unas rebanadas de «bescuit» (bizcocho dorado en el horno) y las escalda con la salsa hirviendo.

Dulces de huevo

Flaó *(página 242)*

Cajitas de merengue

«Capxetas de merengue»
Mallorca

Ingredientes para 4 personas:

60 gramos de almendra molida
200 gramos de azúcar
4 claras de huevo muy frescos
3 huevos muy frescos
La piel de 1/2 limón rallada
50 gramos de azúcar en polvo
Un buen pellizco de canela molida

En un lebrillo, mezclar el azúcar, almendra molida, huevos, canela y ralladura de piel de limón.

Ya bien unido, incorporar las claras batidas a punto de nieve fuerte. Remover con suavidad para que forme una pasta homogénea. Disponer en cajitas de papel rizado.

Meter en horno precalentado. Temperatura suave. Quince minutos de cocción.

Dulce de naranjas y yemas

«Dolc de taronjas i vermells d´ou»
Mallorca

Ingredientes para 4 personas:

1 cucharada de harina fina de maíz
6 yemas de huevo muy frescos
El zumo de 5 naranjas medianas
12 gramos de mantequilla

En un lebrillo diluir el azúcar con el zumo de naranja. Remover hasta que no cante.

En un cuenco batir las yemas con harina de maíz, evitando formar grumos. Unir al lebrillo y remover cinco minutos.

Untar un molde redondo, que no sea de hojalata y acomodar la mezcla dentro, dejando espacio para su crecimiento. Cubrir con papel de aluminio y cocer a baño maría.

Horno precalentado. Ochenta minutos de cocción a temperatura fuerte.

Pinchar el dulce con aguja de tejer. Si sale limpia, apagar el horno, dejando el dulce dentro para que enfríe poco a poco. La puerta del horno entreabierta.

DULCES DE HUEVO

DULCES DE HUEVO

Dulces de yemas

«Dolc de vermells d´ou»
Mallorca

Ingredientes para 4 personas:

5 yemas de huevo muy frescos
4 «cuartos»
250 gramos de azúcar

En un cazo esmaltado poner el azúcar y una taza de agua. Sentar sobre fuego alegre y dejar hervir hasta que tome consistencia. Apartar del fuego y dejar enfriar.

Ahora incorporar las yemas de huevo, una después de otra, sin prisas y removiendo constantemente hasta trabar azúcar y yemas.

Sentar el cazo sobre fuego moderado para que se confite un poco. Remover.

En plato pastelero, cubierto con mantelito, disponer los «cuartos» partidos por la mitad. Cubrir con la mezcla.

Servir a temperatura ambiente.

Flan de naranja

«Flan de taronja»
Mallorca

Ingredientes para 4 personas:

400 gramos de naranjas de zumo
4 huevos grandes y frescos
Azúcar a gusto
25 gramos de azúcar para quemar

En un lebrillo diluir el azúcar con el zumo de naranja.

Batir los huevos como para tortilla, incorporar al lebrillo y trabajar un rato con la espátula hasta que todo quede muy unido.

En sartén reducida poner el azúcar y una cucharada de agua. Sentar sobre fuego alegre y dejar que se funda tomando color dorado fuerte. Verter enseguida en un molde de flan y sobre el caramelo poner la mezcla.

Cocer a baño maría. Horno precalentado. Sesenta minutos de cocción a temperatura algo más que media.

Pinchar el flan con una aguja de tejer y si sale limpia, apagar el horno, entreabrir la puerta y dejar un rato evitando se baje.

Desmoldar frío, poco antes de servir.

Flaó

«Flaó»
Ibiza y Formentera

Ingredientes para 4 personas:

200 gramos de harina de calidad
200 gramos de queso tierno
200 gramos de azúcar
25 gramos de azúcar en polvo
3 gramos de matalahuva
2 huevos grandes y frescos
6 hojas de hierbabuena fresca
1/2 tacita de anís
1/4 de tacita de agua
1/4 de tacita de aceite de oliva

Reunir en un lebrillo harina, agua, aceite, anís y granos de matalahuva. Mez-

Gelatina de yemas de huevo *(página 244)*

DULCES DE HUEVO

clar y amasar, dejando una masa dura.

Extender la masa en un molde redondo, untado con aceite. Levantarle un orillo de cordoncito.

Ahora en lebrillo limpio batir el azúcar con los huevos. Diluido el azúcar, agregar el queso tierno desmigado y las hojas de hierbabuena. Mezclar bien. Ha de quedar una crema espesa. Colocarla sobre la masa.

Hornear treinta minutos a temperatura media. Horno precalentado.

Gelatina de yemas de huevo

«Gelatina de vermells d´ou»
Mallorca

Ingredientes para 4 personas:

| 4 yemas de huevo muy frescas |
| 1 clara de huevo |
| 200 gramos de azúcar |
| 3 hojas de gelatina (cola de pescado) |
| 1 tacita de leche |
| 1 cucharada de aceite de almendras |

Poner en cazo esmaltado, media taza de agua con el azúcar. Sentar sobre fuego alegre y dejar hervir hasta fundir el azúcar. Ahora meter la clara batida. Dar un hervor y apartar del fuego. Colar. Volver el cazo y dejar hervir hasta reducir a la mitad.

Ahora batir las yemas con la leche y unirlas al almíbar colado.

Mojar las hojas de cola de pescado con agua fría. Sacar y fundir en una cantidad muy pequeña de agua hirviendo.

Incorporar a la mezcla y remover tres minutos.

Untar un molde redondo con aceite de almendras y verter la mezcla en él.

Fría la mezcla, meter en el refrigerador hasta que forme una gelatina que se pueda desmoldar.

Servir enseguida.

Nota: evitar moldes de aluminio y hojalata.

Huevos hilados

«Ous filats»
Mallorca

Ingredientes para rodear un pavo trufado:

| 6 yemas de huevo muy frescas |
| 1 clara de huevo |
| 400 gramos de azúcar |
| 2 tazas de agua |
| Un molde especial para formar los hilos de yema |

En cazo esmaltado poner el agua, azúcar y la clara de huevo. Sentar el cazo sobre fuego alegre. Remover constantemente con espátula de madera. Dejar hervir cinco minutos. Apartar el cazo y dejar reposar cinco minutos. Volver al fuego, remover y cinco minutos de cocción. Repetir lo mismo una vez más.

Ahora colar la mezcla y volver al fuego para que el azúcar tome el punto de almíbar.

Batir las yemas de huevo.

Cuando el almíbar hierva. Meter las yemas en el molde y dejar caer por sus

244

cinco bocas los hilillos de yema. Cocer hasta cuajar. Ahora sacar con la espumadera procurando no romperlos, y meter en agua tibia. Sacar enseguida y extender sobre lienzo impecable para que escurran.

Repetir la misma operación hasta terminar con las yemas batidas.

Ya están listos para acompañar dulcemente fiambre trufado y lomo.

Nota: el molde tiene cinco pequeños embudos por donde cae la yema dentro del almíbar.

Melindros

«Melindros»
Menorca

Ingredientes para conservar:

250 gramos de polvos de almidón
400 gramos de azúcar
12 huevos muy frescos
250 gramos de azúcar en polvo
Papel de barba
1 manga pastelera

Batir las claras de huevo a punto de nieve. Aparte batir las yemas.

Reunir ambas en cazo esmaltado y acercar al fuego, solo acercar. Remover con espátula y cuando estén tibias, apartar y meter el azúcar. Trabajar media hora. Incorporar los polvos de almidón y mezclar sin prisa.

Cortar tiras de papel, colocar sobre placas de hornear untadas con aceite. Llenar la manga pastelera con la mezcla y dejar caer sobre las tiras de papel, procurando queden tiras delgadas. Espolvorear con el azúcar y meter en horno precalentado.

Vigilar. Cuando están dorados, sacar. Dejar enfriar sobre el papel y sin levantar los melindros del papel pueden conservarse unas semanas en cajas de hojalata con buen cierre.

DULCES DE HUEVO

Ensaimadas y bizcochos

Ensaimadas *(página 250)*

Bizcochos borrachos

«Madritxos borrachos»
Mallorca

Ingredientes para 6 personas:

200 gramos de harina floja superior
6 huevos grandes y frescos
175 gramos de azúcar en polvo
Para emborrachar:
225 gramos de azúcar
1 taza generosa de vino blanco
1 cucharada de canela en polvo

En un lebrillo batir seis yemas de huevo con el azúcar hasta que esté muy cremoso. Ahora incorporar harina, poco a poco y batir cinco minutos. Montar las claras a punto de nieve y agregar a la mezcla, removiendo hasta conseguir el punto homogéneo.

Disponer en molde forrado de papel untado con manteca. Meter en horno precalentado a temperatura moderada. Sacar cuando esté dorado. Dejar enfriar con el horno abierto.

Ahora, sacar del molde y cortar a trozos de tres centímetros. Reservar.

Poner el azúcar y vino en un cazo esmaltado. Sentar sobre fuego moderado y que hierva hasta tomar el punto de caramelo clarito.

Bañar los bizcochos en el almíbar, con mucho cuidado, evitando romperlos y disponer en una tabla para que sequen.

Colocar en plato sobre mantelito de papel y espolvorear con canela.

Bizcocho de pasas

«Madritxo amb pases»
Menorca

Ingredientes para 4 personas:

250 gramos de pasas de Corinto
4 huevos grandes y frescos
El peso de los huevos, de azúcar
Mantequilla y harina floja
1 taza de vino blanco seco

Poner las pasas en remojo con el vino durante sesenta minutos y escurrirlas.

Ahora, batir las yemas de huevo con el azúcar y mantequilla (reservar un poco para untar el molde) Cuando esté cremoso, incorporar harina, poco a poco. Montar las claras a punto de nieve y unirlas a la mezcla.

Enharinar un poco las pasas.

Untar un molde con mantequilla, verter la mezcla y poner las pasas por encima con delicadeza.

Meter en horno precalentado y cocer a temperatura media.

ENSAIMADAS Y BIZCOCHOS

Cuartos

«Quartos»
Mallorca

Ingredientes para 4 personas:

| 6 huevos grandes y frescos |
| 200 gramos de azúcar en polvo |
| 65 gramos de polvos de patata |
| 25 gramos de azúcar para espolvorear |

En un lebrillo batir las yemas con el azúcar hasta que formen crema.

Montar las claras a punto de nieve fuerte. Incorporar lo del lebrillo y los polvos de patata, poco a poco, removiendo suavemente.

Llenar enseguida los moldes, untados con aceite de oliva y colocar sobra placa de hornear. Meter en horno moderado, se queman en un abrir y cerrar de ojos.

Sacar del horno y poner la placa en el suelo, dándole unos golpecitos para evitar que los cuartos, una vez fríos, se arruguen. Espolvorear con azúcar al servir.

Nota: los moldes son de hojalata: diez centímetros, siete de ancho por dos de altura.

Ensaimada

«Ensaimada»
Mallorca

Ingredientes para 5 personas:

| 3/4 de taza de agua |
| 3 huevos |
| 500 gramos de harina de ensaimada, superior |
| 15 gramos de levadura prensada |
| 200 gramos de azúcar |
| 100 gramos de manteca de cerdo superior |

Poner en un cuenco la levadura con un poco de agua de la taza, y un poco de harina. Mezclar y dejar en reposo.

Ahora volcar lo del cuenco en un lebrillo, con otro poco de agua y disolver la masa. Incorporar el resto del agua, poner el azúcar, los huevos y un trozo de manteca del tamaño de una nuez. Mezclar hasta que el azúcar no cante. Ahora unirle harina, poco a poco.

Trabajar mucho la masa, rompiéndola en pequeños trozos y juntándolos de nuevo Repetir varias veces.

Reunir toda la masa dando forma de bola y dejar reposar dos horas metida en el lebrillo y cubierta con un lienzo impecable.

Transcurrido este tiempo, con el rodillo, extender la masa sobre el mármol. Embadurnar la masa con la manteca. Enrollar, dejando la manteca en la parte interior. Mantener cuarenta y cinco minutos en reposo, cubierta con el lienzo.

Reposada la masa, se estira bastante, como si de una cuerda se tratara, (con cui-

250

Gató *(página 252)*

ENSAIMADAS Y BIZCOCHOS

dado) y formar la ensaimada, empezando por el centro, siempre estirando un poco para que el rollo de masa disminuya de tamaño y la ensaimada termine muy fina.

Dejar sobre la placa, reposando toda la noche (unas diez horas) para que laude bien. Hornear a primera hora de la mañana.

Ha de dorarse un poco.

Servirla espolvoreada con abundante azúcar.

Calientes, recién sacadas del horno son deliciosas.

Gató

«Gató»
Mallorca

Ingredientes para 4 personas:

5 huevos grandes y frescos
150 gramos de almendras limpias y molidas
150 gramos de azúcar
La corteza de 1/2 limón rallada
1 pizca de canela en polvo
20 gramos de azúcar en polvo
Aceite de oliva para untar el molde

Las almendras, escaldadas, quitado el pellejo interior y molidas.

En un lebrillo batir las yemas con el azúcar hasta que no cante. Incorporar almendra molida, piel de limón rallada y canela. Batir otra vez.

Montar las claras de huevo a punto de nieve fuerte y unirlas al lebrillo, removiendo despacio.

Meter en molde untado con aceite, dejando espacio, evitando que desborde la masa al subir.

Horno precalentado y temperatura media. Sesenta minutos, largos de cocción. Dejar enfriar con el horno entreabierto.

Darle la vuelta al gató sobre plato con mantelito de la abuela. Espolvorear al servir.

Tortada real

«Tortada reial»
Menorca

Ingredientes para 8 personas:

200 gramos de harina floja superior
400 gramos de almendra cruda molida
450 gramos de azúcar
50 gramos de azúcar en polvo
La piel de 1 limón rallada
6 huevos grandes y frescos
100 gramos de manteca de cerdo
1 cucharadita de canela en polvo

En un lebrillo amasar la manteca con la harina, cincuenta gramos de azúcar, la cuarta parte de canela y la mitad de ralladura de piel de limón. Trabajar un buen rato. Colocar la masa en molde alto, (desmontable) untado con un poco de manteca.

Batir dos claras y seis yemas de huevo hasta que hagan espuma. Ahora ir poniendo la almendra molida, poco a poco, y trescientos cincuenta gramos de azúcar, un poco de canela y otro de ralladura de limón. Remover hasta que el azúcar no cante.

Esparcir esta mezcla sobre la masa moldeada. Meter en horno precalentado hasta que esté en su punto. Sesenta minutos.

Mientras, batir cuatro claras de huevo con cincuenta gramos de azúcar, el resto de ralladura de piel de limón y de canela. Trabajar hasta que esté muy espumoso.

Con ésta mezcla cubrir la tortada y volver a meter en el horno hasta que la cobertura forme una costra.

Desmoldar la tortada y colocar en plato con mantelito de la abuela. En el momento de servir, espolvorear con el azúcar.

ENSAIMADAS Y BIZCOCHOS

Buñuelos y masas fritas

Buñuelos de queso *(página 257)*

Buñuelos de patata

«Bunyols de patata»
Ibiza y Formentera

Ingredientes para 4 personas:

100 gramos de harina
400 gramos de patata cocida
175 gramos de azúcar
3 yemas de huevo muy frescos
1 pizca de matalahuva
El zumo de 1 naranja
1 tacita de agua
1/2 tacita de aceite de oliva
Para freír:
2 tazas de aceite de oliva
100 gramos de azúcar para espolvorear

En un lebrillo poner la patata hervida, fría, escurrida y pasada por cedazo. Incorporar el aceite, agua, yemas de huevo y matalahuva. Batir con espátula hasta que el azúcar no cante y la mezcla esté cremosa.

Ahora agregar harina, poco a poco y remover hasta poder coger porciones de masa, agujereándolas con el dedo pulgar. Freír en aceite caliente. Dorados por ambos lados.

Escurrir el aceite con sabiduría y servir calientes y cubiertos con azúcar.

Buñuelos de queso

«Bunyols de formatge»
Menorca

Ingredientes para 4 personas:

300 gramos de queso mahonés tierno
Harina floja, la que tome
9 yemas de huevo muy frescos
1 tacita de miel
Azúcar
Para freír:
2 tazas de manteca

En un lebrillo reunir el queso desmigado y las yemas de huevo. Trabajar con la espátula de madera hasta que esté cremoso. Incorporar harina, poco a poco. La masa quedará suave, aunque tiene que poderse cortar.

Cortar del tamaño que se quiera y freír con la manteca caliente. Fuego moderado. No hay que darles la vuelta. Al freír giran sobre si mismos.

Sacar, dorados y colocar sobre papel absorbente.

Antes de que pierdan calor, disponer en un plato redondo, sobre mantelito de la abuela y cubrir con un hilillo de miel, o sólo con azúcar.

BUÑUELOS Y MASAS FRITAS

BUÑUELOS Y MASAS FRITAS

Buñuelos de viento

«Bunyols de vent»
Mallorca

Ingredientes para 4 personas:

200 gramos de harina floja
6 huevos frescos
2 tacitas de agua
1 tacita de aceite de oliva
Para freír:
2 tazas de aceite de oliva
100 gramos de azúcar en polvo para cubrirlos

Poner el agua y aceite en cazo esmaltado. Sentar sobre fuego moderado, incorporar harina, poco a poco, evitando forme grumos. Trabajar con la espátula de madera hasta que la masa se abrace a la espátula y el fondo del cazo quede limpio. Apartar rápidamente el cazo del fuego y colocar la masa sobre un lienzo impecable. Dejar enfriar.

Ahora poner la masa en un lebrillo y unirle los huevos, uno a uno, procurando que la masa quede homogénea.

Calentar el aceite en sartén y freír la masa en porciones del tamaño de una almendra. Escurrir el aceite.

Ya fritos, espolvorear con el azúcar. Sirviéndolos calientes, se acompañan con azúcar o miel.

Buñuelos de viento

«Bunyols de vent»
Menorca

Ingredientes para 4 personas:

300 gramos de harina floja
50 gramos de azúcar
100 gramos de mantequilla
La piel de 1 limón rallada
4 huevos muy frescos
2 tacitas de agua
Para freír:
400 gramos de mantequilla
1 taza de aceite de oliva
100 gramos de azúcar en polvo para adornar

Poner la mantequilla, piel de limón rallada, agua y azúcar en cazo esmaltado. Sentar sobre fuego moderado y que hierva hasta reducir a la mitad.

Ahora incorporar harina, poco a poco. Remover hasta que la masa se abrace a la espátula, y quede el fondo del cazo limpio.

Meter la masa en un lebrillo. Poner los huevos uno después de otro sin dejar de trabajarla. Mientras la masa no absorba un huevo no se pondrá el siguiente.

Calentar en sartén el aceite y mantequilla, no muy caliente y freír porciones no mayores al tamaño de una nuez.

Escurrir la grasa, disponer en un plato y espolvorear con el azúcar.

Croquetas de sémola *(página 260)*

Buñuelos de yemas de huevo

«Bunyols de vermells d´ou»
Menorca

Ingredientes para 4 personas:

8 huevos muy frescos
8 cucharadas de harina de fuerza
8 cucharadas de leche
15 cucharadas de azúcar
Para freír:
2 tazas de aceite de oliva

En un lebrillo poner las yemas y la leche. Batir con espátula de madera. Incorporar harina, poco a poco, evitando forme grumos.

Batir las claras de huevo a punto de nieve fuerte y unir al lebrillo. Mezclar bien.

Calentar el aceite en sartén y freír la pasta a cucharadas. Escurrir el aceite y disponer en plato sobre mantelito. Cubrir los buñuelos con azúcar.

Croquetas de sémola

«Croquetas de sémola»
Mallorca

Ingredientes para 4 personas:

4 tazas de leche
75 gramos de sémola
125 gramos de azúcar
3 yemas de huevo muy frescos
La corteza de 1 limón maduro
1 trocito de canela en rama
Para freír:
2 tazas de aceite de oliva
150 gramos de galleta picada
50 gramos de azúcar en polvo

En cazo esmaltado poner tres tazas y media de leche, azúcar, canela y corteza de limón. Sentar sobre fuego alegre y hacer hervir cinco minutos. Apartar del fuego. Sacar la canela y corteza de limón.

Mezclar la sémola con media taza de leche fría. Incorporar al cazo y volver al fuego, ahora moderado. Remover con espátula de madera hasta espesar la mezcla. Apartar el cazo del fuego. Añadir las yemas, trabajar un rato y dejar enfriar.

Mientras, batir las claras de huevo como para tortilla.

Fría la mezcla, coger lo que cabe en una cucharilla y darle forma de croqueta, pasándola por clara batida y envolviendo con galleta picada.

Calentar el aceite en sartén y freír las croquetas procurando no se toquen. Sólo darle una vuelta. Ya doradas, escurrir el aceite y disponer en fuente, espolvoreándolas con azúcar.

Pensats i fets

«Pensats i fets»
Formentera

Ingredientes para 4 personas:

75 gramos de azúcar
300 gramos de harina
2 huevos muy frescos
1 pizca de canela
Para freír:
1 taza generosa de aceite de oliva
40 gramos de azúcar en polvo
1 cucharadita de canela molida

Reunir en un lebrillo los huevos batidos, leche, azúcar, canela y harina. Trabajar con espátula de madera hasta ligar todos los ingredientes.

Calentar el aceite en sartén y freír la mezcla a cucharadas, dorándolas por ambas partes.

Escurrir bien el aceite y colocar los «pensats i fets» en fuente caliente. Espolvorear con el azúcar y la canela.

Servir antes de que pierdan el calor.

BUÑUELOS Y MASAS FRITAS

Greixoneras dulces

«Greixonera» dulce de requesón *(página 266)*

«Greixonera»

Ibiza

Ingredientes para 6 personas:

6 ensaimadas sentadas
7 huevos grandes y frescos
150 gramos de azúcar para la mezcla
150 gramos de azúcar para el caramelo
La piel de 1 limón rallada
5 tazas de leche
1 cucharadita de canela superior

Poner la leche y 150 gramos de azúcar en un lebrillo. Remover hasta que el azúcar no cante. Ahora incorporar las ensaimadas rotas a trocitos y dejarlas beber. Batir los huevos, rallar la piel de limón y unir al lebrillo. Meter la canela y mezclar todo.

Poner el azúcar restante en cazuela de barro «greixonera», con una cucharadita de agua. Sentar sobre fuego alegre y cuando empiece a fundir, moderar y dejarle tomar color dorado oscuro. Apartar del fuego, verter la mezcla encima y meter en horno precalentado. Temperatura media. Cuarenta y cinco minutos de cocción.

Servir a temperatura ambiente.

«Greixonera» de boniatos amarillos

«Greixonera de moniatos grocs»
Mallorca

Ingredientes para 4 personas:

16 boniatos amarillos pequeños
200 gramos de azúcar
1 trozo de corteza de limón
1 palito de canela

Lavar los boniatos y sin pelar asar en horno a temperatura media.

Mientras, en cazo esmaltado hervir el azúcar con dos tazas de agua, la corteza de limón y canela. Cuando el punto sea de almíbar, apartar, sacar la corteza de limón y palo de canela y volcar en cazuela de barro, plana.

Tiernos los boniatos, pelar, procurando no deformarlos y disponer, uno junto al otro, dentro el almíbar.

Hornear la cazuela hasta que el almíbar reduzca un poco y los boniatos se doren.

Servir a temperatura ambiente.

«GREIXONERAS» DULCES

«GREIXONERAS» DULCES

«Greixonera» de calabaza dulce

«Tía de carabassa dolce»
Menorca

Ingredientes para 6 personas:

1 calabaza dulce de 750 gramos
1 manzana
La piel de 1 limón rallado
1 rebanada de pan tostado
200 gramos de azúcar en polvo
50 gramos de mantequilla
1 cucharadita de canela en polvo

Pelar la calabaza y cocer cubierta de agua. Tierna ya, escurrir y exprimirla dentro de un lienzo impecable. Desechar pepitas, si tiene.

Ahora poner la mitad de mantequilla en cazuela de barro, calentar y rehogar la calabaza, removiendo para evitar se pegue.

Incorporar el azúcar, un poco de canela y la piel de limón rallada. Mezclar bien y probar la sazón. Disponer la manzana limpia y untada con mantequilla, en el centro de la mezcla. Cubrir la superficie de la mezcla con el pan tostado y rallado, canela y hornear hasta que la superficie forme una costra dorada.

Servir caliente.

«Greixonera» de higos al horno

«Greixonera de figas al forn» Mallorca

Ingredientes para 4 personas:

6 higos por comensal, madurados en la higuera y muy sanos
150 gramos de azúcar

Cortar medio pezón a los higos y el ojo. Disponer en cazuela de barro, plana, sentados por el ojo y los medios pezones hacia arriba. Regar con agua: un centímetro. Cubrir los higos, uno a uno, con azúcar. Meter en horno a temperatura alegre.

Sacar cuando están confitados: reducido el almíbar y espeso. Dejar enfriar.

Servir en la misma cazuela.

«Greixonera» de requesón

«Greixonera de brossat»
Mallorca

Ingredientes para 6 personas:

400 gramos de requesón fresco del día
5 huevos grandes y frescos
La piel de 1 limón rallada
300 gramos de azúcar
1 tacita de leche
1 cucharada de mantequilla
1 cucharada de canela en polvo superior

Greixonera dulce de berenjenas *(página 268)*

«GREIXONERAS» DULCES

Untar una cazuela de barro, plana con la mantequilla.

En un lebrillo diluir el azúcar con la leche y las yemas de huevo. Agregar la piel de limón rallada, canela y requesón, desmigado. Batir las claras como para tortilla, incorporar y mezclar hasta que forme una crema espesa.

Verter la mezcla en la cazuela untada con mantequilla y meter en horno precalentado. Setenta minutos de cocción a temperatura algo alegre.

Pinchar con aguja de tejer. Si sale limpia puede sacarse y dejar enfriar.

Servir en la misma cazuela, los más golosos lo espolvorean con canela y azúcar en polvo.

«Greixonera» dulce de berenjenas

«Tiá de albergínias dolces»
Menorca

Ingredientes para 4 personas:

500 gramos de berenjenas muy tiernas
500 gramos de cebollas blancas de verano
50 gramos de pan rallado
1 rebanada de pan tostado
100 gramos de azúcar
La piel de 1/2 limón rallado
3 huevos grandes y frescos
1 tacita generosa de aceite de oliva
1/2 cucharadita de canela en polvo
1 pizca de vainilla
Sal, 1 cucharada de mantequilla

Partir las berenjenas por la mitad, a lo largo. Hacerlas unos cortes, poner sal y dejar en escurridor que lloren su amargura.

A los treinta minutos, lavar las berenjenas. Pelar las cebollas y ponerlas a cocer cubiertas de agua. Fuego alegre y moderar al hervir. Sal. A los veinte minutos sacar las berenjenas y dejar diez minutos más las cebollas.

Vaciar la pulpa a las berenjenas y colocar las barquitas (la piel) en cazuela de barro, plana.

Tiernas las cebollas, escurrir con sabiduría y picar con la pulpa de las berenjenas.

Calentar el aceite y rehogar lo picado hasta que se dore. Ahora escurrir y poner la fritura en un lebrillo. Incorporar el pan rallado, la piel de limón rallada, vainilla, azúcar y los huevos batidos. Mezclar con detenimiento.

Untar el interior de las barquitas de berenjena con mantequilla y rellenarlas con la mezcla. Cubrirlas con el pan tostado, rallado y meter en horno a buena temperatura.

Servir muy calientes.

Masas rellenas

Rubiols de cabello de ángel *(página 274)*

Carsaladillas

«Carsaladillas»
Mallorca

Ingredientes para 4 personas:

Para el relleno:
100 gramos de piñones muy blancos
50 gramos de calabazate
75 gramos de jamón serrano
10 gramos de azúcar en polvo
1/2 tacita de cabello de ángel
Para la masa:
Harina superior, la que tome
3 yemas de huevo
1/2 taza de zumo de naranja
50 gramos de azúcar
50 gramos de manteca

En un lebrillo reunir el azúcar, manteca, yemas de huevo, zumo de naranja y remover con espátula hasta que el azúcar no cante. Incorporar harina, pellizcando hasta que la mezcla quede manejable y suave. No amasar. Dar forma a cuatro bolas del tamaño de una nuez y otras cuatro, algo menores. Presionar con la yema de los dedos hasta formar círculos. Colocar en los pequeños, trocitos de calabazate y jamón, bastantes piñones y cubrir éstos con cabello de ángel. Tapar el relleno con el círculo mayor y soldar la masa, presionando con la yema del índice humedecida con agua o vino dulce.

Horno precalentado. Cocer a 190 °C. Han de quedar un poco doradas.

Sacar del horno. Disponer en un plato con encaje de papel y espolvorear con el azúcar.

Doblegats

«Doblegast»
Mallorca

Ingredientes para 4 personas:

Para el relleno:
1/2 taza de cabello de ángel
15 gramos de azúcar en polvo
Para la masa:
Harina superior, la que tome
1 huevo muy fresco
1 yema de huevo
1/2 taza de agua
35 gramos de manteca de cerdo superior
1/2 tacita de aceite de oliva

Meter en un lebrillo, el agua, aceite, huevo, la yema y batir con espátula de madera, hasta unir todos los ingredientes. Ahora incorporar harina, poco a poco, hasta conseguir una masa suave y manejable. Extender sobre el mármol con el rodillo. Embadurnar por encima con manteca. Plegar las masas en cuatro dobleces y extender de nuevo. Repetir esta operación tres veces.

Extender la masa dejándole un grosor menor a medio centímetro. Cortar círculos de doce centímetros. Poner una cucharada de cabello de ángel sobre cada círculo y doblar la masa sobre el relleno sin alterar la forma que es de media luna barriguda.

Colocar sobre placa de hornear untada con aceite, dejando espacio entre unos y otros.

Meter en horno precalentado. Quince minutos de cocción a temperatura media.

Servir fríos, espolvoreados con el azúcar.

MASAS RELLENAS

MASAS RELLENAS

Duquesas

«Duquesas»
Menorca

Ingredientes para 4 personas:

Para el relleno:
1 taza de requesón del día
1 poco de canela en polvo
La piel de 1 limón rallada
75 gramos de azúcar
Para la masa:
Harina floja, la que tome
3 huevos grandes y frescos
75 gramos de azúcar
200 gramos de manteca

En un plato mezclar el requesón con el azúcar, piel de limón rallada y canela. Si queda muy espeso, añadir media tacita de leche. Reservar.

En un lebrillo batir los huevos con el azúcar y la manteca hasta que forme una espuma blanquecina. Ahora, incorporar harina, poco a poco y mezclar sin amasar, dando suaves pellizcos. Hacer tantas bolas iguales como duquesas se quieran. Dar la forma, hundiendo el pulgar en la bola, presionando.

Ha de quedar el fondo plano, delgado, igual que las paredes. Cuatro centímetros de altura y cuatro y medio de ancho Colocarlas en placa de hornear untadas con aceite y meter el relleno sin llegar a los bordes.

Horno precalentado. Treinta minutos de cocción a temperatura media.

Pastisets

«Pastisets»
Menorca

Ingredientes para 4 personas:

Para el relleno:
1 taza de mermelada
35 gramos de azúcar en polvo
Para la masa:
250 gramos de harina floja
75 gramos de azúcar
4 yemas de huevo grandes y frescas
1 clara de huevo
50 gramos de mantequilla
50 gramos de manteca de cerdo

En un lebrillo batir las yemas con la mantequilla, manteca y azúcar. Cuando esté cremoso, añadir la clara, montada a punto de nieve. Incorporar harina, poco a poco. Ha de quedar la masa muy suave.

Extender la masa sobre mármol enharinado, dejándola de un grosor menor al medio centímetro. Cortar la masa en dos porciones iguales.

Colocar una cucharadita de mermelada sobre la masa, dejando los espacios que el molde de estrella, obliga. Ya colocada toda la mermelada, tapar con el trozo de masa reservada.

El volumen de la mermelada indicará el centro donde poner el molde de estrella y presionar, cortando y uniendo las masas, dejando el relleno dentro. Levantar los «pastisets» con la hoja de un cuchillo y disponer en placa de hornear untada con manteca. Horno precalentado. Quince minutos de cocción a temperatura moderada.

Carsaladillas *(página 271)*

MASAS RELLENAS

Dejar enfriar y espolvorear generosamente con el azúcar.

Rubiols

«Rubiols»
Ibiza y Formentera

Ingredientes para 4 personas:

Para el relleno:
1 taza de confitura de fresas y boniatos
25 gramos de azúcar en polvo
Para la masa:
Harina floja, la que tome
2 yemas de huevo grandes y frescas
1/2 tacita de agua
1/2 tacita de vino dulce
La piel de 1/2 limón rallada
200 gramos de azúcar
200 gramos de manteca
1/2 tacita de aceite de oliva

En un lebrillo batir las yemas con el azúcar y manteca. Cuando el azúcar deje de cantar, unir el aceite, vino y ralladura de piel de limón. Incorporar harina, poco a poco. Mezclar sin amasar.

Extender la masa con el rodillo sobre mármol enharinado. Dejar la masa delgada. Cortar círculos de nueve centímetros. Ponerles una cucharada de relleno y doblar la masa por encima soldándola para evitar salga el relleno. Queda como una media luna barriguda.

Ordenar los «rubiols» sobre placa de hornear untada con manteca. Horno precalentado. Quince minutos de cocción moderada.

Servir espolvoreados con mucho azúcar.

Rubiols de cabello de ángel

«Rubiols de cabell d´angel»
Menorca

Ingredientes para 4 personas:

Para el relleno:
1 taza de cabello de ángel
1 tacita de miel
1 1/2 taza de manteca para freír
Para la masa:
400 gramos de harina floja
1 tacita de agua tibia
75 gramos de mantequilla

Reunir en un lebrillo harina, mantequilla y una tacita de agua tibia. Trabajar hasta que la masa quede consistente.

Extender la masa con el rodillo, sobre mármol enharinado. Dejarla lo más fina posible.

Cortar círculos iguales, de seis centímetros. Poner una cucharadita de relleno, doblar la masa por encima y soldarla con las yemas de los dedos humedecidos.

Freír en sartén con abundante manteca caliente, que los cubra.

Escurrir la grasa y servir ligeramente untados con miel.

Cocas

Coca de albaricoque *(página 277)*

Coca de albaricoques

Ibiza y Formentera

Ingredientes para 6 personas:

400 gramos de harina floja
200 gramos de azúcar
3 huevos
2 tacitas de leche
1 cucharada de levadura en polvo
1 kilo de albaricoques
100 gramos de manteca de cerdo
1 cucharada de canela en polvo

Partir los albaricoques por la mitad, sacar el hueso, lavar y escurrir.

En un lebrillo, batir las yemas de huevo, ciento cincuenta gramos de azúcar, una tacita y media de leche y la manteca, hasta que esté cremoso. Incorporar harina, mezclada con la levadura. Remover con espátula de madera.

Montar las claras de huevo a punto de nieve y unir al lebrillo. La masa debe manchar las manos, y si ha quedado manejable, añadir media tacita de leche y mezclar.

Untar un molde alto con manteca y verter la mezcla, dejando espacio para que suba. Colocar sobre la pasta los medios albaricoques, con el hueco del hueso hacia arriba. Llenar con azúcar y canela.

Horno precalentado. Treinta y cinco minutos de cocción a temperatura media.

Coca de albaricoques

**«Coca d´albercocs»
Mallorca**

Ingredientes para 6 personas:

500 gramos de harina floja superior
200 gramos de azúcar
25 gramos de azúcar en polvo
1 kilo de albaricoques
2 huevos grandes y frescos
1 tacita de zumo de naranja
1 cucharada de levadura en polvo
1 cucharada de manteca de cerdo
1 tacita de aceite de oliva

Abrir los albaricoques, sacar el hueso, lavar y escurrir.

En un lebrillo batir los huevos, manteca, cien gramos de azúcar y el zumo de naranja. Cuando esté muy cremoso, incorporar harina, poco a poco, mezclada con la levadura. Remover con espátula de madera. Ha de quedar la masa difícil de manejar.

Untar con poco aceite, un molde redondo y bajo. Enharinarse las manos y extender la masa en el molde, presionando en la orilla para que forme ondas. Ordenar los albaricoques, uno junto a otro, sin dejar espacios vacíos. Llenar la cavidad del hueso con azúcar.

Horno precalentado. Treinta y cinco minutos de cocción a temperatura media.

Conseguido el punto, sacar enseguida del horno y dejar enfriar.

Espolvorear con abundante azúcar antes de servir.

COCAS

COCAS

Coca de chicharrones

«Coca de roas»
Menorca

Ingredientes para 6 personas:

500 gramos de harina superior
10 gramos de levadura prensada
1 tacita de agua
200 gramos de chicharrones
100 gramos de manteca de cerdo

Batir en un lebrillo el azúcar con la manteca y chicharrones. Incorporar el agua con la levadura y trabajar con las manos. Ahora unirle la harina y continuar trabajando, con suavidad.

Untar un molde alto con manteca. Colocar la masa y dejar leudar hasta que levante dos centímetros. Evitar corrientes de aire.

Conseguido el punto, meter en horno precalentado y cocer treinta y cinco minutos a temperatura media.

Coca de «Congret»

«Coca de congret»
Menorca

Ingredientes para 6 personas:

300 gramos de harina floja superior
400 gramos de azúcar
12 huevos grandes y frescos

Batir en un lebrillo las yemas de huevo con el azúcar hasta que éste no cante. Ahora unirle la harina, poco a poco.

Montar las claras a punto de nieve y unir al lebrillo, removiendo despacio.

Colocar la mezcla en molde alto, untado con manteca. Horno precalentado. Treinta minutos de cocción a temperatura moderada.

Coca de leche

«Coca de llet»
Mallorca

Ingredientes para 6 personas:

400 gramos de harina floja
200 gramos de azúcar
3 huevos grandes y frescos
4 ensaimadas crudas
1 1/2 taza de leche
25 gramos de azúcar en polvo

Batir en un lebrillo los huevos con el azúcar hasta que éste no cante. Incorporar la leche, ensaimadas, mezclar sin prisas y poner harina. Trabajar hasta conseguir una masa homogénea.

Untar con manteca un molde redondo y alto. Acomodar la masa en él y dejar leudar sesenta minutos evitando corrientes de aire.

Ahora meter en horno precalentado. Treinta y cinco minutos de cocción a temperatura media. No perder de vista el horno. Pinchar con una aguja de tejer cuando se crea ha conseguido el punto de cocción. Dejar enfriar dentro del horno con la puerta entreabierta.

Coca de «Congret» *(página 278)*

COCAS

Servir fría y espolvoreada con mucho azúcar.

Coca de patata

«Coca de patata»
Mallorca

Ingredientes para 6 personas:

Harina de ensaimada, la que tome
1 ensaimada cruda
200 gramos de patata cocida
200 gramos de azúcar
25 gramos de azúcar en polvo
2 huevos grandes y frescos
1/2 tacita de agua
100 gramos de manteca
1/2 tacita de aceite de oliva

La patata, cocida con piel, pelada y pasada por el cedazo.
Batir en un lebrillo los huevos, azúcar, agua y aceite hasta que el azúcar no cante. Incorporar la patata, mezclar bien y unirle la ensaimada cruda. Trabajar, poner harina, poco a poco. Ha de quedar la masa unida y suave. Darle forma de bola y dejar reposar en el lebrillo, cubierta con un lienzo impecable.
Pasadas diez horas, untar un molde alto con manteca y acomodar la masa.
Horno precalentado. Sesenta minutos de cocción moderada.
Servir espolvoreada con azúcar.

Coca de queso tierno

«Coca de formatge tendre»
Ibiza y Formentera

Ingredientes para 6 personas:

500 gramos de harina floja
200 gramos de azúcar
300 gramos de queso tierno
25 gramos de azúcar en polvo
El zumo de 1 naranja
1/2 piel de naranja rallada
6 granos de matalahuva
1 huevo grande y fresco
1 tacita de leche
1/2 tacita de agua
1 tacita de aceite de oliva
2 cucharadas de canela en polvo

Batir en un lebrillo el huevo, azúcar, aceite, agua, leche y zumo de naranja, hasta que el azúcar no cante. Incorporar harina, poco a poco, la piel de naranja rallada y los granos de matalahuva.
Untar un molde redondo con aceite y colocar la masa. Encima poner el queso cortado fino y cubrirlo con el azúcar mezclado con la canela.
Horno precalentado. Cuarenta minutos de cocción a temperatura media.

Coca payesa de almendra

«Coca pajesa d´ametlla»
Menorca

Ingredientes para 6 personas:

1 pan crudo que haya leudado
350 gramos de almendras enteras
150 gramos de azúcar

Dividir el pan en tantas porciones como cocas quieran hacerse. Darles la forma redonda. Sentar sobre placas de hornear. Clavar sobre ellas varias almendras sin partir. Antes de hornear cubrir las cocas con azúcar.

Pan de almendra

«Pa d´ametlla»
Mallorca

Ingredientes para 6 personas:

200 gramos de almendras crudas, molidas
150 gramos de azúcar
50 gramos de harina
2 huevos grandes y frescos
5 yemas de huevo muy frescas
La piel de 1 limón rallada
1 cucharada de aceite de oliva para untar
1 cucharadita de canela en polvo superior

La almendra, escaldada, quitado el pellejo interior y molida.

En un lebrillo, batir dos huevos y el azúcar hasta que éste no cante. Incorporar toda la almendra molida y mezclar bien.

En otro lebrillo batir las cinco yemas de huevo con la ralladura de piel de limón y canela. Ha de quedar como una crema blanquecina. Unirla al otro lebrillo y mezclar sin prisas. Ahora poner harina, poco a poco y trabajar con la espátula de madera para que ligue bien.

Untar un molde redondo, alto, con el aceite y acomodar la mezcla. Dejar espacio porque el pan levanta mucho.

Horno precalentado. Cuarenta y cinco minutos de cocción a temperatura moderada.

Pan de la reina

«Pa de la Reina»
Ibiza y Formentera

Ingredientes para 4 personas:

3 panecillos blancos, sentados
1 taza de leche
2 cucharadas de azúcar
50 gramos de azúcar en polvo
2 tazas de aceite de oliva
1 cucharada muy generosa de canela en polvo

Cortar los panecillos a rebanadas de medio centímetro. Diluir el azúcar con la leche en un cuenco.

Poner a calentar el aceite en sartén. Mojar las rebanadas de pan en la leche

COCAS

COCAS

azucarada. Freír hasta dorar. Escurrir el aceite con sabiduría y colocar las rebanadas en fuente cubierta con mantelito de la abuela. Espolvorear con el azúcar y coronar con la canela.

Servir inmediatamente.

Pan de pellizco

«Pa de pasic»
Menorca

Ingredientes para 4 personas:

200 gramos de harina fina de maíz
200 gramos de azúcar
50 gramos de azúcar en polvo
6 huevos grandes y frescos
1 cucharadita de manteca

En un lebrillo batir las yemas con el azúcar, hasta que éste no cante. Dejar reposar, y mientras, montar las claras a punto de nieve.

Incorporar harina a la mezcla y trabajar con la espátula hasta que forme ampollas. Está en el punto para recibir las claras, unidas despacio y mezcladas con delicadeza.

Untar con manteca un molde redondo y alto. Acomodar la mezcla, dejando espacio para que aumente de tamaño.

Horno precalentado. Treinta y cinco minutos de cocción media.

Servir frío y espolvoreado con azúcar.

Pastas secas y turrones

Galletas de Inca *(página 289)*

Amargos

«Amargos»
Mallorca

Ingredientes para 6 personas:

200 gramos de almendras crudas
200 gramos de azúcar
2 almendras amargas molidas
2 yemas de huevo muy frescas
1 cucharada de manteca

Las almendras, escaldadas, quitada la piel interior y molidas.

En un lebrillo batir las yemas con el azúcar, incorporar la almendra molida, dulces y amargas y mezclar bien.

Hacer bolas del tamaño de una almendra grande y disponer sobre placa untada con manteca. Dejar espacio entre cada amargo.

Horno precalentado. Temperatura alegre, lo piden las yemas. Sacar cuando estén dorados.

Al enfriar, levantar de la placa y meter en cestitas de papel rizado.

Amargos

«Amargos»
Menorca

Ingredientes para 6 personas:

420 gramos de almendras crudas
320 gramos de azúcar en polvo
2 claras de huevo muy frescas

Las almendras, escaldadas, quitado el pellejo oscuro y molidas.

En cazuela de barro nueva mezclar la almendra molida con el azúcar. Sentar sobre fuego moderado. Remover con espátula de madera hasta que los dos ingredientes se han unido dulcemente. Apartar y dejar que enfríe.

Ahora incorporar una clara de huevo batida y trabajar la masa con las manos si es preciso, aunque poco tiempo para evitar sacar el aceite a la almendra.

Batir la otra clara, como para tortilla. Meter la palma de la mano en la clara y dar forma redonda a los amargos (del tamaño de una almendra grande).

Disponer sobre placa de hornear untada con aceite de oliva. Horno precalentado. Quince minutos de cocción a temperatura media.

Dejar enfriar y colocar en plato cubierto con mantelito de la abuela.

PASTAS SECAS Y TURRONES

PASTAS SECAS Y TURRONES

Amargos de Ciudadela

«Amargos de Ciutadella»
Menorca

Ingredientes para 6 personas:

200 gramos de azúcar moreno
400 gramos de almendra dorada al horno
2 claras de huevo
La piel de 1 limón rallada
Un poco de manteca para untar
1 cucharadita de canela en polvo

Las almendras crudas, escaldadas, quitada la piel interior, horneadas para que se doren un poco y molidas.

En un lebrillo batir el azúcar con las claras hasta conseguir cremosidad, meter la almendra molida y trabajar hasta que la mezcla esté un poco dura. Agregar la piel de limón rallada y canela. Trabajar para que se incorporen. Mojarse las manos con agua, y formar bolas del tamaño de una almendra grande. Colocar en placa untada.

Horno precalentado. Han de tomar un poco de color a temperatura media, siempre que no se desmayen, uniéndose unos con los otros. Evitará este contratiempo, subir la temperatura del horno.

Cajitas

«Capsetas»
Mallorca

Ingredientes para 6 personas:

150 gramos de almendras tostadas
300 gramos de azúcar en polvo
50 gramos de piñones muy blancos
6 claras de huevo muy frescas
La piel de 1 limón rallada
1 cucharadita de canela en polvo superior

Quitar la piel a las almendras tostadas. Cortar a lo largo muy finas.

En un lebrillo montar las claras a punto de nieve fuerte, y sin dejar de batir, agregar el azúcar, la piel de limón rallada, piñones y laminillas de almendra.

Llenar cajitas de papel rizado pequeñas. Hornear sobre placa. Temperatura muy suave. Cuajada la clara, sacar del horno.

Dejar enfriar. Colocar en plato bonito y espolvorear con la canela.

Carquiñolis

«Carquinyols»
Menorca

Ingredientes para 6 personas:

Harina floja, la que tome
400 gramos de almendras cruda, pelada y troceada
200 gramos de azúcar
3 huevos grandes y frescos
1 cucharadita de manteca

Reservar una cucharada de huevo batido.

En un lebrillo batir los huevos con el azúcar. Incorporar harina, poco a poco y trabajar. Antes de que tome el punto duro, meter las almendras y mezclar. Extender la masa en placa untada. Hornear diez minutos.

Sacar del horno. Cortar la masa a tiras, en caliente, y ahora a trozos de dos centímetros. Con un pincel pintar la parte superior con el huevo batido reservado. Hornear otra vez y que se doren.

Servir fríos.

Cocas de turrón

«Cocas de torró»
Ibiza y Formentera

Ingredientes para 4 cocas:

500 gramos de almendras crudas
50 gramos de azúcar
2 yemas de huevo
La piel de 1/2 limón rallada
2 obleas para cada coca
1 cucharadita de canela en polvo

Escaldada, y pelada la almendra, meter en el horno y sacar antes de que cambie de color. Ahora molerla.

En un lebrillo, reunir almendra molida, azúcar, canela, yemas de huevo y piel de limón rallada. Mezclar y amasar con las manos hasta que el azúcar no se note.

Disponer cuatro obleas sobre una tabla, repartir la mezcla encima, dándole forma alta en el centro y bajando paulatinamente. Cubrir con otra oblea y soldar con la de abajo, humedeciendo la yema del índice con un poco de agua.

Dejar reposar las cocas cuatro días en sitio fresco, antes de sacarlas a la mesa.

PASTAS SECAS Y TURRONES

Crespallinas

«Crespallinas»
Menorca

Ingredientes para 6 personas:

500 gramos de harina floja
200 gramos de azúcar
2 huevos grandes y frescos
1/2 cucharadita de levadura en polvo
1 tacita de leche
1 tacita de aceite de oliva
1/2 cucharadita de canela en polvo

En un lebrillo batir los huevos con el azúcar, hasta que éste deje de cantar. Incorporar la leche y aceite. Mezclar. Poner harina, con la levadura, poco a poco. Perfumar con la canela y trabajar unos minutos.

Formar bolas del tamaño de una nuez, aplanar con el rodillo, dejándolas delgaditas. Colocar en placa untada con aceite y hornear quince minutos.

Crespells

«Crespells»
Mallorca

Ingredientes para 6 personas:

Harina floja, la que tome
200 gramos de azúcar
2 yemas de huevo grandes y frescas
1/2 tacita de zumo de naranja
1/2 tacita de agua
1/2 tacita de aceite de oliva

En un lebrillo batir las yemas de huevo con el azúcar hasta que éste no cante. Agregar el agua, aceite, zumo de naranja y manteca. Unir bien y meter harina, poco a poco.

Trabajar con espátula de madera. Ha de quedar la masa suave.

Extender la masa sobre el mármol enharinado, medio centímetros de grosor, y cortar los «crespells» con el molde de puntas redondeadas.

Hornear quince minutos a temperatura media. Han de quedar un poco dorados, muy poco.

Galletas de Alayor

«Galetas d'Alayor»
Menorca

Ingredientes para 5 personas:

400 gramos de harina
20 gramos de levadura prensada
50 gramos de azúcar
12 gramos de matalahuva
1 1/2 taza de agua
1/2 tacita de aceite de oliva

Poner a hervir en un cazo esmaltado el agua y la matalahuva. Colar y meter el agua perfumada en un lebrillo. Cuando el agua esté tibia, unirle la levadura y mezclar. Incorporar el azúcar, aceite y remover para diluir el azúcar.

Ahora poner harina, sin prisas y amasar un rato. Cubrir la masa con un lienzo impecable y dejar que laude, evitando corrientes de aire.

Fermentada la masa, dar forma a las galletas con las manos. Presionar con el pulgar el centro de la galleta para que sólo levante los bordes.

Dejar reposar de nuevo hasta que aumente un poco de tamaño. Con un palillo hacer tres agujeritos en el centro.

Hornear a temperatura moderada. Unos veinte minutos.

Galletas de Inca

«Galetas d'Inca»
Mallorca

Ingredientes para 7 personas:

Harina, la que tome
20 gramos de levadura prensada
3 tacitas de leche
3 tacitas de aceite de oliva
Un poco de sal

Desmigar la levadura con un poco de leche tibia. Meter en un lebrillo con el resto de leche, aceite y sal. Remover con espátula de madera. Ahora incorporar harina, poco a poco. Trabajar dejando la masa muy manejable y que no manche las manos.

Extender la masa sobre mármol enharinado y cortar las galletas con el filo de una copa de vino blanco.

Untar una placa con aceite, colocar las galletas, pinchar en el centro con un tenedor y dejar leudar una hora antes de meter en el horno.

Cocer a temperatura media.

PASTAS SECAS Y TURRONES

PASTAS SECAS Y TURRONES

Galletas de mantequilla

«Galetas de mantega inglesa»
Menorca

Ingredientes para 500 gramos:

400 gramos de harina floja
200 gramos de mantequilla

Poner la mantequilla en un lebrillo y añadirle, poco a poco harina, sin dejar de mezclar con la yema de los dedos.

Ha de conseguirse una masa fina, aunque manejable.

Espolvorear con un poco de harina, el mármol de trabajo y extender la masa con el rodillo, dejándola del grosor de medio centímetro. Cortar a gusto y hornear sobre placas untadas con un poco de mantequilla.

Sacar cuando tomen un poco de color.

Estas galletas son muy buenas para tomar con el té.

Mazapanes

«Massapans»
Menorca

Ingredientes para 5 personas:

200 gramos de almendras crudas
200 gramos de azúcar
50 gramos de azúcar en polvo
3 almendras agrias
1/2 tacita de agua
1 cucharada de manteca

Las almendras escaldadas, peladas y molidas.

En cazo esmaltado hervir el agua y el azúcar hasta convertir en almíbar. Apartar del fuego y unirle las almendras molidas, también las agrias.

Ahora sentar el cazo sobre fuego moderadísimo. Remover con la espátula de madera sin parar.

Coger con los dedos un poco de mezcla (quema) y si no se pega, el punto de cocción es perfecto.

Espolvorear el mármol con el azúcar y esparcir encima la mezcla, extendiéndola del grosor que guste. Dejar enfriar.

Cortar los mazapanes como se quiera. Colocar sobre placa untada con manteca. Horno precalentado. Quince minutos de cocción a temperatura un poco alta.

Amargos *(página 285)*

PASTAS SECAS Y TURRONES

«Panallets» con piñones

«Panellets amb pynons»
Ibiza y Formentera

Ingredientes para 8 personas:

500 gramos de almendra cruda
500 gramos de azúcar
75 gramos de piñones muy blancos
1 yema de huevo grande y fresca
La piel de 1 limón rallada
1 cucharada de aceite de oliva
1/2 cucharadita de canela en polvo

Las almendras, escaldadas, quitar la piel interior y molidas.

En un lebrillo amasar las almendras con el azúcar, yema de huevo, canela y piel de limón rallada.

Con agua mojarse un poco las palmas de la mano y dar forma de bolas a la masa, procurar tengan el mismo tamaño (de almendra grande)

Colocar los «panellets» (las bolas) sobre placa untada. Clavar varios piñones en la parte central del «panellet». Hornear a temperatura un poco alta. Quince minutos.

Los «panellets» se queman con facilidad.

Suspiros

«Sospiros»
Mallorca

Ingredientes para 5 personas:

Harina floja, la que tome
200 gramos de almendras crudas
200 gramos de azúcar
3 huevos
La piel de 1 limón rallada
1 cucharada de manteca
1/2 cucharadita de canela en polvo

Las almendras, escaldadas, quitar la piel interior, tostadas y molidas.

En un lebrillo batir los huevos con el azúcar hasta que esté muy espumoso. Ahora unirle la piel de limón rallada, canela, almendra y harina, poco a poco.

La mezcla ha de pasar por la manga pastelera sin dificultad.

Cortar tiras de papel blanco de ocho centímetros de ancho. Untarlas con manteca. Poner la mezcla en la manga pastelera. Dejar caer una porción de mezcla, igual de arriba abajo. Con el cuchillo marcar, sin llegar a cortar, porciones de quince centímetros. Hornear sobre placas.

Horno precalentado. Los suspiros se queman muy fácilmente.

Servir, cortados, fuera del papel y fríos.

Turrón de almendra

«Torró d´ametlla»
Mallorca

Ingredientes para 2 barras:

200 gramos de almendras
320 gramos de azúcar en polvo
2 yemas de huevo, grandes y frescas
1 tacita de leche
2 obleas

Almendra, escaldada, quitada la piel interior y molida.

Reunir todos los ingredientes en cazo grande esmaltado. Trabajar con espátula de madera. Bien mezclados, sentar el cazo sobre fuego moderado y sin dejar de remover el fondo evitando se pegue.

Cuando empieza a hervir, mantener cinco minutos, sin dejar de trabajar. Apartar del fuego.

Disponer dos obleas sobre una tabla, colocar la mezcla encima y con la hoja de un cuchillo humedecida en agua fría, dar la forma a la barra.

Dejar reposar el tiempo preciso para que pierda la humedad. Ahora cortar la oblea de manera que no salga de la barra. Disponer en plato de dulce grande para reunir otros turrones.

Turrón de avellana

«Torró d´avellanas»
Mallorca

Ingredientes para 3 barras:

185 gramos de avellanas tostadas y molidas gruesas
75 gramos de almendras crudas
165 gramos de azúcar en polvo
2 yemas de huevo grandes y frescos
2 cucharadas de agua
3 obleas

Almendra, escaldada, quitada la piel interior y molida.

Avellanas, recién tostadas, quitada la piel oscura y moler menos. Reservar seis avellanas enteras.

Sentar un cazo esmaltado sobre fuego moderado con el azúcar y el agua. Fundir el azúcar y apartar. Incorporar la almendra, avellana y yemas de huevo. Mezclar. Sentar el cazo sobre fuego moderado y remover con espátula de madera hasta que los ingredientes queden ligados. Poco tiempo. No debe secarse

Disponer las obleas sobre una tabla y repartir la mezcla encima. Dar forma a las barras humedeciendo la hoja de un cuchillo con agua. Clavar tres avellanas en el centro de las barras.

Mantener en sitio fresco.

Antes de sacar a la mesa, poner en sartén pequeña, azúcar y un poco de agua y hacer hervir hasta conseguir un almíbar muy claro de color. Cubrir las dos barras.

PASTAS SECAS Y TURRONES

PASTAS SECAS Y TURRONES

Turrón de yemas quemado

«Torró de vermells d´ou cremat»
Mallorca

Ingredientes para 6 barras:

400 gramos de almendra cruda
400 gramos de azúcar en polvo
12 yemas de huevo grandes y frescas
5 obleas
1/2 tacita de agua
2 cucharadas de canela en polvo de la mejor calidad

Las almendras, escaldadas, peladas y molidas.

Poner el azúcar y agua en un cazo esmaltado y sentar sobre fuego dulce para que el azúcar se funda. Apartar del fuego, meter la almendra y las yemas batidas. Mezclar bien con la espátula de madera.

Ahora sentar sobre fuego moderado y sin dejar de remover, mantener hasta conseguir el punto de cocción, cremoso, con cuerpo. Apartar del fuego y continuar removiendo para enfriarlo y tome más cuerpo.

Colocar las obleas sobre una tabla y espolvorear con canela en polvo. Repartir la mezcla fría sobre las obleas y dar forma (es difícil) con la hoja de un cuchillo muy poco humedecido con agua fría.

Dejar secar en sitio muy fresco.

Antes de servir, cubrir las barras de azúcar, generosamente y quemarlas con un hierro caliente.

Turrón quemado

«Torró cremat»
Menorca

Ingredientes para un plato de dulce grande:

400 gramos de almendras tostadas
400 gramos de azúcar
1/2 limón
2 cucharadas de agua
1 cucharada de mantequilla
2 cucharadas de aceite de almendras dulces

Las almendras tostadas, quitada la piel y cortadas a trozos.

Reunir en cazo esmaltado, el azúcar, mantequilla, agua y las almendras. Sentar el cazo sobre fuego moderado y sin dejar de remover dejar que el azúcar tome color dorado fuerte.

Esta en su punto. Volcar sobre mármol untado con aceite de almendras dulces.

Con medio limón, presionar para que la mezcla quede de un grueso de medio centímetro generoso.

Antes de que pierda el calor, cortar a tiras y después a cuadritos. Colocar en un plato de celebración.

Helados

Horchata de almendras *(página 301)*

Crema helada

«Crema gelada»
Mallorca

Ingredientes para 5 personas:

1 cucharada de harina fina de maíz
6 huevos muy frescos
125 gramos de azúcar
4 tazas de leche
1 trocito de palo de canela

Batir en cazo esmaltado las yemas de huevo, azúcar y harina hasta conseguir una crema homogénea. Ahora agregar una taza de leche y continuar batiendo. Incorporar las tres tazas de leche de una en una, siempre batiendo.

Sentar el cazo sobre fuego moderado, poner la canela y removiendo con espátula de madera vigilar el hervor evitando derrame.

Apartar cuando la espátula de madera note un poco de resistencia. Dejar enfriar. Sacar la canela.

Montar las claras a punto de nieve.

Fría la crema, incorporar las claras, mezclando despacio. Disponer la crema en recipiente apropiado para meter en el congelador y mantener cuarenta y cinco minutos.

Diez minutos antes de servir, batir el helado y conservar en el refrigerador.

Helado de café blanco

«Gelat de café blanc»
Mallorca

Ingredientes para 6 personas:

100 gramos de café ligeramente tostado
5 tazas de leche
1 kilo de azúcar
4 claras de huevo

Meter los granos de café recién tostado en una gasa nueva y atar, (hacer una muñeca).

En cazo esmaltado batir el azúcar con la leche. Meter la muñeca de café y sentar el cazo sobre fuego moderado. Remover con espátula de madera y dejar hervir cinco minutos dulcemente.

Apartar el cazo del fuego y dejar enfriar con la muñeca de café dentro.

Ya frío, colar y disponer en recipiente apropiado para el congelador. Ha de quedar espacio para las claras. Introducir en el congelador y a los veinte minutos, sacar y unirle las seis claras montadas a punto de nieve. Mezclar bien y volver al congelador hasta que consiga el punto, helado-cremoso.

HELADOS

Helado de higos chumbos

«Gelat de figas de moro»
Menorca

Ingredientes para 6 personas:

12 higos chumbos grandes y maduros
4 tazas de leche
Azúcar a gusto
4 huevos muy frescos
La corteza de 1/2 naranja

Limpios los higos de piel, pasar por un cedazo, evitando las semillas. Reservar la pulpa de los higos en un plato grande.

En un cazo esmaltado cocer la leche con el azúcar y corteza de naranja. Apartar del fuego y dejar enfriar.

Batir las yemas de huevo y mezclar con la leche fría. Sacar la corteza de naranja. Sentar el cazo sobre fuego moderadísimo y sin dejar de remover con espátula de madera, mantener diez minutos impidiendo que rompa a hervir. Apartar y dejar que enfríe.

Montar las claras a punto de nieve. Unirlas a la pulpa y mezclar despacio. Fría la leche, incorporar la mezcla, remover y colocar en recipiente para meter en el congelador.

Diez minutos antes de servir, batir el helado y conservar en el refrigerador.

Helado de melocotones

«Gelat de melicotó»
Mallorca

Ingredientes para 6 personas:

6 melocotones hermosos y maduros
400 gramos de azúcar

Pelar los melocotones, desechar el hueso y batir la pulpa hasta que parezca crema. Con una taza, medir la cantidad de melocotón y añadir el agua precisa para sumar en total cinco tazas. Agregar el azúcar y remover hasta que no cante.

Disponer en recipiente y meter en el congelador para conseguir el punto helado cremoso.

Diez minutos antes de servir, batir el helado y reservar en el refrigerador.

Evitar poner clara de huevo batida, al final, ésta borra el precioso color melocotón.

Helado de melón

«Gelat de meló»
Mallorca

Ingredientes para 6 personas:

600 gramos de pulpa de melón
400 gramos de azúcar
3 tazas de agua

Helado de higos chumbos *(página 298)*

HELADOS

Poner el agua y el azúcar en cazo esmaltado y sentar sobre fuego medio. Dejar hervir hasta que el agua cambie de color. No ha de llegar a coger el punto de almíbar. Apartar y dejar enfriar.

Ahora mezclar la pulpa de melón, pasada por cedazo. Disponer en recipiente y meter en el congelador.

Treinta minutos antes de servir, sacar del congelador, batir y reservar en el refrigerador.

Ha de servirse muy cremoso.

Helado de moras silvestres

«Gelat de móres de batzer»
Mallorca

Ingredientes para 6 personas:

750 gramos de moras silvestres, maduras y grandes
600 gramos de azúcar
1 1/2 taza de agua
El zumo de 1 limón pequeño, recién cogido del árbol

Lavar las moras y escurrir. Pasar por un cedazo con ayuda de la seta de madera.

Reunir el agua, zumo de limón y azúcar en un cazo esmaltado. Batir hasta diluir el azúcar. Incorporar la pulpa de las moras y mezclar muy bien.

Disponer en molde de corona, que no sea de hojalata y meter en el congelador.

Servir desmoldado en plato grande y rellenar el hueco de la corona con hojas tiernas de limonero lavadas y escurridas.

Helado de naranja y limón

«Gelat de taronja i llimona»
Mallorca

Ingredientes para 5 personas:

4 tazas de leche
4 naranjas medianas
1 limón maduro
300 gramos de azúcar
1 clara de huevo

Lavar el limón y una naranja. Pelar en espiral, sin romper.

Poner la leche en un jarro de vidrio y meter la espiral de limón y naranja. Dejar macerar toda la noche en el refrigerador.

Ahora exprimir el limón y las naranjas. Poner en cazo esmaltado con el azúcar y hervir hasta que esté meloso. Apartar del fuego y dejar enfriar.

Sacar la espiral de limón y naranja del jarro y unir la leche al zumo. Batir un poco con espátula de madera y disponer en molde para meter en el congelador.

Treinta minutos antes de servir, sacar el helado, batirlo y mezclarle una clara de huevo montada a punto de nieve. Reservar en el refrigerador.

Horchata de almendra

«Orxata d´ametlla»
Mallorca

Ingredientes para 6 personas:

500 gramos de almendras crudas
1 kilo de azúcar
La piel de 1 limón rallada
5 tazas de agua
1 trozo de canela en rama

Las almendras, escaldadas, quitada la piel interior y molidas.

Diluir el azúcar en el agua y ahora mezclarle la almendra, ralladura de limón y canela.

Poner en un recipiente apropiado y meter en el congelador.

Una hora antes de servir, bajar al refrigerador.

Sacar la canela. Servir en vasos altos y de cristal transparente.

Acompañar con «cuartos» muy crudos o porciones de «gató».

Leche de almendra

«Llet d´almetlla»
Menorca

Ingredientes para 6 personas:

200 gramos de almendras crudas
200 gramos de azúcar en polvo
1 cucharada de harina fina de maíz
7 tazas de agua
1 cucharadita de canela en polvo

Las almendras, escaldadas, quitada la piel interior y molidas.

En una taza diluir la harina con un poco de agua fría.

Poner todos los ingredientes en cazo esmaltado, sentar sobre fuego moderado y remover hasta que empiece a espesar (que tarda diez minutos). Apartar del fuego y colar la leche en un lienzo impecable.

Servir caliente, fría o helada.

HELADOS

Confituras

Mermelada de tomate *(página 308)*

Cabello de ángel

«Cabell d´angel»
Mallorca

Ingredientes para 5 tarros:

1 calabaza de cabello de ángel de 1 1/4 de kilo
Por cada kilo de cabello de ángel limpio, 1 litro de agua
2 kilos de azúcar
La corteza de 1 limón
1 trozo de canela en rama
1 pellizco de sal

Partir la calabaza por la mitad, a lo corto y cocer cubierta de agua.

Está en su punto de cocción, cuando rascando la pulpa con un tenedor de palo salen los cabellos de ángel sueltos. Sacar y escurrir. Desechar todas las pipas.

Con un tenedor rascar todo el cabello de ángel. Meter en un escurridor y ponerlos bajo el grifo de agua fría. Luego escurrir con las manos.

Poner el agua y azúcar en cazuela de barro nueva. Sentar sobre fuego moderado y remover hasta fundir el azúcar. Incorporar el cabello de ángel, corteza de limón, canela y sal. Remover y mezclar. Hervor lento.

En primer día dejar hervir, removiendo, cuarenta y cinco minutos. Apartar y que repose en sitio fresco hasta la mañana siguiente.

Ahora darle un hervor de treinta minutos, sin dejar de remover.

Apartar y que repose toda la noche.

Al tercer día hervir veinticinco minutos, sin dejar de remover. Si el cabello de ángel no ha tomado color dorado, continuar la cocción hasta conseguir este punto.

Apartar y aún tibio, meter en tarros de cristal limpísimos. Cuando hayan enfriado, colocar un círculo de papel blanco, mojado en alcohol de 40º y presionar sobre el cabello de ángel. Poner la tapadera y etiquetar con el nombre y fecha. Ordenar en despensa fresca.

Mermelada de albaricoque

«Confitura d´albarcocs»
Menorca

Ingredientes para 3 tarros:

1 kilo de albaricoques hermosos y maduros
1 kilo de azúcar

El kilo de albaricoques cuenta una vez pelados y sin hueso.

Poner los albaricoques en una cazuela de barro nueva. Cubrirlos con el azúcar y dejar reposar toda la noche en sitio fresco.

Ahora sentar la cazuela sobre fuego moderado, de vez en cuando remover. Cuando levante el hervor, remover con espátula de madera más a menudo y sin perder la cazuela de vista.

Dejar cocer sesenta minutos. Apartar y que repose en sitio fresco hasta el día siguiente.

Sentar la cazuela sobre fuego moderado, remover el contenido y dejar hervir muy despacio veinte minutos.

Apartar, dejar enfriar y unas horas después darle el último hervor de quince minutos. Siempre removiendo. El color de la mermelada será parecido al de la miel.

Envasar, estando tibia. Colocar un círculo de papel blanco, mojado en alcohol de 40º, sobre la mermelada y cuando esté bien fría, poner la tapadera o sombrerito de papel o tela sujeto con lazo o goma.

Colocar etiqueta con el nombre y fecha de envase.

Ordenar en despensa fresca.

Mermelada de berenjena

«Confitura d´elbergíbnias»
Menorca

Ingredientes para 2 tarros:

400 gramos de pulpa de berenjenas
400 gramos de azúcar
1 taza de agua
1 pizca de vainilla

Pelar las berenjenas, cortar a lo largo en cuatro trozos, poner en un escurridor y espolvorear con sal para que lloren su amargura durante quince minutos.

Ahora lavar cuidadosamente con agua fría. Cortar a dados y poner en cazuela de barro nueva cubriéndola con el azúcar.

Regar con el agua, perfumar con la vainilla y sentar la cazuela sobre fuego moderado. Remover con espátula de madera evitando se peguen.

Al levantar el hervor, contar cuarenta y cinco minutos, sin dejar de remover y apartar del fuego. Reposo en lugar fresco durante la noche.

Sentar la cazuela sobre fuego moderado y hacer hervir dulcemente treinta minutos. Apartar y estando tibias meter en tarros limpísimos. Cubrir la confitura con un círculo de papel blanco mojado en alcohol de 40º y cerrar el tarro cuando esté fría.

Etiquetar, nombre y fecha de envasado.

Colocar en despensa fresca.

Mermelada de boniatos

«Confitura de moniatos»
Ibiza y Formentera

Ingredientes para 3 tarros:

1 kilo de boniatos blancos grandes
350 gramos de azúcar
2 tacitas de agua
La piel de 1 limón rallado
1 cucharadita de canela en polvo
3 cucharadas de anís

Lavar los boniatos sin pelar. Cocer con la piel. Pelar y pasar por el cedazo. Poner la pulpa en cazuela de barro con azúcar, canela y agua.

Sentar la cazuela sobre fuego moderado y remover con espátula de madera. Al levantar el hervor, contar cuarenta y cinco minutos, sin perderla de vista. Cocción muy lenta. Apartar del fuego y dejar reposar toda la noche.

Ahora sentar de nuevo la cazuela sobre fuego muy moderado y removiendo siempre dejar cocer diez minutos.

Cabello de ángel *(página 305)*

Meter en los tarros estando tibia. Cubrirla con un círculo de papel blanco, mojado en anís. Presionar un poco.

Tapar cuando esté fría.

Etiquetar con el nombre y fecha de envasado.

Ordenar en despensa fresca.

Mermelada de melocotón

«Confitura de melicotons»
Ibiza y Formentera

Ingredientes para 5 tarros:

1 1/2 kilo de melocotones hermosos y maduros
1 1/2 kilo de azúcar
Unos trocitos de corteza de naranja
1 trozo de canela en rama
1/2 tacita de anís

Pelar los melocotones, sin dejar perder el zumo que den. Cortar a trozos y desechar los huesos. Poner en cazuela de barro y cubrir con el azúcar y zumo que hayan dado. Dejar dos horas en sitio fresco y sentar sobre fuego moderado. Al hervir meter la corteza de naranja y palito de canela. Remover y a los sesenta minutos de cocción, apartar del fuego y reservar en sitio fresco toda la noche.

Ahora sentar la cazuela sobre fuego moderado y siempre removiendo, dejar hervir dulcemente treinta y cinco minutos. Apartar.

Meter en los tarros estando la mermelada tibia. Cubrir con un círculo de papel blanco empapado en anís. Presionar un poco.

Tapar cuando esté fría. Etiquetar y fecha de envasado.

Ordenar en despensa fresca.

Mermelada de tomate

«Confitura de tomatiga»
Ibiza y Formentera

Ingredientes para 3 tarros:

1 kilo de tomate pelado y sin semillas
600 gramos de azúcar
1 trozo de palo de canela
1 corteza de naranja
2 cucharadas de anís

Poner el tomate limpio, cortado a gajos en la cazuela de barro. Colar la enjundia que ha sudado y unir a la cazuela con el azúcar, corteza de naranja y canela.

Sentar la cazuela sobre fuego alegre y al levantar el hervor, reducir el fuego. Remover con espátula de madera y que hierva cuarenta minutos. Apartar, dejándola en sitio fresco toda la noche.

Sentar la cazuela sobre fuego moderado, remover el contenido y dejar hervir dulcemente cuarenta minutos.

Apartar y cuando esté tibia, meter en los tarros. Cubrir con un círculo empapado en anís y presionar un poco.

Tapar cuando esté fría.

Etiquetar con el nombre y fecha de envasado.

Mermelada de tomate

«Confitura de tomatiga»
Mallorca

Ingredientes para 6 tarros:

2 kilos de tomates de ensalada grandes y maduros, no blandos
1 kilo de azúcar
1 trocito de vainilla
El zumo de 1 limón
La corteza de 1/2 limón en juliana

El peso de tomates es pelado, cortado en seis gajos y pellizcados para sacar las semillas. Colar el suero que suden y meter en cazuela de barro con el azúcar. Sentar la cazuela sobre fuego alegre y al hervir incorporar los gajos de tomate, vainilla y juliana de corteza de limón, más el zumo. Cuando recobre el hervor, moderar el fuego y remover con espátula de madera.

Apartar a los cincuenta minutos de cocción. Dejar reposar en sitio fresco toda la noche.

Ahora sentar la cazuela sobre fuego moderado, remover constantemente y que hierva dulcemente hasta que cambie el color rojo fresco en un tono granate. Apartar.

Meter en tarros estando la mermelada tibia, cubrir con un círculo de papel blanco mojado generosamente en alcohol de 40º.

Tapar cuando esté fría.

Etiquetar con nombre y fecha de envasado.

Conservar en despensa fresca.

CLARIFICAR Y DAR PUNTO AL AZÚCAR

Clarificar

Ingredientes:

400 gramos de azúcar
1 clara de huevo
2 tazas de agua

Poner el agua, azúcar y la clara batida en un cazo esmaltado. Sentar sobre fuego alegre. Apartar al primer hervor, desechar la espuma de la superficie. Dejar que repose un minuto. Sentar el cazo otra vez sobre el fuego y repetir la misma operación, tres veces. Remover con espátula de madera evitando desborde el contenido. Colar a través de un lienzo impecable, humedecido con agua.

Punto de lisa

Ingredientes:

Azúcar clarificado

Poner el azúcar clarificado en cazo esmaltado. Sentar sobre fuego moderado y hacer hervir, siempre removiendo con espátula de madera. Tomar una gota de azúcar entre las yemas del dedo índice y el pulgar, presionar. Está en su punto si al separar las yemas forma un hilo.

CONFITURAS

CONFITURAS

Punto de perla
Ingredientes:

Azúcar clarificado

Continuar hirviendo el azúcar del punto de lisa. Repetir la prueba anterior y si el hilo se rompe, está correcto.

Punto de soplo
Ingredientes:

Azúcar clarificado

Cocer el azúcar, sin dejar de remover. Cuando al levantar la espátula el azúcar caiga formando ampollas, está en el punto.

Punto de pluma
Ingredientes:

Azúcar clarificado

Continuar la cocción hasta que al levantar la espátula caigan goterones gruesos, alargados y que casi se unan.

Punto de caña
Ingredientes:

Azúcar clarificado

Dejar hervir un poco. Mojarse con agua fría la yema del dedo índice y pulgar. Recoger un poco de azúcar entre las yemas, presionar. Ha de resistirse al separar las yemas de los dedos, formando como una bolita.

Punto de caramelo
Ingredientes:

Azúcar clarificado

Hervir un poco más. Con tiento, poner un poco de azúcar entre los dientes. El azúcar en vez de pegarse ha de crujir. El punto de caramelo se pasa en un abrir y cerrar de ojo y se quema.

La bodega

Bodega balear

Anís escarchado

«Anís escarxat»
Mallorca

Ingredientes para 1 botella de 1 1/4 litro:

1 litro de aguardiente de la mejor calidad
1 rama gorda de hinojo silvestre, seco
Varias ramas finas y verdes de hinojo silvestre
1 trozo de azúcar cande

Lavar el hinojo y escurrir.
Meter todos los ingredientes en botella (de cuello un poco ancho). La rama gruesa de hinojo quedará en pie. Si el azúcar y aguardiente es de calidad, se formará escarcha sobre las ramas. Tapar con tapón nuevo y ordenar en bodega fresca y oscura.

«Calent»

Menorca

2 partes de aguardiente por 1 de agua
Azúcar a gusto.

Calentar en cazo esmaltado hasta que forme espuma y antes de que rompa a hervir servir.

Ciruelas silvestres en aguardiente

«Prumes silvestres amb aigordent»
Mallorca

Ingredientes para 2 botellas:

500 gramos de frutos de «Prunus» (árbol de hoja color vino y fruto rojo oscuro)
1 litro de aguardiente de calidad
200 gramos de azúcar
1 trocito de azúcar cande
1 trocito pequeño de canela en rama

Lavar los frutos y poner la mitad en cada botella (de cuellos anchos). Diluir el azúcar en tres cucharadas de agua, incorporar a la botella y enseguida rellenar con el aguardiente. Meter un trocito en cada una de azúcar cande y canela. Tapar con tapones nuevos.
Ha de reposar en bodega fresca y oscura, desde julio (es cuando el fruto está maduro), hasta diciembre.
Servir los días fríos de Navidad, en la sobremesa. Vasos pequeños. Sacar una ciruela, pinchándola con aguja de tejer, poner en el vaso y cubrirla con el licor.

LA BODEGA

«Grog»

Mahón

Mezclar a gusto «canyet» (aguardiente de caña) con agua. Se bebe a temperatura natural o caliente.

Hierbas dulces

«Herbas dolces»
Mallorca

Ingredientes para 2 botellas:

1/4 de litro de cazalla
3/4 de litro de anís
1 brote de manzanilla silvestre
1 brote de hinojo tierno
1 brote de tomillo fresco
10 flores de naranjo frescas
10 flores de limón frescas
3 hojas de menta fresca
1 brote de orégano fresco
6 hojas de oliva frescas
1 brote de hierba Luisa fresca
1 estrella de anís (anís estrellado)
10 pétalos de rosa blanca
1/2 hoja de laurel verde
2 hojas de tomillo frescas
1 flor de capuchina fresca

Lavar las hierbas aromáticas, e ingredientes del campo. Escurrir.

Repartir todos los ingredientes aromatizantes, a partes iguales, en las botellas. La mitad del anís y la mitad de cazalla en cada una. Tapar con corcho nuevo y meter en bodega fresca y oscura.

Cuatro meses de reposo y empezar a beberlas. Pasado un año, resultan muy fuertes.

Hierbas ibicencas

«Herbas eivissenques»
Ibiza y Formentera

Ingredientes para 1 botella:

1/2 litro de anís
1/2 litro de aguardiente
Unas flores de farigola
1 brote de romero pequeño
1 brote de hinojo
4 enebrinas
1 brote de camomila
1 brote de mejorana
1 hoja de limonero
1 hoja de menta
Ruda, muy poca
1 trozo de corteza de naranja y limón
1 hoja de naranjo
3 agujas de pino

Todas las hierbas y plantas recién recolectadas.

Lavar todas las plantas y escurrir.

Introducir en la botella y rellenar con el anís y aguardiente. Tapar con tapón nuevo.

Durante el día colocar la botella en sitio fresco, y que no le de el sol, aunque debe recibir el relente de la noche. Mantener así ocho días. Después guardar en bodega fresca y oscura durante tres meses.

Hierbas secas

«Herbas seques»
Mallorca

Ingredientes para 5 botellas:

4 litros de cazalla
Manzanilla silvestre
Romero
Ajedrea
Hierbabuena
Hierba Luisa
Hinojo tierno
Tomillo
Menta
Docel
Mejorana
Espliego
2 granos de anís estrellado
1 hoja de limonero y naranjo
1 hoja de laurel
1/2 algarroba madura (de la cosecha anterior)
Tila
1 pizca de ruda
1 hoja de eucalipto

Todas las hierbas recién cogidas
Repartir todas las hierbas a partes iguales, poner menos de las más aromáticas. Rellenar las botellas.
Dejar las botellas tres meses en reposo en bodega fresca y con poca luz.

Palo

«Palo»
Mallorca

Ingredientes para 5 botellas:

1 1/2 litro de alcohol de 35°
3 litros de agua de lluvia
17 gramos de palo de quina
1 1/4 de kilo de azúcar moreno
35 raíces de vinagrella

Poner el agua de lluvia (recogida en cisternas cuando llueve) en un cazo grande esmaltado con las raíces de vinagrella y el palo de quina. Sentar sobre fuego alegre y al hervir, moderar. Treinta minutos de cocción. Apartar del fuego, incorporar el azúcar, remover con espátula de madera hasta fundirlo.
Fría la mezcla, unirle el alcohol. El color se da a gusto, con azúcar quemado.
Filtrar todo y embotellar. Tapones nuevos.
Mantener en bodega fresca y con poca luz.

Pellofa

Mahón

Ingredientes:

Gin de Mahón
Agua
1 trozo de piel de limón

Mojar en agua el borde de un vaso y

LA BODEGA

hundirlo en un plato con azúcar para que ésta se pegue y forme una corona blanca, muy fina. Poner los ingredientes y servir.

Ratafia de Mahón

«Ratafia de Maó»
Menorca

Ingredientes para 1 botella:

1 litro de aguardiente de calidad
La piel amarilla de 1 limón
Un poco de nuez moscada
4 clavos de especia
1 brote de menta o de hierba Luisa
1 piel de nuez verde, cortada en juliana
100 gramos de azúcar
1 trozo de canela en rama

Se pone todo en una botella grande, tapar con corcho nuevo y dejar ocho días fuera, que le dé el sol y el relente de la noche.

Ahora guardar en bodega fresca y oscura. A los dos meses puede probarse.

Rosoli de enebrinas

«Resoli de ginebrons»
Menorca

Ingredientes para 2 botellas:

1 litro de alcohol de 40º de la mejor calidad
250 gramos de enebrinas
300 gramos de azúcar

Poner las enebrinas en alcohol 40º en recipiente de vidrio y tapar. Mantener ocho días al sol y al relente.

Ahora, dejar reposar dos meses en sitio fresco, embotellado y tapado.

Transcurrido este tiempo, unirle el azúcar diluido con un poco de agua. Tapar un día y filtrar con papel.

Embotellar (botella limpia) y tapar con corcho nuevo. Conservar en sitio fresco y oscuro.

«Sengri»

Mahón
(Bebida de origen inglés para tomar en invierno)

Ingredientes

2 partes de vino tinto de calidad por 1 de agua
Azúcar a gusto
1 corteza de limón o naranja
Canela
Un poco de nuez moscada recién rallada

Disponer en cazo grande esmaltado sobre fuego vivo. Al cubrirse la superficie de espuma, apartar y servir. Privarle siempre el hervor.

LA BODEGA

Índice de recetas

ÍNDICE

Salsas

Ajoaceite «allioli» 29
Ajoaceite «allioli» 29
Salsa bechamel para gratinar 29
Salsa blanca 30
Salsa de aceitunas para
 aves grasas 30
Salsa de granadas agrias 31
Salsa de manteca inglesa 31
Salsa de pescador 32
Salsa de tomate 32, 34
Salsa mahonesa 34
Salsa para caza 35
Salsa para pescado 35
Salsa para pescado cocido 36
Salsa verde para pescado 36
Salsa verde para pescados fríos 37

Ensaladas

Ensalada (Ibiza y Formentera) 41
Ensalada (Menorca) 41
Ensalada con pescado seco 42
Ensalada de achicorias silvestres 42
Ensalada de alcachofas 42
Ensalada de apio 44
Ensalada de col de siete semanas 44
Ensalada de escarola 45
Ensalada de lechuga 45
Ensalada de pepino 45
Ensalada de pimientos rubios 46
Ensalada de verdolaga 46
«Trempó» 46

Hortalizas

Alboronia 49
Alcachofas con ajos 49
Alcachofas estofadas 50
Alcachofas rellenas (Mallorca) 50
Alcachofas rellenas (Menorca) 51

Berenjenas rellenas 51
 (Ibiza y Formentera) 52
Berenjenas rellenas (Mallorca)
Calabacines rellenos 53
Cazuela de berenjenas
 con pimientos 53
Cazuela de berenjenas
 escabechadas 54
Cazuela de patatas 54
Coliflor estofada 56
Grasera de patatas y cebollas 56
Guisado de alcachofas 57
Habas tiernas estofadas 57
«Tumbet» 58
Zanahorias moradas estofadas 58

Fiambres y rellenos

Espaldilla de cordero rellena 63
Fiambre de conejo 63
Fiambre de lomo 64
Fiambre de lomo trufado 64
Fiambre de pava negra 65
Gallina sin huesos 67
Granada de alcachofas espárragos
 y guisantes 68
Granada de berenjenas 68
Granada de calabacines 70
Morena rellena 71
Paupillas 72
Pavo relleno de cuscús dulce 72
Pierna de cordero rellena 73
Queso de cerdo 73
Tordos rellenos 74

Huevos

Grasera de huevos 79
Huevos con guisantes 79
Huevos con hortalizas 80
Huevos rellenos (Mallorca) 80
Huevos rellenos (Menorca) 81

321

ÍNDICE

Tortilla de espárragos trigueros 82
Tortilla de habas tiernas 82
Tortilla de machuelos 84
Tortilla de sardinas frescas 84
Truitada 85

Pescado, crustáceos y moluscos

Anguilas con salsa de almendra 89
Atún a la ibicenca 89
Bacalao con «tumbet» 90
Borrida de bacalao 91
Borrida de raya 91
Calamares de potera rellenos 92
Cazuela de bonito 93
Cazuela de dorado 93
Cazuela de pargo 94
Dátiles a la marinera 94
Dorada a la mallorquina 95
Escupinyes gravades a la crema 96
Guiso de pescado 97
Langosta a la ibicenca 97
Langosta a la mallorquina 98
Lapas amarillas 100
Mejillones al horno 100
Mero con tocino 101
Mustelo con cebolla 101
Ortigas de mar fritas 102
Pagra a la menorquina 102
Pulpos con pimientos 103
Raolas de chanquete 103
Raones fritos 104
Salmonetes al horno 104
Salmonetes con salsa de hígado 105
Sepias fritas 105
Serviolas jóvenes en escabeche 106

Arroces

Arroz «brut» 109
Arroz a la marinera 110
Arroz con caramel y coliflor 110

Arroz con conejo 111
Arroz de centolla 111
Arroz de langosta y conejo 112
Arroz payes 114
Arroz seco con dátiles de mar 114
Arroz seco con garbanzos 115
Arroz seco con sepia 116
Arroz seco de bacalao 117

Sopa y pasta

Fideos con alacheta 121
Fideos de conejo 121
Fideos de raya 122
Macarrones con bechamel
  y queso 122
Macarrones con picadillo 123
Macarrones con queso
  y sobrasada 123
Macarrones de caldo de pava 124
Sopa de fideos 126
Sopa de menudillos de gallina 126
Sopa de sémola con girgulas 127
Sopa de tallarines 127
Sopa magra 128
Tallarines con bacalao 128

Calderetas y sopas con pan

Caldereta de dátiles 131
Caldereta de langosta 131
Caldereta de morena 132
Caldereta de pescado 133
Oliaigua con tomates 133
Sopa de Navidad 134
Sopa de pan para invierno 135
Sopa de pescado variado 136
Sopa dorada 138
Sopa dorada de pescado 138
Sopas de huevo 139
Sopas de matanzas 140
Sopas de rape 141

Sopas de relojes 141
Sopas mallorquinas de otoño 142
Sopas secas 143

Potajes

Potaje de col y puerros 147
Potaje de garbanzos 147
Potaje de habas 148
Potaje de judías 148
Potaje de judías pintas 150
Potaje de lentejas
   (Ibiza y Formentera) 150
Potaje de lentejas (Mallorca) 151
Potaje de verano 151

Carnes y aves

Albóndigas a la menorquina 155
Albóndigas de cordero 155
Asado húmedo 156
Borret 157
Capirotada de gallina faraona 157
Cazuela campanera 158
Chuletas a la reina 158
Chuletas de corderito con
   galleta d'Inca 159
Chuletas de cordero 159
Chuletas de cordero con setas 160
Escaldums de pavo negro 160
Fricandó de ternera 161
Frita pagesa 161
Frito variado 162
Gallina con acederas 162
Gallina faraona Reina Violanta 164
Grasera de cordero 165
Lechona asada 166
Ofogat 167
Pato con garbanzos tiernos 167
Pato mudo con aceitunas
   mallorquinas 168
Pechugas de pava negra 168

Pichones escabechados 169
Pierna de lechona al horno 169
Pollo con ostras vivas 170
Pollo de grano asado 171

Caracoles, caza y setas

Becada en salmi 175
Becadas a la parrilla 175
Cabrito salvaje asado 176
Caracoles con leche 177
Caracoles guisados 178
Caracolillos blancos 178
Codornices asadas 179
Conejo con cebolla 179
Conejo con patatas 180
Conejo en escabeche 181
Conejo estofado 181
Gazapos con salsa 182
Liebre al hígado 182
Liebre con vino 184
Palomas torcaces guisadas 184
Perdices con col
   (Ibiza y Formentera) 185
Perdices con col (Mallorca) 185
Perdices con salsa 186
Setas a la brasa
   (Ibiza y Formentera) 186
Setas a la brasa (Mallorca) 196
Setas al horno 187
Setas con manteca de la tierra 187
Tordos con salmi 188
Tordos con salsa de granada 188
Tordos con setas 189
Tripitas de tordo 189

**Cocarrois, empanadas,
pastelones y cocas**

Coca con pimientos 193
Coca con sardinas frescas 193
Coca con sofrito 194

ÍNDICE

323

ÍNDICE

Coca con tocino y sobrasada 194
Coca con trempó 195
Coca de acelgas y arenques 195
Coca de pimientos 196
Cocarrois de acelgas 196
Cocarrois de coliflor 197
Cocarrois de espinacas 198
Duquesas de mero 199
Duquesas de pollo 200
Empanadas de cordero 200
Empanadas de cordero dulces 202
Empanadas de guisantes 203
Empanadas dulces 204
Empanadas lisas 205
Espinaga 206
Pastelón de bacalao 206
Pastelón de conejo o liebre 207
Pastelón de espinacas 208
Pastelón de pescado 209

Despojos

Cabeza de cordero al horno 213
Callos de cordero 213
Criadillas 214
Frito de cordero 214
Frito de cordero lechal 215
Frito de lechona 216
Frito de menudillos de gallina 216
Hígado de ternera con salsa 217
Lengua de ternera con espinacas 218
Lenguas de cerdo con alcaparras 218
Papada de pavo 220
Raolas de manitas de cordero 220
Riñones de buey 221
Riñones salteados 221
Tacons 222

Para la despensa

Aceitunas enteras 225
Aceitunas enteras (Ibiza) 225
Aceitunas negras arrugadas 225
Aceitunas partidas (Ibiza) 225
Aceitunas partidas (Mallorca) 226
Alcaparras en vinagre 226
Alcaparrones envinagrados 226
Conserva de tomate frito 228
Conserva de tomate hervido 228
Conserva de tomates en aceite 228
Conserva de tomates en salmuera 228
Hinojo marino envinagrado 229
Olivó 229
Tomate de ramillete (Mallorca) 229
Tomates de ramillete (Menorca) 229
Tomates de ramillete de secano 229
Tomates secos (Ibiza) 230
Tomates secos (Mallorca) 230
Tomates secos (Menorca) 230

Cremas y salsas

Crema de yemas (Mallorca) 233
Crema de yemas (Menorca) 233
Crema dulce de espinacas 234
Farinetas 234
Leche de higuera 234
Manjar blanco
   (Ibiza y Formentera) 236
Manjar blanco (Mallorca) 236
Manjar blanco (Menorca) 237
Miel y mantequilla 237
Recuites 237
Salsa de Navidad 238

Dulces de huevo

Cajitas de merengue 241
Dulce de naranjas y yemas 241
Dulces de yemas 242
Flan de naranja 242
Flaó 242
Gelatina de yemas de huevo 244
Huevos hilados 244

Melindros 245

Ensaimadas y bizcochos

Bizcochos borrachos 249
Bizcocho de pasas 249
Cuartos 250
Ensaimada 250
Gató 251
Tortada real 251

Buñuelos y masas fritas

Buñuelos de patata 257
Buñuelos de queso 257
Buñuelos de viento (Mallorca) 258
Buñuelos de viento (Menorca) 258
Buñuelos de yemas de huevo 260
Croquetas de sémola 260
Pensats i fets 261

Greixoneras dulces

«Greixonera» 265
«Greixonera» de boniatos amarillos 265
«Greixonera» de calabaza dulce 266
«Greixonera» de higos al horno 266
«Greixonera» de requesón 266
«Greixonera» dulce de berenjenas 268

Masas rellenas

Carsaladillas 271
Doblegats 271
Duquesas 272
Pastisets 272
Rubiols 274
Rubiols de cabello de ángel 274

Cocas

Coca de albaricoques (Ibiza y Formentera) 277
Coca de albaricoques (Mallorca) 277
Coca de chicharrones 278
Coca de «Congret» 278
Coca de leche 278
Coca de patata 280
Coca de queso tierno 280
Coca payesa de almendra 281
Pan de almendra 281
Pan de la reina 281
Pan de pellizco 282

Pastas secas y turrones

Amargos (Mallorca) 285
Amargos (Menorca) 285
Amargos de Ciudadela 286
Cajitas 286
Carquiñolis 287
Cocas de turrón 287
Crespallinas 288
Crespells 288
Galletas de Alayor 289
Galletas de Inca 289
Galletas de mantequilla 290
Mazapanes 290
«Panallets» con piñones 292
Suspiros 292
Turrón de almendra 293
Turrón de avellana 293
Turrón de yemas quemado 294
Turrón quemado 294

Helados

Crema helada 297
Helado de café blanco 297
Helado de higos chumbos 298
Helado de melocotones 298

ÍNDICE

ÍNDICE

Helado de melón 298
Helado de moras silvestres 300
Helado de naranja y limón 300
Horchata de almendra 301
Leche de almendra 301

Confituras

Cabello de ángel 305
Clarificar 309
Mermelada de albaricoque 305
Mermelada de berenjena 306
Mermelada de boniatos 306
Mermelada de melocotón 308
Mermelada de tomate
   (Ibiza y Formentera) 308
Mermelada de tomate (Mallorca) 309
Punto de caña 309
Punto de caramelo 310

Punto de lisa 310
Punto de perla 310
Punto de pluma 310
Punto de soplo 310

La bodega

Anís escarchado 313
«Calent» 313
Ciruelas silvestres en aguardiente 313
«Grog» 314
Hierbas dulces 314
Hierbas ibicencas 314
Hierbas secas 315
Palo 315
Pellofa 315
Ratafia de Mahón 316
Rosoli de enebrinas 316
«Sengri» 316